Stephen T. McClellan

IM ZWEIFELSFALL:
KAUFEN!

So lesen Sie zwischen den Zeilen der Wall-Street-Analysten

Bibliografische Information der Deutschen Bibliothek
Die Deutsche Bibliothek verzeichnet diese Publikation in der
Deutschen Nationalbibliografie; detaillierte bibliografische Daten
sind im Internet über <http://dnb.ddb.de> abrufbar.

Die Originalausgabe erschien unter dem Titel
**Full of Bull (Updated Edition): Unscramble Wall Street doubletalk
to protect and build your portfolio,**
1st Edition by Stephen McClellan, published by Pearson Education, Inc,
publishing as FT Press, Copyright © 2009
ISBN 978-0-13-7023127

Stephen T. McClellan. All rights reserved.
This translation published under license.
Published as FT Press, Upper Saddle River, New Jersey

© Copyright der deutschen Ausgabe 2009:
Börsenmedien AG, Kulmbach

Gestaltung und Layout: Jügen Hetz, Johanna Wack,
Börsenbuchverlag, Kulmbach
Übersetzung: Egbert Neumüller
Druck: CPI – Ebner & Spiegel, Ulm

ISBN 978-3-938350-78-2

Für Fragen rund um unsere Bücher:
buecher@boersenmedien.de

Weitere Informationen unter:
www.boersenbuchverlag.de

BÖRSEN MEDIEN
AKTIENGESELLSCHAFT

Postfach 1449 • 95305 Kulmbach
Tel. 09221-9051-0 • Fax 09221-9051-4444

Für Elizabeth,
meine Liebe, meine Braut,
meine Freundin

INHALT

Danksagungen

Dieses Buch wurde durch Beiträge von Wall-Street-Veteranen erheblich verbessert, die ich schon fast seit Beginn meiner Laufbahn kenne. Sie haben das Manuskript durchgesehen und mir wertvolle Empfehlungen gegeben. Mein alter Freund Peter Anastos hat eine Laufbahn in der Investmentfondsbranche hinter sich und hat die letzten Jahre vor dem Ruhestand als leitender Portfoliomanager des Technologiefonds von Alliance Capital verbracht. Jim Lee war institutioneller Verkäufer in der kleinen Firma, in der ich 1971 angefangen habe. Danach war er lange Zeit Investment-Manager und hat die Wall Street genauso scharfsinnig beobachtet wie die Investment-Trends. Er hat jahrzehntelang alles aus der Perspektive der „Buyside" [die Investmentfonds werden an der Wall Street im Gegensatz zu den Brokerhäusern („Sellside", „Verkäuferseite") als „Buyside" oder „Käuferseite" bezeichnet] erlebt. George McDougall, mit dem ich seit der ersten Klasse befreundet bin, hat mir bei der Wahl des Titels und bei der Redaktion geholfen. John Korvin, der mich regelmäßig beim Golfspielen abzieht, und Mike Walsh, ein Mitstreiter im Technologiemärkte-Research, haben wertvolle Vorschläge gemacht. Jim Boyd von FT Press hat den Prozess der Veröffentlichung geleitet. WT Blase & Associates und The Barbara Hendra Agency haben uns bei Werbung und Marketing geholfen.

Die Person, die mir bei der Vorbereitung dieses Buches am meisten geholfen hat, ist Joyce Padua. Sie arbeitet als Privatsekretärin für mich. Wir haben jeden Morgen geschuftet, ich auf der einen Seite des Schreibtischs unter einer Masse von Aufzeichnungen begraben, und sie auf der anderen Seite vor dem Computer. Sie hat auch ihren Teil an Redaktionsarbeit geleistet. Sie hält sich jetzt für eine Anlageexpertin. Weitere wertvolle Beiträge kamen von der freien Redakteurin Kathryn Crim, die Klarheit und Ordnung in meinen wirren Stil gebracht hat.

Und dann wäre da noch meine Nachkommenschaft. Laurel Almerinda erinnert sich noch an die Arbeit an meinem ersten Buch. Als kunstsinnige, kreative und energische ehemalige Studentin der Filmschule der University of Southern California macht sie jetzt als Drehbuchautorin und Küchenchefin in Los Angeles Karriere. Justin McClellan hat seinen Ingenieur an der Boston University geschafft und arbeitet jetzt in der Luft- und Raumfahrt-Industrie, während er eifrig die Fallstricke zu meistern versucht, die mit der Verwaltung seines eigenen Aktienportfolios verbunden sind. Sie bieten mir ständig ungebetene „elterliche Ratschläge", die mich in der Spur halten.

Als sich dieses Buch gerade auf halbem Weg befand, verliebte ich mich in meine Braut Elizabeth Barlow, eine Künstlerin, die ihre Laufbahn in der Oper und beim Ballett verbracht hat und die zur Liebe meines Lebens wurde. Ihr Katzentier Figaro kam mit ihr und übernahm prompt die Rolle des Hausherrn. Elizabeth hörte des Öfteren mit, wenn ich jemandem praktische und meiner Meinung nach offensichtliche Investmentratschläge gab. Sie erinnerte mich daran, dass das, was für mich als professionellen Insider selbstverständlich schien, für Außenstehende aufschlussreiche Bemerkungen waren, und fragte mich dann gewöhnlich, ob ich das auch in meinem Buch erwähnt hätte. In vielen Fällen hatte ich das erstaunlicherweise nicht getan. Also baute ich die Empfehlung sofort in das Buch ein. Elizabeth hat mir geholfen, die Geldanlage mit den Augen des außenstehenden Laien zu sehen.

8

Über den Autor

Stephen T. McClellan war 32 Jahre lang Analyst an der Wall Street und berichtete als leitender Analyst über Hightech-Aktien. Er war 18 Jahre lang, bis 2003, First Vice President von Merrill Lynch, belegte 19 Jahre lang ununterbrochen einen Platz im All-America Reserach Team, das Individual Investor jährlich durch Umfrage wählt, belegte sieben Jahre einen Platz in der Umfrage des Wall Street Journal und gehört zu der Hall of Fame des Journal. Von 1977 bis 1985 war er Vizepräsident bei Salomon Brothers, hatte davor sechs Jahre lang eine ähnliche Position bei Spencer Trask inne und war vor Beginn seiner Wall-Street-Karriere Branchenanalyst im US-Handelsministerium.

Herr McClellan ist zugelassener Finanzanalyst (CFA), Mitglied der New York CFA Society und des CFA Institute, er war Präsident der New York Computer Industry Analyst Group sowie Präsident und Gründer der Software/Services Analyst Group. Er hatte mehrere Fernsehauftritte bei Bloomberg TV, Fox-Business News, CBS, CNN, MoneyLine, CNBC und Wall Street Week. Er hat mehrere Radiointerviews in Sendungen wie Bob Brinkers *Money Talk* geführt und Präsentationen bei zahlreichen Organisationen, auf Konferenzen und bei Unternehmen gehalten. Herr McClellan hat Artikel in der *Financial Times*, der *New York Times*, in *Forbes* und anderen Medien veröffentlicht. Seinen

MBA in Finanzwissenschaft hat er von der George Washington University und seinen BA von der Syracuse University.

Die Internetseite des Autors finden Sie unter www.stephentmcclellan.com. Sein Büro ist Leading Authorities, Inc. in Washington, DC.

Vorwort

Dieses Buch ist für den Privatanleger gedacht. Darin geht es nur um Geldanlage oder „Investing", nicht um Trading, weil man auf diese Art an der Börse Geld verdient. Die transaktionsorientierte Wall Street neigt leider dazu, einen von der richtigen Geldanlage abzubringen und sie sogar zu behindern. Die Investmentratschläge von Brokern können irreführend und sogar widersprüchlich sein. Die professionellen Insider wissen, dass man die Wall Street nicht wörtlich nehmen darf. Man braucht nicht die gleiche Methode wie sie anzuwenden. Dieses Buch zeigt Ihnen, wie Sie die Fallstricke der Street meiden, unpassende Researchangaben umgehen, Kommentare und Meinungen der Wall Street richtig interpretieren, Aussagen von Unternehmensmanagern richtig interpretieren und Medienberichte in den richtigen Kontext stellen. Es bietet Ihnen ein Verständnis der verwirrenden Gewohnheiten der Wall Street, sodass Sie profitablere langfristige Anlageentscheidungen treffen können.

Die gebundene Ausgabe von *Full of Bull* erschien Ende 2007 und für die zweite Auflage Anfang 2008 wurden leichte Veränderungen vorgenommen. Anfang 2009 nahm ich ausgiebige Überarbeitungen für die Taschenbuchausgabe [und die deutsche Übersetzung] vor. Außerdem habe ich ein neues Kapitel über Geldanlage in Baissen eingefügt. Im Jahr 2008 hat eine der schwersten Baissen seit der Großen Depression die Anleger erfasst. Wer darauf mit der Bewahrung seines Kapitals reagierte – meiner wichtigsten Anlagestrategie –, verlor mit seinen Aktienpositionen bis zu 30 oder 40 Prozent. Ich wurde häufig gefragt: „Was soll ich denn jetzt machen?" Das neue Kapitel 4 mit der Überschrift „Anlagestrategien, mit denen man eine Baisse überlebt" macht die Anleger mit Baissen, mit wirtschaftlichen Einflüssen sowie mit der Rolle der Wall Street vertraut und gibt Empfehlungen, wie man in einer solchen Periode investieren sollte.

Das Leben verändert sich manchmal in unerwartete Richtungen. 32 Jahre lang nahm mich meine Arbeit als Wertpapieranalyst an der Wall Street in Anspruch. Ende 2002 hatte ich vor, noch ein paar Jahre weiter zu schuften, bevor ich den Job an den Nagel hängen würde. Ich hatte kein verlockendes neues Projekt oder einen Lebensplan, den ich unbedingt in Angriff nehmen wollte. Als in den Jahren 2000 und 2001 die Aktienblase in sich zusammenfiel, veränderte sich die Ökonomie des Broker-Researchs dauerhaft. Die Diskreditierung der Analysten, die Streichung der Zuschüsse von Investmentbanken und die Schrumpfung der Provisionen läuteten eine Zeit der geizigen Research-Budgets ein. Den Senior-Analysten wurden keine so enormen Summen mehr wie früher bezahlt. Ich saß bei meinem fünften Mai Thai am Pool des Four Seasons Kona Coast Resort in Hawaii, als mich die Erkenntnis traf: Wenn ich aufhörte, konnte ich meinem Leben noch ein paar abenteuerliche Jahre hinzufügen. Also warf ich Anfang 2003 das Handtuch und beendete meine lange Analystenlaufbahn.

Am ersten Tag meines Ruhestands, als die neue Leere in meinem Leben eine Depression hätte auslösen können, flog ich mit meinem Sohn nach Utah zum Skilaufen und um die Vorführung des neuen Kurzfilms meiner Tochter auf dem Sundance Film Festival zu sehen. Das war das erste Mal seit drei Jahrzehnten, dass ich ohne einen Berg Arbeit im Handgepäck in ein Flugzeug stieg. Ich genoss die Aussicht, die Zeitung durchzublättern und vielleicht ein Buch über Geschichte zu lesen, aber da ließ sich ein Mann in den Sitz neben mir fallen und fragte mich nach meinem Beruf. Als er erfuhr, dass ich mich mit der Börse auskannte, feuerte er eine Salve von einfachen Investment-Fragen ab. Nachdem ich mehr als drei Jahrzehnte lang Aktien analysiert, Aktienresearch betrieben, über Aktien geschrieben und gesprochen hatte, war mir auf meiner ersten Wall-Street-freien Reise nach allem anderen als nach einer Plauderei über Geldanlage zumute – vor allem nicht nach der Belehrung eines naiven, störenden Mitreisenden, der mich auf magische Silberkugeln abklopfte. Ich wimmelte das Gespräch schnell ab. Dann traf mich eine blitzartige Erkenntnis – es gab eine ganze Welt von Privatanlegern, die am Aktienmarkt um Gewinne kämpften und die wenig Ahnung davon hatten, wie das Investment-Spiel der Wall Street wirklich gespielt wird.

In den drei Jahren danach füllte ich ein Notizbuch mit Beobachtungen und Erkenntnissen, die für Privatanleger nützlich sein konnten. Das Buch, das ich in den 1980er-Jahren geschrieben hatte, *The Coming Computer Industry Shakeout*, hatte mit einem kurzen Kapitel über die Grundprinzipien für Privatanleger geendet. Obwohl es nur rudimentär war, schlug es bei den Lesern und bei der Presse ein. Dieses Mal, mit *Im Zweifelsfall: Kaufen!*, ist das ganze Buch solchen Anlagemaximen gewidmet. Mein Stil ist eigenwillig, ehrlich und direkt. Meine Ansichten mögen umstritten sein, aber ich möchte dem verehrten Sportreporter Howard Cossell nacheifern und „sagen, wie es ist". Es handelt sich um meine eigenen Erkenntnisse, die ich in meinen Jahrzehnten an der Wall Street gewonnen habe.

Ich bin in Wilmette, Illinois, aufgewachsen, war Läufer an der New Trier High School und fuhr als Ferienjob im Sommer in einem Jeep Zeitungen aus. Zum ersten Mal faszinierte mich der Aktienmarkt in meiner Collegezeit an der Syracuse University, sodass ich mein Volkswirtschaftstudium mit zusätzlichen Kursen in Betriebswirtschaft und Finanzwesen aufstockte. Als ich hörte, dass eine Zwei-Mann-Brokerfirma in New York in den Semesterferien vielleicht jemanden gebrauchen könnte, ergriff ich die Gelegenheit beim Schopf. Morton D. Cahn war schon über 80 und das älteste Mitglied der Midwest Stock Exchange. Seine glückliche Zeit waren die 1920er-Jahre gewesen, aber in den 1960er-Jahren hatte er immer noch ein winziges aus einem Raum bestehendes Büro und verbrachte seine Tage auf dem Börsenparkett, wo er vielleicht ein Dutzend Trades am Tag machte. Während des Sommers in seinem Büro verschlang ich alle Facetten des Geschäfts – ich berechnete Gebühren, fuhr als Wertpapierbote durch die Stadt, nahm am Telefon Orders entgegen, studierte in meiner freien Zeit einen Text über Anleihen und schmiss das Büro alleine, während der eigentliche Büromanager Urlaub machte. Bis zum Labor Day [Anfang September] wusste ich, dass meine Karriere an der Wall Street stattfinden würde.

Ein paar von den Schecks, die ich für diesen Ferienjob bekam, waren für die Geldanlage bestimmt. Ich wollte mit Feuereifer selbst zum echten Aktienbesitzer werden. Mein diktatorischer Vater, der sich für mein College-Studium krumm legte, war dagegen. Aber ich blieb eisern und gab eine Kauforder über fünf Aktien von Union Carbide zu 91 Dollar auf. Als ich ihm meinen Aktionärsstatus „enthüllte", wurde er fuchsteufelswild, aber ich gab nicht nach. Ich nehme an, ich wurde langsam erwachsen und begann für mich selbst einzutreten. Während meines Abschlussjahres registrierte ich täglich den Eröffnungskurs, das Tageshoch, das Tagestief, den Schlusskurs und den Handelsumsatz von Union Carbide. Ich kümmerte mich. Sie können sich nicht vorstellen, welche Befriedigung ich alle drei Monate empfand, wenn ich meinen Dividendenscheck über 6,25 Dollar bekam. Und im nächsten Sommer verkaufte ich die Aktien für über 109 Dollar – meine Jungferninvestition hatte einen beachtlichen Kapitalertrag gebracht!

In meiner Collegezeit fuhren wir in den Thanksgiving-Ferien immer nach New York. Aber zwischen Jazzclubs, Eishockeyspielen und anderen Umtrieben ging ich am Freitag (als die Börse nicht geöffnet war) als Außenseiter an der Wall Street herum, der zum Insider werden wollte: an der New York Stock Exchange, der American Exchange, der Trinity Church, den Straßen, Buchläden und sogar in den Foyers von Brokerhäusern. Meine Kumpels waren ganz schön irritiert, dass ich einen Tag unserer kostbaren Schulpause in Gotham damit vergeudete, durch die Schluchten der Wall Street zu schlendern. Aber für mich hatte das oberste Priorität.

Später, als Einsatzoffizier der Marine auf einem Schiff mit Heimathafen Norfolk, verschlang ich *The Wall Street Journal*, wenn wir im Hafen lagen, auf Wache schaute ich *Forbes* durch, ich stellte ein Research-Notizbuch zusammen und plante eine Strategie, an die Wall Street zu kommen. Ich hatte ein paar magere hundert Dollar in ein oder zwei Aktien investiert. Kurz bevor ich aus dem Militärdienst ausschied und schon vorab an Türen in der Wall Street klopfte, bekam ich im Gespräch mit einem Mitarbeiter der Personalabteilung von Merrill Lynch einen nachdrücklichen Rat. Er sagte mir, wenn ich es in dem Geschäft weit bringen wollte, bräuchte ich einen MBA-Abschluss (als könnte ich einfach über die Straße gehen, mir ein Abschlusszeugnis holen und am Nachmittag wieder da sein!). Die Aussicht, noch einmal drei Jahre in die Schule zu gehen, bevor ich an die Street kam, erschreckte mich.

Also zog ich Ende der 1960er-Jahre, als noch der Vietnamkrieg tobte, zum Vorstellungsgespräch meine Uniform an und schrieb mich an der George Washington University Business School ein, wo mein Vater im Jahr 1929 seinen Abschluss als Jurist gemacht hatte. Als ich nach Washington gezogen war, bekam ich einen Job im US-Handelsministerium. Ich assistierte dem altgedienten leitenden Branchenanalysten, der für Büromaschinen zuständig war und der mich als seinen Famulus bezeichnete. Er brachte mir die Grundlagen des Verfassens von Researchberichten bei. Ich tauchte in die Beobachtung der aufkommenden Computerindustrie ein und veröffentlichte Berichte darüber. Drei Jahre später putzte ich mit dem MBA in der Hand die Klinken von Wall-Street-Brokern und ersuchte um

15

Bewerbungsgespräche. Da ich keine Ahnung hatte, worauf ich mich spezialisieren wollte – institutionelle Verkäufe, Trading, Investmentbanking oder Research –, warf ich aufs Geratewohl mit meinen glänzenden Lebensläufen um mich. Einer kleinen, geachteten Firma namens Spencer Trask, einem Broker mit Schwerpunkt Research, fielen meine Kenntnisse der Computerbranche auf, und man schickte mich die Treppe hinauf zum Researchdirektor. Sein Angebot, mich als Junior Analyst einzustellen, war das einzige, das ich bekam. Ich nahm sofort an und bekam ein Jahresgehalt von 18.000 Dollar. Der MBA war dabei irrelevant; ausschlaggebend war meine Vertrautheit mit dem Gebiet der Datenverarbeitung. Das Leben ist schon seltsam.

Zwischen meinem Debüt 1971 und meinem Abschied 2003 lagen Äonen. Die ersten sechs Jahre bei Spencer Trask waren ein ungeheurer Lernprozess. Otis Bradley, der Elektronik-Analyst, der mich bei Spencer Trask eingestellt hatte, wurde mein Mentor. Bald wurde ich zum vollwertigen Analysten und genoss das verhätschelte Leben in dieser altmodischen, vornehmen Edel-Firma. Im Jahr 1977 wagte ich den Sprung zu Salomon Brothers, einer aggressiven, handelsorientierten, hoch profitablen Firma, die über Star-Profis und einen zuversichtlichen Elan verfügte. Das war wie ein Hexenkessel, aber es führte mich in die sich wandelnde wirkliche Welt der Wall Street ein. Nach acht Jahren rutschte ich zu Merrill Lynch hinüber und blieb dort 18 Jahre lang. Zu der Zeit, als ich bei Merrill anfing, wurde die Firma gerade zu einem Research-Schwergewicht, zu einem bekannten und führenden Namen der Wall Street und zu einem guten Arbeitgeber für Analysten. Als ich bei Merrill war, kam ich mehrere Jahre hintereinander auf Platz 1 der Analystenbewertung von *Institutional Investor*. Im Jahr 1991 ging ich an die Westküste und arbeitete während meiner restlichen Karriere von San Francisco aus.

Als ich schon im Ruhestand war, sagte mir ein Gelegenheitsinvestor vor einer Runde Golf in unserem Club, dass er unbedingt eine bestimmte Aktie aus dem Bereich Luft- und Raumfahrt/

Rüstung kaufen wollte. Er begründete das ungefähr so: „Neun Kauf-Empfehlungen von der Wall Street und nur einmal ‚Neutral'; die ganzen günstigen Meinungen der Wall Street gelten schon seit einem Jahr oder länger, und das allgemein geschätzte Kursziel liegt um 18 Dollar über dem jetzigen Kurs." Offensichtlich glaubte er alles, was die Wall Street sagte, und hatte keine Ahnung, dass er exakt in der von ihm beschriebenen Situation die Aktie wohl besser hätte sein lassen sollen.

Meine Interpretation als Wall-Street-Profi besagte , dass die einsame neutrale Empfehlung in Wirklichkeit eine (wahrscheinlich sach- und zeitgerechte) Verkaufsempfehlung war und mehr Glaubwürdigkeit verdient hatte. Die Wall-Street-Analysten benutzen die Begriffe „Halten" und „Neutral", um vorsichtig eine negative Ansicht anzudeuten. Außerdem dachte ich, dass die ganzen Kaufempfehlungen wohl bald ablaufen würden und dass es bald noch mehr Herabstufungen geben würde. Mein Golfpartner kam zu der Party zu spät und hatte die großen Gewinne der Aktie zweifellos verpasst.

Zudem vermutete ich, dass die Zielkurse der Analysten wohl schon mehrmals angehoben worden waren, um die anhaltende Kaufempfehlung zu rechtfertigen. An der Wall Street hätte wahrscheinlich fast jeder meine skeptische Einschätzung geteilt, aber als typischer Privatanleger interpretierte mein Golfpartner die Situation falsch. Aus meinen vielen Jahren an der Wall Street ist mir klar, dass man ihre verwirrenden (wenn nicht gar irreführenden) Doppeldeutigkeiten entziffern, ignorieren und sich manchmal sogar vor ihren Ratschlägen hüten muss, wenn man überlegen investieren will. Trotzdem fallen die meisten Anleger wie wahre Gläubige darauf herein.

Wenn es um Geldanlage ging, sprachen mein Golf spielender Freund und ich nicht die gleiche Sprache. Die Wall Street richtet ihre Ratschläge auf die Manager großer Investmentfondsportfolios und Hedgefonds aus. Genauso wie ein Baseball-Manager, der mit seinen Spielern oder anderen Ligafunktionären spricht,

17

geht die Street davon aus, dass andere Profis die Feinheiten des Spiels verstehen. Sie weiß, dass sie Researchmaterial richtig benutzen (es also nicht wörtlich nehmen) und erwartet, dass sie auf eine bestimmte Art reagieren.

Der Privatanleger lässt sich häufig von der zweideutigen Art der Wall Street in die Irre führen. Den Anlegern fehlt das nötige Wissen für den Umgang mit der Street. Privatanleger müssen die Sintflut an Aktieninformationen in die richtige Perspektive rücken und ihre eigenen Anlageentscheidungen treffen. Es reicht nicht, ins Internet zu schauen, CNBC einzuschalten, den Börsenteil der Zeitung zu lesen, Zeitschriften wie Money zu verschlingen, auf einen Broker zu hören oder ein gängiges Buch über Investment zu lesen. Die Nutzung all dieser Quellen ist zwar hilfreich, aber die Informationen müssen dann immer noch effektiv genutzt werden. Dazu muss man die irreführende Handlungsweise der Wall Street berücksichtigen. Was soll man mit einer Änderung der Wall-Street-Empfehlung von „Verkaufen" auf „Halten" oder „Neutral" anfangen? Wenn eine Aktie von „Kaufen" auf „Neutral" heruntergestuft wird, sollte man sie dann behalten oder verkaufen? Wenn ein Zielkurs erreicht ist, wird das Ziel angehoben und die Wall Street sagt dem Anleger, er soll weiter kaufen. War das ursprüngliche Ziel echt? Und wenn ja, sollte dem Anleger nicht gesagt werden, dass er verkaufen soll, wenn das Ziel erreicht ist? Sie sehen schon, was ich meine. Man hat einfach keine Chance, wenn man das verwirrende, unberechenbare und häufig kontraproduktive Geschwätz der Wall Street nicht entziffern kann.

Zweck dieses Buches ist es, das irritierende und tückische Verhalten der Wall Street bloßzustellen, das für Privatanleger so nachteilig ist, und sie für ihre Bemühungen aufzuklären, richtig und rational zu investieren. Es schlüsselt die verwirrenden Praktiken der Wall Street in Begriffe auf, die auch der Laie versteht. Die Berichte von Wertpapieranalysten sind als Hintergrundwissen höchst nützlich. Analysten sind von Wissen über

18

Unternehmen und Branchen durchtränkt, sie bieten auf Ereignisse und Meldungen hin hilfreiche Kommentare und veröffentlichen Gewinnschätzungen. Aber als Anleger muss man wissen, was man am Research der Wall Street berücksichtigen muss und was nicht – wie man die Spreu vom Weizen trennt. Ein Privatanleger muss begreifen, wie das System funktioniert, und er muss in der Lage sein, das bei seiner Anlagemethode zu berücksichtigen. Wenn Sie mit dem Insiderverständnis für die Feinheiten der Wall Street gerüstet sind, können Sie Ihr eigener Investment-Analyst sein. Meine Strategien versetzen Sie in die Lage, Unternehmen zu bewerten, Aktien auszuwählen und Ihre Position auszunutzen – eine Position ohne die vielen Beschränkungen, die die Profis behindern.

Wenn Sie über meine aktuellen Ansichten über Börsenanlagen auf dem Laufenden bleiben wollen, besuchen Sie meinen Blog unter www.stephentmcclellan.com. Dort finden Sie auch Artikel und Interviews und die Termine meiner öffentlichen Auftritte.

Stephen T. McClellan
Februar 2009

1

Wie man die wohlgehüteten Geheimnisse der Wall Street entschlüsselt

Als jemand, der 32 Jahre lang Wertpapieranalyst war, bin ich erstaunt, dass sich naive Anleger von der Doppelzüngigkeit der Wall Street derart in die Irre führen lassen. Man kann nur ein scharfsinniger Anleger sein, wenn man den verwirrenden und häufig tückischen Charakter der Street ergründet. Die Wall Street arbeitet auf seltsamen, mehrdeutigen Wegen, die sie am liebsten geheim halten möchte. Tun Sie, was die Wall Street tut, und nicht das, was sie sagt. Nehmen Sie die Wall Street nicht wörtlich. Man darf ihrem Research nicht trauen. Unternehmenslenker reagieren auf die Stimmung an der Wall Street und versuchen, ihre Aktienkurse zu beeinflussen. Der Privatanleger ist eine Nebensache, die von den Analysten und von den Researchabteilungen der Brokerhäuser meist vernachlässigt wird. Man kann die Wall Street nicht ignorieren. Wenn man die verwirrenden, kryptischen Praktiken der Wall Street entschlüsselt, schließt man die Handschellen auf, die überlegene Geldanlage behindern. Wenn Sie das Research-Spiel genauso gut begreifen wie die professionellen Portfoliomanager, ist das Spielfeld gleichmäßiger.

Die Brokerfirmen an der Wall Street konzentrieren sich in allererster Linie auf sich selbst und danach auf *institutionelle* Kunden wie Investmentfonds und Hedgefonds. Eine der profitabelsten Abteilungen ist das Trading Desk, das täglich Myriaden von Trades auf eigene Rechnung durchführt (die dem Haus Gewinn bringen). Laszlo Birinyi Jr., der eine Finanz-/Investmentberatungsfirma leitet, äußert in seiner *Forbes*-Kolumne Bedenken, dass die Wall Street „eher sich selbst als ihren Kunden dient [...] auf Kosten der Privatanleger und der Investmentfonds." Er schreibt: „Schrecklich viel kurzfristige Trading-Gewinne schlucken Gelder, die früher bei langfristig orientierten Anlegern gelandet wären." Die einzige Art, wie der Privatanleger das ausgleichen kann, besteht darin, dass er seine Aktien langfristig hält und sich des Wall-Street-Systems genauso bewusst ist wie die Insider.

Mitte 1985 beschloss ich, einen neuen Job bei Merrill Lynch anzunehmen, aber zuerst musste ich zehn Tage lang stillhalten. Ich sollte als Analyst von Salomon Brothers bei Louis Rukeyser in „Wall Street Week" auftreten und konnte nicht anständig ausscheiden, bevor ich das Studio verlassen hatte. Ich war schon etwas nervös, als ich in der abgelegenen Pferdegegend von Owings Mills in Maryland ankam. Nachdem mich Lou ein paar Stunden im Studio hatte warten lassen, hatte er seinen Kommentar noch nicht fertig geschrieben und konnte an diesem Freitagabend die Sendung nicht zur üblichen Zeit aufzeichnen – eine Stunde bevor sie auf PBS gesendet wurde. Deshalb war mein Auftritt eine der seltenen Livesendungen – das verstärkte noch den Druck und ließ mich noch länger schmoren. Während der ersten Hälfte der Sendung saß ich mit einem Krug Wasser direkt am Set und mir wurde gesagt, ich solle still sitzen bleiben, sonst würden die Zuschauer die Bewegungen meines Schattens sehen. Nervös trank ich den Krug fast ganz aus und musste mir dringend Erleichterung verschaffen, aber da kam schon die Assistentin und führte mich am Arm zu der Couch vor den Kameras und den anderen Diskussionsteilnehmern. Meine Blase wölbte sich schon, als die Kameras auf uns schwenkten und mir die Assistentin ins Ohr flüsterte: „Nicht auf der Plattform herumtrippeln, das sehen drei Millionen Zuschauer."

Analysten wie ich sind es nicht gewohnt, dass man uns auf den Zahn fühlt. Normalerweise haben wir die Oberhand. Aber jedenfalls können wir gut Gelassenheit vortäuschen und lassen uns selten entwirren.ich ließ mich in das riesige weiche Sofa sinken und fühlte mich wie eine Fliege, die zu Rukeyser aufblickte, wie er auf seinem hohen Sessel über mir thronte. Die stundenlang geübten Antworten flogen aus meinem Kopf davon. Ich stammelte. Das war wie ein Wahrheitsserum, aber ich überlebte es. Dieses Buch setzt Sie an Rukeysers Stelle. Es entwirrt die Wertpapieranalysten der Wall Street und ihr Research. Und es bietet Ihnen Anlagestrategien, mit denen Sie dem Wall-Street-Bullen entgegentreten können.

Was ist ein Wall-Street-Wertpapieranalyst?

Um das Research der Street erfassen zu können, muss man zunächst mit der Funktion des Wertpapieranalysten vertraut sein. Ich meine damit einen Analysten in einem Brokerhaus oder in einer Investmentbank, keinen hauseigenen Aktienanalysten in einem Investmentfonds, einer Bank oder einer Vermögensverwaltung, der nur die Portfoliomanager der eigenen Firma versorgt. Die Aufgabe eines Broker-Analysten besteht darin, Research über Unternehmen und Branchen zu betreiben und es an institutionelle Kunden des Brokerhauses und in zweiter Linie an Privatanleger zu verkaufen. Ein typischer Analyst an der Street leitet ein kleines Mitarbeiterteam, befindet sich in New York (ich war 20 Jahre in New York und bin für die letzten zwölf Jahre meiner Karriere nach San Francisco umgezogen), hat vielleicht ein Dutzend Jahre Berufserfahrung und ist etwa 30 bis 40 Jahre alt. Der ideale Analyst hat einen MBA-Abschluss, sollte zugelassener Finanzanalyst (CFA) sein, kann Finanzabschlüsse sachkundig lesen und interpretieren, komplizierte mathematische Computermodelle zur Gewinnberechnung verstehen und erstellen, Researchberichte schreiben, reden und interviewen sowie verkaufen und vermarkten. Das ist eine Wunschliste, denn nur selten hat ein Analyst alle diese Qualifikationen.

Das wichtigste Rüstzeug jedes Analysten ist Expertenwissen über einen bestimmten Branchensektor und eine Gruppe von Unternehmen innerhalb dieses Sektors. Es gibt Analysten für Hightech-Halbleiter und Software, für den Fach-Einzelhandel, für die Öl- und Gasindustrie, Biotechnologie, Fluggesellschaften, Versorgungsunternehmen und Banken. Ich habe in den 1970er-Jahren mit der gesamten Computerbranche angefangen, als sie noch klein war, habe in den 1980er-Jahren den Schwerpunkt auf Software und Computerdienstleistungen verlagert und ab den 1990er-Jahren nur noch Computerdienstleister abgedeckt (Unternehmen wie EDS, Automatic Data Processing und Accenture). Analysten betreiben Research über eine begrenzte Anzahl von Unternehmen innerhalb der gewählten Branche und beobachten sie streng. Sie müssen die dynamischen Kräfte, Einflüsse und Hintergründe der Branche verstehen und mit jedem einzelnen Unternehmen so detailliert wie möglich vertraut sein – Finanzen, Produkte, Wettbewerbsposition, Management, Strategien sowie Forschung und Entwicklung. Analysten müssen in der Lage sein, Führungskräfte zu beurteilen, die Auswirkungen vielfältiger Einflüsse auf ein Unternehmen einzuschätzen – zum Beispiel die Preise der Mitbewerber oder einen Nachfragerückgang –, trotz turbulenten Drucks auf eine Aktie den richtigen Blick für das große Ganze haben und die Aussichten eines Unternehmens mit unvollständigen Informationen in unklaren Situationen analysieren können.

Es ist üblich, dass Analysten in der betreffenden Branche gearbeitet haben, bevor sie an die Wall Street gehen. Die Branchenerfahrung eines Analysten ist wichtiger als Wissen über Wertpapiere, Geldanlage und Finanzen. Ich wurde zum Fachmann für die Computerindustrie, als ich diesen Sektor für das US-Handelsministerium beobachtete. Die Wall Street erkannte mein Wissen in diesem Bereich und stellte mich aus diesem Grund ein, nicht wegen meines MBA-Titels.

Die zweitwichtigste Qualifikation eines Analysten ist Wissen über den Aktienmarkt, über Geldanlage und Wertpapiere (Aktien, Anleihen, Optionen, Wandelanleihen und so weiter). Da geht es um Grundlagen wie den Unterschied zwischen börsennotierten und an der Nasdaq gehandelten Papieren, Geld- und Briefkurse, Aktienrückkäufe, Dividenden, Aktienemissionen, Aktienbezugsrechte, Schulden (Anleihen) und die ganzen technischen Aspekte des Aktienmarktes. Manchmal erwirbt man dieses Wissen im MBA-Studium, manchmal erst bei der Arbeit als Junior-Analyst, und es wird noch erweitert, wenn man die Ausbildung zum CFA macht. Ich habe beides gemacht, aber ich hatte in diesem Spiel noch einen zusätzlichen Vorsprung, weil ich in meiner Collegezeit in der kleinen Brokerfirma in Chicago gearbeitet hatte, wo ich zum ersten Mal Finanzzeitungen und Finanzzeitschriften sowie entsprechende Bücher gelesen hatte, weil ich auf eigene Faust investierte und den Markt schon jahrelang beobachtet hatte, bevor ich an der Wall Street landete.

Die Analysten an der Street brauchen außerdem einen gewissen volkswirtschaftlichen Durchblick. Ich hatte meinen College-Abschluss in VWL gemacht. Aktienkurse und die Fundamentaldaten von Unternehmen werden von mehreren wirtschaftlichen Faktoren beeinflusst. Als Analyst sollte man mit Grundlagen wie Zinsen, Arbeitsmarkt, BIP, Inflation, Rezession, Staatsausgaben und Staatsverschuldung, Auslandswährungen und dem internationalen Handel vertraut sein. Ein MBA-Studium ist eine entscheidende Quelle für Hintergrundwissen in wirtschaftlichen Disziplinen.

Die Rolle des Wertpapieranalysten besteht darin, die Aussichten der Branche und einzelner Unternehmen in dem behandelten

Sektor zu bestimmen, zu entscheiden, ob die Aktien attraktive Investitionen sind (Kaufempfehlung) oder sich eher schlecht entwickeln dürften (Verkaufen), diese Ergebnisse in Research-berichten niederzuschreiben und alles kontinuierlich zu beob-achten. Zu den entscheidenen Aufgaben gehört es, dieses Re-search den institutionellen Kunden der Brokerfirma mündlich mitzuteilen – und noch anderen wichtigen Zuhörerkreisen, zum Beispiel den hauseigenen Verkäufern sowie den Händlern am Trading Desk und nach außen hin den Medien. Wall-Street-Ana-lysten müssen ihr Research verkaufen, das heißt, ihr Produkt und ihre Meinungen vermarkten. Beachten Sie, dass ich die Pri-vatanleger nicht genannt habe. Analysten haben mit ihnen nicht direkt zu tun. Damit das sogenannte Marketing funktioniert, muss ein Analyst extrovertiert sein. Nicht der eher schüchterne Typ. Er hält Präsentationen vor einzelnen Portfoliomanagern oder vor einem Raum voll institutioneller Investoren. Analysten müssen am Telefon und über die Gegensprechanlage der Firma überzeugend wirken. Sie müssen überzeugt sein, starke Mei-nungen und Selbstvertrauen haben; sie müssen cool, intelligent und ausgeglichen wirken wie der Pilot einer Boeing 747 wäh-rend eines turbulenten Gewitters (mein schlimmster Albtraum). Das erfordert Persönlichkeit, Charakter, Charme, man muss vielschichtig und verbindlich sein (natürlich war ich all das und noch mehr – habe ich die Bescheidenheit schon erwähnt?).

Der institutionelle Vertrieb eines Brokerhauses bedient un-mittelbar die Portfoliomanager, Trader und Analysten der insti-tutionellen Kunden – Investmentfonds, Hedgefonds, Pensions-fonds, Banken und anderer Finanzinstitute. Sie tragen den gan-zen Tag lang die Research-Botschaft der Analysten an diese Ins-titutionen heran – persönlich, am Telefon, per E-Mail. Ein Ver-käufer ist vielleicht für ein halbes Dutzend Institutionen zustän-dig und spricht vielleicht mit fünf oder zehn Kontaktpersonen pro Institution. Außerdem helfen die Verkäufer, diesen Groß-kunden Börsengänge (IPOs, „Initial Public Offerings") und

26

Kapitalerhöhungen zu verkaufen, die ihre Firmen organisieren; sie organisieren Treffen ihrer Analysten oder des gehobenen Managements mit den institutionellen Kunden. Die Trader oder Händler führen umfangreiche Kauf- und Verkaufsorders im Auftrag der Großkunden aus und sie versuchen, mit dem Aktienhandel auf Rechnung des Brokerhauses Geld zu verdienen. Investmentbanker verhandeln mit Unternehmen, Regierungen und anderen Entitäten, die besondere Finanzdienstleistungen benötigen – den Verkauf von Aktien oder Anleihen, Fusionen und Übernahmen oder die Strukturierung komplizierter Finanzierungs- oder Investitions-Transaktionen.

Wie sieht ein typischer Tag im Leben eines Analysten aus? In den letzten Jahren meiner Laufbahn wohnte ich in San Francisco, wo die Börse um 6:30 Uhr eröffnet; ich fing also früh mit der Arbeit an. Die morgendliche Telefonkonferenz meiner Firma, bei der die Researchanalysten sachkundige Ansichten oder Änderungen äußern, fing um 4:15 Uhr an. Ich schälte mich um 4:10 Uhr aus dem Bett, warf mir schnell etwas über und stürzte zum Hörer. Da hunderte von Büros auf der ganzen Welt live mithörten, durfte ich dabei auf keinen Fall einschlafen oder etwas verbocken. Dann zog ich Hose und Pullover an, fuhr durch die noch dunklen Straßen, besorgte mir einen Riesenkaffee mit Sahne und Zucker und saß um 6:00 Uhr an meinem Schreibtisch. Dann ging es mit voller Kraft los, denn in New York war es dann schon 9:00 Uhr. Die Verkäufer riefen institutionelle Kunden an, um ihnen die Bemerkungen plastischer darzustellen, die ich bei dem morgendlichen Telefongespräch gemacht hatte. Der Bildschirm meines Computers flimmerte mir Kursänderungen, aktuelle Nachrichtenartikel und sonstige Informationen ins Gesicht. Dutzende von E-Mails flehten um Antworten, Meinungen, Termine und allerlei andere Dinge. Mein Team stand vor der Bürotür und wollte plaudern oder Research besprechen. Keine Hilfe von meiner Verwaltungsassistentin, die etwa um 7:30 Uhr einlief und relativ normale Arbeitszeiten hatte. Irgendwann ging

27

ich eilig in ein Hotel ein paar Blocks weiter, wo ich mich mit dem Portfoliomanager eines Investmentfonds zu einer Frühstücksbesprechung traf.

Um neun war ich wieder im Büro und *The Wall Street Journal* rief an. Ein leitender Manager eines der von mir betreuten Unternehmen war in der Stadt und stand am Vormittag vor meiner Tür. Wir besprachen eine Stunde lang die geschäftlichen Aussichten seiner Firma. Mein halber Liter Kaffee zum Mitnehmen war zwar kalt, aber ich nippte immer noch daran. Ich musste im Voraus ein detailliertes Computermodell für die Berechnung der Gewinne eines Unternehmens überprüfen, das seine Ergebnisse an diesem Tag um 13 Uhr nach Handelsschluss bekannt geben sollte. Das erste Essen, das ich an diesem Tag zu mir nahm, war eine Suppe am Schreibtisch. Die Ergebnisse trafen ein. Wir machten sofort eine Analyse, bereiteten Fragen vor und klinkten uns um 14 Uhr in die Telefonkonferenz des Unternehmens ein. Um drei war sie vorbei und nach ein paar Minuten Grübeln und einer schnellen Analyse schnitt ich mir einen Researchbericht aus den Rippen. So gegen 17:30 Uhr winkte ich den Garagenwärtern tschüss, die mich keines Blickes würdigten, denn ich hatte ihren Zwölfstundentag nicht überboten. Auf dem Beifahrersitz lag eine Aktentasche mit Material, das ich am Abend bei einer Schüssel Eiskrem und beim Baseballspiel im Fernsehen ohne Ton durchsehen würde.

Im Tagesablauf eines Analysten sind unnormale Ereignisse normal. Ich wurde mitten in den High Sierras im Yosemite-Nationalpark von Ross Perot zum Bezahltelefon gerufen (die anderen Camper waren beeindruckt) und wurde von den Zollbeamten an der italienischen Grenze an dem Abend aufgehalten, an dem Aldo Moro erschossen wurde. Ich habe meine Researchkommentare über die Funksprechanlage von Passagierflugzeugen durchgegeben und mich von Telefonzellen in Wiener Cafés aus eingeschaltet. Manchmal hatte ich Gelegenheit, die Loge meiner Firma hinter der Homeplate des Chicago Cubs Wrigley

Field zu nutzen und gelegentlich ein abendliches Spiel zu sehen, nachdem ich den größten Teil meiner Jugend auf der nicht überdachten Tribüne verbracht hatte. Ich habe Michael Jordan in den NBA-Playoffs gesehen, bin in das Filmfestival von Cannes eingebrochen, bin Queen Elizabeth begegnet, als sie gerade aus einem Londoner Theater kam, habe in der Long Bar des Raffles in Singapur Cocktails geschlürft und mich am Waikiki Beach gesonnt. Aber es gab auch schräge Situationen. Der Fahrer eines Chauffeurdienstes in Kansas City, von dem ich mich jahrelang zu Kundenbesuchen hatte fahren lassen, war auf der Flucht, nachdem die Polizei in seinem Haus mehrere Mordopfer gefunden hatte. Dieser Chauffeur mit seinen guten Manieren rief unser Vertriebsbüro in Chicago an und entschuldigte sich, dass er den nächsten Termin nicht wahrnehmen könne, während die Ermittlungen im Gange waren. Später wurde er festgenommen und zu fünfmal lebenslänglich verurteilt.

Und dann kam der 11. September. Jenny Dugan, eine Junior-Analystin aus meinem Team, und ich waren in New York und hatten den ganzen Tag lang persönliche Termine mit Investoren. Zwei Kunden hatten darum gebeten, dass wir uns um acht Uhr in Lower Manhattan treffen sollten, Fred Alger Management und ein anderer großer Investmentfonds, der schließlich den Zuschlag bekam. Jenny traf sich mit dem Klienten um 8:50 Uhr im World Trade Center, während ich in Uptown war. Das erste Flugzeug schlug ein Stockwerk unter den Büros von Fred Alger ein, wo unser Termin stattgefunden hätte, wenn die Bitte um Verlegung nicht gewesen wäre. Tragischerweise hat niemand von dieser Firma überlebt. Da das Treppenhaus überfüllt war, verließen Jenny und ihre Gruppe das Gebäude im Aufzug. Sie spricht bis heute nur ungern über ihre Erlebnisse an diesem Morgen. Ihren Sicherheitspass für das World Trade Center, auf dem ihr Foto und das Datum 11. September zu sehen sind, hat sie versteckt.

Für einen Wertpapieranalysten besteht der größte Lohn darin, wenn er mit einer größeren Investmentempfehlung brillant richtig liegt. Ich habe Ende der 1980er-Jahre Fiserv frühzeitig als aufstrebende Aktie entdeckt, habe stets mit einem lautstarken „Kaufen" auf den Tisch gehauen und mehr als zehn Jahre zugesehen, wie der Aktienkurs stieg. Ein schon eher etabliertes Unternehmen namens Computer Science war jahrelang schleppend gelaufen, aber auf einmal verbesserten sich seine Aussichten. Ich war der erste Analyst der Street, der diese Verwandlung erkannte, und meine positive Meinungsänderung erwies sich als richtige Voraussage. Die Aktie legte jahrelang zu. Der schlimmste Albtraum eines Analysten besteht hingegen darin, dass man eine falsche Empfehlung gibt. Jeder Analyst kann sich lebhaft an seine Fehlgriffe erinnern.

Die Vorzüge, die der Job des Analysten hat, sind aber auch nicht schlecht. Der beste Golfplatz der Erde ist Augusta National in Georgia, wo das Masters-Turnier stattfindet. Dieser Platz ist sogar für Tiger Woods und Jack Nicklaus geheiligt. Über den Fairways schweben die Geister von Legenden wie Bobby Jones und Ben Hogan. Sie können sich vorstellen, welche Ehrfurcht Augusta einem Stümper wie mir einflößt. Als mich der Vorsitzende einer Softwarefirma aus Atlanta – John Imlay, Miteigentümer der NFL-Footballmannschaft Falcons – fragte, ob ich Zeit hätte, von der Besitzer-Lounge aus ein Spiel zu sehen, mich in der Umkleide umzusehen und mit dem Trainer auf dem Spielfeld zu plaudern, brachte ich kaum das Wort „Ja" über meine stammelnden Lippen. Und während es mir von der Zunge ging, erwähnte er beiläufig, dass wir danach für ein paar Tage Golf nach Augusta fahren würden.

Magnolia Drive, die Butler Cabin, Essen im Clubhaus, die ganzen 18 Löcher, die ich aus der Fernsehberichterstattung so gut kannte – die ganze Veranstaltung war eine traumhafte, mystische Ekstase. Caddies gaben uns die Schläger, die wir benutzen sollten und nicht die, die unseren Fähigkeiten am besten entsprochen hätten – normale Menschen können kein 2er-Eisen schlagen. Im Golfshop reizte ich meine Kreditkarte aus, mir wurde gesagt, „die grünen Jacken da im Regal sind nur für Mitglieder", ich klaute die ganzen Sachen mit Logo aus meinem Zimmer und gab mich die ganze Zeit betont lässig. Ich spielte fürchterlich. Aber was soll man anderes erwarten, wenn man auf geweihter Erde sozusagen in Gegenwart der Götter spielt? Nun, Sie sehen, dieser Ausflug war ein Höhepunkt meines Lebens und das war kein schlechter Ort, um über Management zu plaudern.

Der anstrengendste Aspekt des Lebens als Wertpapieranalyst an der Wall Street ist der Umgang mit dem Gefühl, dass man immer verwundbar ist, wenn den betreuten Aktien irgendetwas zustößt. Diese Angst beruht auf der Erkenntnis, dass ein Unternehmen, das man abdeckt, jederzeit im Laufe eines Handelstages dramatische und überraschende Meldungen verkünden könnte, zum Beispiel dass der Gewinn geringer ausgefallen ist oder dass ihm ein großer Auftrag entgangen ist. Unter solchen Umständen muss der Analyst hektisch die Situation einschätzen, sich schnell in die Telefonkonferenz stürzen sowie auf eine Lawine von Fragen des Vertriebs und der Investoren reagieren. Das ist schon schwierig genug, wenn der Analyst im Büro ist und alle nötigen Mittel zur Hand hat. Aber eine Katastrophe ist es, wenn das während eines Tages passiert, der mit Kundenterminen vollgepackt ist, während eines Flugs, während einer Urlaubs-Kreuzfahrt oder auf dem Golfplatz. An Tagen, an denen die Börse geöffnet hat, können Analysten nie entspannen. Sogar während der Ferien im August schauen wir immer auf unseren Blackberry oder unser iPhone und melden uns an Handelstagen immer wieder, genau wie ein Arzt in Bereitschaft.

Nachdem Sie nun wissen, welche Aufgaben Wall-Street-Investment-Analysten haben und welche Rolle sie spielen, fehlt nur noch der Rest der Geschichte – die Wahrheit und die wohlgehüteten Geheimnisse des Wall-Street-Research. Wenn man als Investor erfolgreich sein will, muss man erfassen, wie die Wall Street funktioniert, man muss sie in manchen Fällen umgehen

31

und in anderen Situationen ausnutzen. Wenn die seltsamen, tückischen Methoden der Wall Street entmystifiziert sind, können Sie auf dem gleichen Niveau wie die Profis investieren.

Wall-Street-Analysten sind schlechte Stockpicker

Das mag zwar schockierend sein, aber die Auswahl von Aktien gehört nicht zu den Aufgaben des Analysten. Bis vor Kurzem haben die Brokerhäuser nicht einmal kontrolliert, wie zutreffend die Meinungen ihrer Analysten waren. Das war einfach kein wesentlicher Teil der Stellenbeschreibung eines Analysten. Man erwartet von Wall-Street-Analysten, dass sie Informationen über die von ihnen betreuten Unternehmen und Branchen verfolgen, dass sie die künftigen Aussichten der Unternehmen einschätzen und durchschauen, dass sie ihren Wert als Investment abschätzen und dass sie sich eine Meinung über die Aussichten ihrer Aktien bilden. Man verlangt von uns Anlageempfehlungen wie „Kaufen" oder „Verkaufen", die eine Gesamtbewertung ausdrücken. Und da tauchen die echten Probleme auf. Die berufliche Qualifikation, die anreizgesteuerte Entlohnung und das Hauptpublikum – institutionelle Anleger – sind nicht auf Stockpicking ausgerichtet. Nicht nur die Anhebungen von Empfehlungen und die Kaufempfehlungen sind unzuverlässig, sondern auch Verkaufsempfehlungen sind häufig unergiebig. Im Dezember 2007 senkte eine große Brokerfirma ihre Kaufempfehlung für Countrywide Financial – ein Unternehmen im Fadenkreuz des Subprime-Debakels – auf „Neutral", nachdem der Kurs der Aktie schon von 40 auf 9,80 Dollar abgestürzt war. Eine andere hochkarätige Firma bekräftigte ihr Kaufziel von 110 Dollar für Bear Stearns, als die Aktie im 50er-Bereich gehandelt wurde; drei Tage später fiel die Aktie im Zuge der Rettung durch JPMorgan Chase unter drei Dollar. Im Mai 2008 sagten hochkarätige Öl-Analysten einer führenden Firma voraus, dass der Ölpreis in den zwei folgenden Jahren auf 200 Dollar steigen würde. Im September wurde die Prognose auf 148 Dollar reduziert, nachdem der Ölpreis auf 80 Dollar gefallen war, und im Oktober wurde die Schätzung auf 86 Dollar gestutzt; sie hinkte dem Sturz des Ölpreises immer mehrere Schritte hinterher (im Dezember rutschte der Ölpreis auf 40 Dollar). An dem Tag, an dem Fannie Mae auf einen Dollar pro Aktie absackte, gab es für das Unternehmen mehrere Kaufempfehlungen. Sehr wenigen Dank! Solche Prognosen sind nur allzu typisch.

Im Rahmen einer Umfrage der Zeitschrift *Institutional Investor* wurden im Herbst 2008 die Institutionen der sogenannten „Buyside" – Investmentfonds, Banken, Pensionsfonds und Hedgefonds, die über die Brokerhäuser Aktien kaufen und verkaufen – aufgefordert, die wichtigsten Eigenschaften anzugeben, die sie von Wall-Street-Analysten der „Sellside" (Broker) erwarteten. Von zwölf Faktoren, die nach ihrer Wichtigkeit sortiert werden sollten, landete die Aktienauswahl auf dem letzten Platz. Die wichtigste Qualifikation, die die Institutionen von Analysten verlangten, war Branchenkenntnis.

Die Analysten, die in der Umfrage von Institutional Investor (I.I.) vom Oktober 2008 die besten Plätze belegten, haben im vergangenen Jahr einige der schlechtesten Empfehlungen abgegeben: Ein führender Analyst im Bereich Broker und Vermögensverwaltungen empfahl im Januar Bear Stearns für 77 Dollar. Acht Wochen später kostete die Aktie zwei Dollar. Der Analyst für die Versicherungsbranche, der Platz 1 belegte, bekräftigte im August seine seit Langem geltende Kaufempfehlung für AIG und behielt diese günstige Sicht bei, bis der Bund bei einem Kurs von drei Dollar eingriff. Der Analyst, der im Bereich Verbraucherfinanzen den Spitzenplatz belegte, haute begeistert auf den Tisch und befürwortete Fannie Mae und Freddie Mac so lange, bis der Staat sie für einen Dollar pro Aktie übernahm.

Wenn es für eine Aktie mehrere Verkaufsempfehlungen gibt, kann sie gar nicht anders als steigen. Wenn die vierte oder fünfte

33

Verkaufsempfehlung für eine Aktie herauskommt, ist sie wahrscheinlich für die Erholung bereit. Analysten sind normalerweise spät dran und außerdem schreiben sie voneinander ab.

Das *Wall Street Journal* hat einige Jahre lang die Ergebnisse eines Dartscheiben-Wettbewerbs veröffentlicht. Die fachkundige Aktienauswahl der Analysten und Portfoliomanager war nicht besser als die zufällige Auswahl. Eine Internetseite, die einen Börsenbrief namens „Paradox Investor" herausgibt, überprüfte die Performance aller Aktien, die von der Street als „Verkaufen" und „Halten" eingestuft wurden, in einem Zweijahreszeitraum bis zum Herbst 2003. Dieses Portfolio aus negativ gesehenen Aktien machte 53,5 Prozent Gewinn und damit über 75 Prozentpunkte mehr als der Markt.

Und die Geldverwalter der Investmentfonds sind auch keine großen Abräumer. Bei dem Roundtable von *Barron's*, der elf führende Aktienexperten zusammenbringt, war es nur bei vier so, dass die Hälfte der ihres Erachtens besten Aktien den Markt übertraf. Erschreckend. Im Jahr 2008 entwickelten sich gut 56 Prozent der insgesamt 72 ausgewählten Investments überdurchschnittlich, aber nur 32 Prozent davon brachten absolut gesehen Gewinne, und die Hälfte davon waren Währungen, Rohstoffe und sonstige Nicht-Aktien. Mehr als ein Drittel der ausgewählten Investments brach um mindestens 50 Prozent ein. Das sagt einiges über die Fähigkeit der Wall Street, Aktien auszuwählen.

Als wäre das noch nicht Beweis genug, stuft Charles Schwab auch noch Aktien von A bis F ein. Von Februar 2002 bis Oktober 2003 brachten die F-Aktien, von denen die schlechteste Performance erwartet wurde, mit einem Vorsprung von 30 Prozent die beste Leistung aller Kategorien. Das *Wall Street Journal* berichtet von einer Erhebung von Investars.com, die Researchfirmen von der Wall Street danach bewertete, wie sich ihre Aktienauswahl in dem Einjahreszeitraum, der im Mai 2005 endete, im Vergleich zum S & P 500 verhielten. Von vieren der besten fünf haben Sie wahrscheinlich noch nie etwas gehört: Weiss Ratings, Columbine

Capital, Ford Equity Research und Channel Trend. Die Ergebnisse der Kaufempfehlungen von größeren Brokerhäusern verteilten sich auf den unteren Bereich der Liste. Bei der Beurteilung der Performance über vier Jahre kam so ziemlich das Gleiche heraus. Die Street treibt die Analysten zum Händchenhalten mit den Institutionen und zum Marketing an sie an, nicht zu Research und Aktienempfehlungen. Kein Wunder, dass das Ergebnis faul ist.

Sachkundige Analyse wirkt sich wenig auf die Richtigkeit von Kauf- und Verkaufsempfehlungen aus. Broker-Analysten können gewöhnlich sehr gut ausführliches, informatives Researchmaterial über Unternehmen und Branchen liefern. Aber ihre Investment-Bilanz ist mittelmäßig. Das System fördert dies, indem es Analysten in erster Linie gemäß ihrem Profil, ihrem Status, ihrem Einfluss und ihren Branchen-/Unternehmenskenntnissen vergütet, und nicht nach der Korrektheit ihrer Anlagemeinungen.

Der extreme Einfluss von Analysten kann großen Schaden anrichten, wenn dadurch Anleger irregeführt werden. Das plakativste Beispiel dafür ist Jack Grubman. Als Telekommunikationsanalyst mit mehr Erfahrung als die meisten noch grünen Internetanalysten hätte er es eigentlich besser wissen müssen und hätte sich nicht auf offene Lobeshymnen gegenüber seinen Banker-Klienten einlassen dürfen. Aber das tat er wohl doch, wie aus folgendem Zitat aus *Business Week* über seine Handlungen hervorgeht: „Was früher Konflikt war, ist jetzt Synergie." Er entzog sich der treuhänderischen Verpflichtung, als Analyst relativ unparteiisch zu sein. Grubmans inzestuöses Verhalten als Investmentbanker vernichtete die Glaubwürdigkeit seines Researchs. Er verfocht mehrere Verkaufsempfehlungen bis in die Insolvenz hinein – Global Crossing, MCI WorldCom und andere. Jetzt ist er für immer aus der Branche ausgeschlossen.

Die Vergütung eines Analysten, die häufig mehr als eine Million Dollar im Jahr beträgt, hat mit der Performance seiner

Aktienempfehlungen nichts zu tun. Den Anlageerfolg eines Portfoliomanagers kann man täglich anhand der Statistiken über Investmentfonds beobachten. Aber Analysten werden nicht für die Genauigkeit ihrer Aktienmeinungen bezahlt. Ihr Einkommen hängt von den Umfrageergebnissen bei institutionellen Kunden ab, von ihrer Prominenz, ihrem Einfluss, von dem Umsatz mit den Institutionen, von Handelsbewertungen, davon, inwieweit sie zum Investmentbanking-Geschäft beitragen (da gibt es nach wie vor Verbindungen) und von der allgemeinen subjektiven Beurteilung durch die Leitung der Researchabteilung.

Das Empfehlungs-/Einstufungs-System ist irreführend

Selbst wenn die Anlageaussagen der Wall Street glaubwürdig wären, könnten die Anleger die Bedeutung einer Empfehlung nicht genau bestimmen. „Kaufen" heißt manchmal „Verkaufen". Die Brokerhäuser benutzen für ihre Empfehlungen unterschiedliche Begriffe, die einen sehr täuschen können. Analysten sind häufig gezwungen, auf Nummer sicher zu gehen, weil sie mit ihren Aussagen unterschiedliche Zielgruppen überbrücken müssen. Obwohl die meisten Firmen die Anzahl der Abstufungen von fünf oder vier auf drei reduziert haben, besteht immer noch mehr als genug Spielraum. Die berühmten Ausdrücke „Neutral" und „Halten" sind nur eine Möglichkeit für Analysten, sich zurückzuhalten und ihr Gesicht zu wahren, denn hinterher können sie dann immer behaupten, sie hätten Recht gehabt, egal wie sehr die Argumentation an den Haaren herbeigezogen ist. Die Investoren haben keine Ahnung, was sie mit einer „Halten"-Empfehlung anfangen sollen. Nur die jeweils höchste Stufe in der Nomenklatur einer Firma – gewöhnlich „Kaufen", „klarer Kauf", „Übergewichten" oder Ähnliches – zeigt an, dass der Analyst eine positive Meinung von der Aktie hat. Oder doch nicht?

36

Gegen Ende 2006 berichtete *Barron's*, dass ein Analyst die Berichterstattung über Toll Brothers beim Aktienkurs von gut 29 Dollar mit der Empfehlung „Übergewichten" begonnen hatte. Klingt positiv, oder? Nun lag aber der Zielkurs bei 23 Dollar und das zeigte, dass der Analyst mit einem größeren Kurseinbruch rechnete. Die Einstufung bedeutete offenbar nur, dass sich diese Aktie besser schlagen würde als ihre Kollegen in der Wohnungsbaubranche. Für einen Anleger, der meinen könnte, diese Empfehlung lege den Kauf der Aktie wegen ihres Wachstumspotenzials nahe, war diese Empfehlung keine Hilfe. Es herrscht Verwirrung.

Analysten setzen niedrigere Einstufungen wie „Akkumulieren", „Überdurchschnittlich", „Halten", „Neutral" und manchmal sogar „Kaufen" (wenn es in dem System des Unternehmens das stärkere „klarer Kauf" gibt) ein, um ihrem wichtigsten Kundenstamm, nämlich den institutionellen Anlegern, eine negative Haltung mitzuteilen. Die pessimistischeren Einstufungen „Unterdurchschnittlich", „Untergewichten" und „Verkaufen" vermeiden sie, weil sie dem Beschuss von Unternehmensmanagern und von denjenigen institutionellen Investoren entgehen wollen, die große Positionen der entsprechenden Aktie halten. Außerdem schmeicheln sie sich damit bei den Investmentbankern ein. Akkumulieren wurde früher euphemistisch als „Banker's Buy" [„Banker-Kauf"] bezeichnet. Klingt positiv, ist aber in Wirklichkeit negativ. Es hilft dem Analysten, sein Gesicht zu wahren.

Das derzeit fast überall geltende dreistufige System der Bewertung von Investments ist mit Verwirrung und Ungleichheiten zwischen verschiedenen Firmen befrachtet. Die Begrifflichkeit der Anlageempfehlungen müsste auf jeden Fall eindeutiger und an der ganzen Wall Street einheitlicher sein. Bedeutet „Übergewichten" „Kaufen"? Das *Wall Street Journal* hat in einem Artikel über eine Studie der National Association of Securities Dealers (NASD, Verband der Wertpapierhändler) einmal gefragt, wie die Empfehlungen verwendet werden: „Ist eine unterdurchschnittliche Aktie in einer überdurchschnittlichen Branche attraktiver als eine überdurchschnittliche Aktie in einer unterdurchschnittlichen Branche?" Empfehlungen können absolut oder relativ sein. Ein Analyst kann sich auf die Korrektheit einer positiven Empfehlung berufen, wenn sie einen Index oder den Markt übertrifft – sogar wenn die Aktie fällt und die Investoren Verlust machen. Ein absoluter Begriff wie „Kaufen" könnte bedeuten, dass die Aktie in den nächsten zwölf Monaten möglicherweise um 10 bis 25 Prozent steigen könnte. Laut dem Artikel aus dem *Wall Street Journal* bedeutete ein Outperform von Bear Stearns, dass die Aktie besser laufen sollte als die Branche, die der Analyst beobachtete. Bei Smith Barney besagte „Kaufen", dass der erwartete Gesamtertrag mehr als 15 Prozent betragen würde. Ein „Kaufen" von UBS Warburg bedeutete, dass die Aktie 15 Prozent über den Leitzins steigen würde. Zum Glück geben viele Firmen endlich nur noch einen bestimmten Zeitrahmen an und haben das Tandem aus langfristiger und kurzfristiger Empfehlung abgeschafft, das oft ein unlösbares Rätsel darstellte. Aber bis zu einer einheitlichen Einstufung von Investments in der Branche ist es noch ein weiter Weg.

Mitte 2008 änderte eine große Brokerfirma ihr Verfahren, um eine gewisse Ausgeglichenheit in das Empfehlungsuniversum zu bringen. Um zu mehr negativen Einstufungen anzuregen, verlangte sie von ihren Analysten, dass sie 20 Prozent aller behandelten Aktien als unterdurchschnittlich einstuften. Zu jenem Zeitpunkt waren nur fünf Prozent der Empfehlungen der Street Verkaufsempfehlungen. Aber es herrscht nach wie vor Verwirrung, denn die Firma definiert „unterdurchschnittlich" so: „Die Aktie wird in den kommenden zwölf Monaten entweder fallen oder weniger steigen als diejenigen von höher eingestuften Konkurrenzunternehmen." Das heißt, die Aktie könnte steigen oder fallen – nicht sehr erhellend.

Man kann anhand der öffentlich angegebenen Empfehlung unmöglich abschätzen, wie begeistert oder skeptisch ein Analyst ist. Die Inbrunst von Empfehlungen ist unterschiedlich. Manchmal ist „Kaufen" eine eher kümmerliche, schwache bis mäßige Meinung. In anderen Fällen kann „Kaufen" bedeuten, dass man aufspringen, losrennen und sofort etwas unternehmen sollte. Ein „Halten" kann recht positiv sein, zum Beispiel wenn sich der Analyst gerade in Richtung einer positiven Einschätzung bewegt und kurz vor der Hochstufung zum „Kaufen" steht. „Halten" kann aber auch bedeuten, dass der Analyst die Perspektiven des Unternehmens und die Aussichten des Aktienkurses für schrecklich hält, sich aber bei den interessierten Parteien lieber nicht mit dem bösen Wort „Verkaufen" in die Nesseln setzt. Und meistens ist Letzteres der Fall. Die Street interpretiert „Halten" normalerweise negativ. Das sollte man auch als Privatanleger tun.

Jede Einstufung unter dem höchsten Niveau bedeutet, dass der Analyst pessimistisch oder vorsichtig ist. Wenn ein Analyst seine Meinung von der obersten Stufe aus senkt, kommt das einer buchstäblichen Verkaufsempfehlung gleich. Eine andere Möglichkeit, die Verschlechterung der Meinung deutlich zu vermitteln, ist die Aufrechterhaltung der langfristig besten Empfehlung bei gleichzeitiger Senkung der kurz- oder mittelfristigen Empfehlung. Alle „langfristigen" Empfehlungen sollte man sowieso ignorieren. Sie sind auch nur Ausflüchte des Analysten.

Die Anlageempfehlungen der Wall Street werden zusätzlich noch durch die Risikoscheu verfälscht. Aussagen über Aktien sind sichere Aussagen. Die Verschleierung ist allgegenwärtig und sie beruht auf der tödlichen Angst sich zu irren. Manchmal haben Analysten eine neutrale kurzfristige Meinung (also negativ), aber langfristig tendieren sie zum positiveren „Akkumulieren" oder „Überdurchschnittlich". Das ist zweideutig. Bei einem einfacheren System hält sich der Analyst vielleicht einfach an die neutrale Empfehlung. Auf diese Art entgeht er der Verantwortung, egal wie sich die Aktien entwickeln. Wenn der Kurs abwärts trudelt, hört man dann: „Ich habe sie ja eigentlich nicht empfohlen." Wenn die Aktie hingegen steigt, hört man überhaupt nichts. Und sogar der klare Kauf gibt verschiedene Grade der Begeisterung wieder. Wenn der Analyst sechs oder acht Unternehmen gleich optimistisch einschätzt, beruft er sich auf diejenigen, die steigen. Für diejenigen, deren Kurse schwanken, hat er die gute Ausrede, dass sie nicht zu seinen zwei oder drei besten Empfehlungen gehörten.

Das ideale Empfehlungssystem würde nur aus zwei Möglichkeiten bestehen und die Analysten zwingen, Stellung zu beziehen. Das könnte positiv/negativ sein, überdurchschnittlich/unterdurchschnittlich oder „Übergewichten"/„Untergewichten". Beachten Sie, dass meine Begriffe für schlechte Aussichten von Aktien weniger hart sind als „Verkaufen", auch wenn sie im Grunde das Gleiche bedeuten. Das hilft dem Analysten und dem Brokerhaus, das Gesicht zu wahren und gleichzeitig das Verhältnis zu institutionellen Anlegern und zu Unternehmensleitungen friedlich zu gestalten. Vergessen wir „Kaufen"/"Verkaufen" – zu krass und politisch inkorrekt. Wenn man so ein einfaches System hätte, könnte der Analyst seine Meinung über die Aktie klarer vermitteln und die Richtigkeit wäre leichter zu überprüfen. Aber erwarten Sie nicht, dass das jemals passiert. So sehr lässt sich die Wall Street im Traum nicht zur Rechenschaft ziehen.

Ich würde sogar noch einen Schritt weiter gehen und für das informierte institutionelle Publikum die Anlageempfehlungen ganz abschaffen. Portfoliomanager und institutionelle Analysten ziehen ihre eigenen Schlüsse und treffen ihre eigenen Anlageentscheidungen. Für diese Investoren sind die Aktienempfehlungen der Brokeranalysten ein Ärgernis. Die Analysten könnten den Institutionen das gleiche wertvolle Investmentresearch auch ohne diesen Störfaktor bieten. Qualität und Objektivität des Research würden zunehmen, wenn die Analysten Empfehlungen herabstufen könnten, ohne den Zorn von Inhabern großer Positionen und von Unternehmensmanagern auf sich zu ziehen.

Anlageempfehlungen sind noch in anderer Hinsicht getrübt. Die Wall Street liebt Aktien, die gerade steigen. Sie hat keine

Geduld, auf spätere Kursgewinne zu warten. Für einen Analysten ist es schwer, eine Aktie hochzustufen, die sich im Keller herumschleppt, selbst wenn sie ihren Wert haben mag. Es könnte zu lange dauern, bis sie steigt. Wenn eine Aktie schon Kursgewinne verzeichnet und wenn „der Chart gut aussieht", bekommt der Analyst viel leichter die nötigen Genehmigungen der zuständigen Ausschüsse. Eine solche Empfehlung wird von institutionellen Klienten eher akzeptiert und für den Analysten birgt sie ein geringeres Risiko.

Aus diesem Grund kommen Anhebungen der Empfehlungen gewöhnlich verspätet und verpassen einen großen Teil des Kursanstiegs. Wenn man eine Meinung verfechten will, braucht man klare Katalysatoren, Belege und präzise Prognosen. Deshalb sind Kaufempfehlungen selten Value-orientiert. Sie beruhen eher auf „Momentum" – auf der Dynamik der Kursbewegung. Die Gremien, die Empfehlungslisten durchsehen, sperren sich gegen die Empfehlung einer Aktie, wenn sie am Boden herumkriecht und keine Anzeichen für Aufwärtsdynamik aufweist. Als ausgebrannter Wert widerstrebt sie der Denkweise des Ausschusses. Man kann als Anleger die Street übertrumpfen, indem man Aktien sucht, die in Ungnade stehen und nicht weithin empfohlen werden, die aber einen Wert darstellen und irgendwann bestimmt hochgestuft werden.

Research beinhaltet nie die vollständige Ansicht eines Analysten

Da die Berichte für die Öffentlichkeit bestimmt sind und da sie von den verschiedenen Zielgruppen der Analysten gelesen werden, werden besonders negative oder umstrittene Inhalte abgemildert oder abgewandelt. Der Grad unserer Skepsis und Aspekte des Unternehmens, die unklar, aber sehr suspekt sind, eine nicht vertrauenswürdige Unternehmensleitung, mangelndes Zutrauen in die Schätzungen und alles, was heikel oder zweifelhaft ist, alles, was Vorsicht geboten sein lässt – nichts davon wird in den Analystenbericht aufgenommen. Würde das doch passieren, würde es aufgrund rechtlicher Vorschriften sowieso wieder entfernt werden. Die Berichte werden derart genau kontrolliert, dass die Analysten vorsichtig sind; eher heikle Punkte und Mutmaßungen behalten sie lieber dem unmittelbaren Gespräch vor, in dem sie sie auf den konkreten institutionellen Kunden zuschneiden können. Die Körpersprache eines Analysten und seine subtile Abneigung gegen eine Aktie werden in dem schriftlichen Bericht nie offenbar. Es ist zwar rechtlich nicht mehr möglich, dass ein Analyst eine radikal andere Ansicht vertritt als in seinem Bericht, aber es bleibt immer noch Vieles, das man zwischen den Zeilen lesen muss.

Die Wall Street ist von Natur aus günstig gestimmt

Stellen Sie sich vor, die Wall Street wäre die Automobilindustrie. Automobilgesellschaften stellen Autos und Lastwagen her. Über ihre Händler verkaufen sie diese Produkte aggressiv. Aufgrund ihrer handfesten Interessen empfehlen Autohändler „Kaufen". Man hört nie, dass sie den Verbrauchern zum „Verkaufen" raten. Clifford S. Asness zieht im *Financial Analysts Journal* einen ähnlichen Vergleich. Er schreibt zutreffend: „Das Geschäft der Wall Street besteht zum großen Teil darin, neue und gebrauchte Aktien zu verkaufen, und seltsamerweise gibt sie dazu Empfehlungen." Selbstverständlich nimmt die Wall Street selten eine bearishe Haltung zu den Produkten ein, die sie ihren Kunden verkaufen will. John C. Bogle, der Gründer der Investmentfondsgesellschaft Vanguard, behauptet: „Unser Finanzsystem wird von einer gigantischen Marketing-Maschinerie angetrieben, wobei die Interessen der Verkäufer [der Wall Street] den Interessen der Käufer [der Investoren] direkt widersprechen." Per definitionem sind 50 Prozent aller Trades Verkäufe. Und doch sind mehr als 90 Prozent des Researchs an Käufer gerichtet, sind positive „Kaufen-", oder „Halten"-Empfehlungen.

Die Presse neigt ebenfalls schwer zur optimistischen Seite. Zu Beginn des Jahres 2008, also mitten in der schlimmsten Baisse seit 1931, brachten die führenden Finanzzeitschriften Titelstorys mit folgenden Überschriften: „2009 – Das Jahr Ihres Comebacks"; „Holen Sie sich Ihr Geld zurück – der Sechs-Stufen-Plan für den Wiederaufbau Ihrer Ersparnisse"; „Ja, die Lage ist düster, aber hier ist der neue Plan, wie Sie gestärkt daraus hervorgehen". Sogar das ehrwürdige *Barron's* betonte in der Werbung für seinen neuen Newsletter, dass er „jeden Tag eine neue Investment-Idee [vorstellt] [...] 90 Prozent der Vorhersagen werden bullish sein". Wow, 225 Empfehlungen, an jedem Geschäftstag eine! Und fast alles Kaufempfehlungen, sogar in der Baisse. Das gleiche Organ veröffentlicht eine jährliche Marktprognose von zwölf führenden Anlagestrategen der Wall Street. Am Anfang des Jahres reichten die Jahresprognosen der Teilnehmer für den S & P 500 von 1.525 bis 1.750 Punkte. Das wich erstaunlich weit von den tatsächlichen 903 Punkten zum Jahresende ab. Für das Jahr 2009 zeigt das Dutzend der Prognosen einstimmig nach oben und reicht von 950 bis 1.250 – also sind trotz Baisse-Szenario alle bullish.

Die Wall Street ist komplett auf steigende Märkte und steigende Aktienkurse ausgerichtet. Die üblichen Begriffe, mit denen die Lage am Aktienmarkt beschrieben wird, haben eine schwer positive Schlagseite. Wenn der Aktienmarkt fällt und Sie mit Ihren Aktienpositionen Geld verlieren, heißt das „Korrektur". Aber wenn der Markt steigt, bezeichnet die Wall Street das ja nicht als „Fehler". „Volatilität" ist noch so ein Begriff, der häufig auftaucht, um einen fallenden Markt zu beschreiben. Ist ein steigender Markt nicht genauso volatil („schwankend") wie ein fallender? Wenn der Markt abstürzt, erreicht er irgendwann den Boden und „stabilisiert" sich, was eine positive Beschreibung ist. Aber wenn der Markt steigt, wird er nie als instabil dargestellt. Wenn die Wirtschaft in eine Rezession rutscht oder wenn die Beschäftigungsquote fällt, bezeichnet man das als „negatives Wachstum". Beim Staat ist es genauso. Als Ben Bernanke vor dem Kongress aussagte, weigerte er sich, das Wort mit R zu benutzen (Rezession) und sprach stattdessen von einer „Kontraktion" der Wirtschaft. Die Street versucht stets, die Situation zu beschönigen oder zu neutralisieren, sogar wenn die Aktienkurse abtauchen wie in der Baisse 2008. Wie *Barron's* erklärt hat, ähnelt ihre Haltung derjenigen der Bundesregierung: „Im Prinzip ist alles in Ordnung [...] keine Sorge, bald wird es wieder besser." Oder: „Die Wall Street [...] genießt es, ohne Schirm im Regen zu singen, und sie hofft, damit die Laune der Anleger zu heben – und nur zufällig Brokergebühren und Positionen zu kassieren –, indem sie so tut, als erblicke sie nicht existente Regenbögen, zu denen natürlich auch der obligatorische Goldschatz gehört."

Die meisten institutionellen Anleger halten Aktien, sind also „long" und shorten nur selten und setzen damit auf Kursverluste. Die günstigen Rückmeldungen, die von großen institutionellen Aktienbesitzern und von Unternehmensmanagern kommen, sind für Analysten ein Anreiz, Kaufempfehlungen auszusprechen. Die unangenehmen Reaktionen dieser Kreise halten sie davon ab, negative Ansichten zu äußern. Wenn sie mehrere Millionen Aktien eines Unternehmens halten, können Sie sich vorstellen, wie sie auf eine Herabstufung durch die Wall Street reagieren, die den Preis um mehrere Punkte drückt. Solche Organisationen haben Portfoliomanager, die die Aktien auswählen; für diesen Zweck brauchen sie die Wall Street nicht:

Eine Studie des *Wall Street Journal* ergab im Jahr 2004, dass die positive Einseitigkeit bei den kleineren Brokerfirmen am auffallendsten ist; anscheinend sind sie immer noch voll darauf aus, möglichst viele Kaufempfehlungen auszugeben. Doch sogar die zehn größten Firmen, die im Jahr 2003 im Zuge eines Vergleichs mit der Generalstaatsanwaltschaft von New York mehreren Research-Reformen zugestimmt haben, geben im Schnitt doppelt so viele Kaufempfehlungen wie Verkaufsempfehlungen. Bei den kleineren Firmen betrug das Verhältnis von „Kaufen" zu „Verkaufen" fast sieben zu eins. Mike Mayo stellte Mitte 2006 im CFA-Magazin fest, dass für die zehn US-Aktien mit der höchsten Marktkapitalisierung 193 Kaufempfehlungen und nur sechs Verkaufsempfehlungen bestanden. Systembedingte Verzerrung? Ich würde sagen, dass diese Großunternehmen viele Investment-banking-Gelegenheiten bieten und damit die Analystenmeinungen insgeheim beeinflussen. Das System ist gegen negative Empfehlungen programmiert.

Analysten neigen dazu, die Aktien, für die sie eintreten, zu vermenschlichen und sich in sie zu verlieben. Das ist, wie wenn man sich mit Geiselnehmern identifiziert. Der menschliche Instinkt. Diese Einseitigkeit ist unauslöschlich. Ein Teil des Wahnsinns wurde beseitigt, als die Unterwürfigkeit gegenüber dem Investmentbanking reduziert wurde. Aber glauben Sie nicht eine Sekunde lang, dass damit vollständige Objektivität geschaffen wurde. Der Anteil der positiven Wall-Street-Empfehlungen überwiegt die negativen Meinungen immer noch bei Weitem, zumindest wenn man die veröffentlichten Empfehlungen wörtlich nimmt. Anfang 2001, also zehn Monate nach Beginn des rasanten Börsensturzes, der auf die Internetblase folgte, gab Salomon zu den fast 1.200 Aktien, die es behandelte, nur einmal eine „Underperform"-Empfehlung und kein einziges „Verkaufen". Laut Zacks Investment Research waren von den 4.500 Aktien, die es im vierten Quartal 2005 mitten in der Hausse verfolgte, 42 Prozent als „Kauf" oder „klarer Kauf" eingestuft. Nur drei Prozent wurden als „Verkauf" oder „klarer Verkauf" beurteilt.

Ende 2007, also nach einem deutlichen Einbruch des Aktienmarktes, sah die Verteilung der Researchmeinungen an der Wall Street so aus: 49 Prozent Kaufempfehlungen, 46 Prozent „Neutral" und nur 5 Prozent Verkaufsempfehlungen. Während des Jahres 2008 schoss die Zahl der „abgesicherten" wenig hilfreichen „Neutral"- und „Halten"-Empfehlungen von der Street zwar in die Höhe, als die Aktienkurse trudelten, aber die Verkaufs-

45

empfehlungen blieben rar und stellten nur 10 bis 20 Prozent der Empfehlungen. Die große Brokerfirma, die im Jahr 2008 ihr Einstufungssystem änderte, verlangte von ihren Analysten, dass sie mindestens 20 Prozent der Aktien als unterdurchschnittlich („Verkaufen") einstuften. Dies führte dazu, dass 31 Prozent aller von der Firma behandelten Aktien als Verkäufe eingestuft wurden, was im Vergleich zum Rest der Wall Street bewundernswert ausgewogen war; trotzdem blieben 69 Prozent des betreuten Aktienuniversums während der vielleicht schlimmsten Baisse seit der Großen Depression als „Kaufen" oder „Neutral" bewertet.

Eine Studie der UCLA (University of California Los Angeles), der UC Davis und der University of Michigan enthüllt eine andere Form der Verzerrung von Empfehlungen. Die Angaben unabhängiger Researcher sind zutreffender als die Analystenmeinungen von Brokern/Investmentbanken. In Zeiten der Hausse, in denen die Kaufempfehlungen überwiegen, waren die Ergebnisse etwa gleich. Aber in Baissen wie 2008 ragen die Unabhängigen heraus, weil sie mehr negative Auffassungen verkünden. Den Brokerhäusern widerstrebt es, ihre Investmentbanking-Kunden herabzustufen. Ei, warum überrascht mich das nicht? Der Analyst eines Brokerhauses hat unweigerlich ein engeres Verhältnis und viel besseren Zugang zu den Managern eines Investmentbanking-Kunden. Studien belegen, dass der Analyst des Brokerhauses, das den Börsengang eines Unternehmens als Konsortialführer organisiert, merklich positiver über das Unternehmen berichtet als Analysten von Unternehmen, die mit dem Deal nichts zu tun haben.

Herabstufungen sind quälend, anstrengend und selten

Analysten stufen ihre Empfehlungen nur ungern herab, weil sie die Vergeltung institutioneller Aktionäre befürchten. Die Analysten und Portfoliomanager der Investmenthäuser teilen den

Brokerhäusern, deren Analysten ihre Aktien loben, höchst großzügige Gebührenanteile zu. Diese Institutionen lassen ihrem Ärger freien Lauf und belegen Broker-Analysten mit einem Bann, wenn sie Empfehlungen von Aktien senken, die die Institutionen besitzen. Diese voraussichtliche Strafe ist eine entscheidende Einschränkung, wenn man die Senkung einer Empfehlung erwägt.

Wenn wir die Einstufung herabsetzen, sind wir derart viel Kritik ausgesetzt, dass die Argumente wasserdicht sein müssen. Es ist unangenehm, eine Empfehlung zu senken, wenn die Aktie angefangen hat zu sinken. Deshalb zögert man noch länger. Wie der Affe, der nichts Böses sieht, verschließen wir vor ersten negativen Entwicklungen die Augen. Wenn die Last der negativen Indizien schließlich massiv erdrückend wird, hat die Aktie den größten Teil des Schadens schon erlitten. Wenn die Analysten dann schließlich kapitulieren und auf eine ausgewachsene Verkaufsempfehlung umstellen, hat die Aktie wahrscheinlich schon die Talsohle erreicht. Man mag dafür Geduld brauchen, aber gewöhnlich halten Aktien an diesem Punkt für den Privatanleger mehr Gewinnpotenzial als Verlustrisiko bereit.

Die Brokerhäuser haben das Verfahren für die Änderung einer Anlageempfehlung aus regulatorischen und rechtlichen Gründen enorm verkompliziert. Das war eine Folge der kläglichen Empfehlungsbilanz nach dem Platzen der Blase der 1990er-Jahre. In gewissen Abständen treten Anlageempfehlungs-Ausschüsse zusammen, verlangen aufwändige Berichte und Material, fühlen dem Analysten auf den Zahn, und dann kommen rechtliche und Verfahrensfragen ins Spiel. Es wird viel hin und her überlegt und es wird viel auf den aktuellen Aktienkurs geachtet, anstatt einen längerfristigen Zeithorizont zu betrachten. Die Änderung einer Anlageeinstufung ist eine frustrierende Übung. Dabei ist der Analyst an das Büro gefesselt und muss durch alle möglichen Reifen springen – unterwegs zu sein kann man vergessen. Nichts tun ist schlicht einfacher. Änderungen von Empfehlungen sind die ganze Mühe kaum wert. Deshalb wehren sich Analysten gegen Hochstufungen und Herabstufungen. Möglicherweise unangemessene Einstufungen bleiben aus Trägheit bestehen.

Frühzeitige Senkungen von Empfehlungen sind selten. Eine negative Haltung einzunehmen und die Empfehlung zu senken ist wie eine Scheidung – es mag notwendig sein, aber es ist auf jeden Fall unangenehm. Doch solche dramatischen Voraussagen sind aufschlussreich, wenn sie von einem altgedienten Analysten kommen, dessen Berichterstattung über die Aktie sehr glaubwürdig ist. Nachdem EDS 16 Jahre lang hervorragend gearbeitet hatte und die Aktie fantastisch gelaufen war, schoss das Unternehmen im Jahr 1996 einen Bock, kurz nachdem es durch die Ausgliederung aus General Motors seine Unabhängigkeit wiedererlangt hatte. Die Quartalsergebnisse des Unternehmens, die durch die Agenturen gingen, lagen weit unter den Erwartungen der Wall Street. Mein Instinkt sagte mir, dass da etwas schrecklich faul war, und ich reagierte sofort. In diesem Fall gab es keine langwierige Quälerei, keine Überlegungen, Ausschusssitzungen oder bohrende Befragungen. Ich stufte das Unternehmen einfach herunter, ohne über die Konsequenzen nachzudenken. Das war eine emotionale, traumatische Situation und aufgrund meines Rufs sowie meiner langen bullishen Einstellung zu der Aktie hatte es gewaltige Auswirkungen. In den nächsten drei Jahren war die Leistung des Unternehmens und seiner Aktie miserabel. Diese Herabstufung geschah so abrupt, dass sie eigentlich leichter fiel als die meisten Herabstufungen. Doch selbst dieser gute Treffer kam nachträglich: Die schlechte Nachricht war schon eingetroffen. Das war vor mehr als zehn Jahren. In unserer neuen Ära der intensiven Compliance-Aufsicht sind solche schnellen Reaktionen und Empfehlungsänderungen selten oder unmöglich.

Verkaufsempfehlungen setzen uns auf einen unangenehm heißen Stuhl, vor allem wenn wir damit in der Minderheit sind. Wenn ein Analyst seine Meinung auf „Verkaufen" ändert, nimmt vielleicht nur ein relativ kleiner Teil der Aktienbesitzer den Rat an, zieht den Stecker und sorgt für Gebühren. Die meisten anderen Anleger kümmern sich nicht darum. Die Hochstufung auf „Kaufen" lässt sich hingegen so gut wie allen Anlegern verkaufen und hat ein um Größenordnungen höheres Potenzial, Transaktionen zu erzeugen.

Die meisten Herabstufungen kommen zu spät: Der Aktienkurs ist schon gefallen

Die meisten Herabstufungen geschehen nach dem Motto „ich auch" und sind die vierte oder fünfte derartige Empfehlung an der Street; alle schreiben voneinander ab, wenn die trüben Aussichten schon eine Weile höchst offensichtlich sind. Gewöhnlich ist die Aktie dann schon um 25 bis 50 Prozent oder mehr gefallen und hat die Fülle schlechter Nachrichten schon eingepreist. Im Dezember 2007 senkte eine große Brokerfirma ihre Kaufempfehlung für Countrywide Financial, ein Unternehmen, das im Fadenkreuz des Subprime-Debakels stand, auf Neutral, nachdem der Preis über viele Monate von 40 Dollar auf 9,80 Dollar abgestürzt war. Im Jahr 2008 gab es immer wieder solche verspäteten, nutzlosen Herabstufungen – Lehman Brothers, Bear Stearns, AIG, Fannie Mae, GM und zahllose andere Kröten. Fast alle Herabstufungen kommen zu spät und stellen die endgültige Kapitulation dar. Wenn die meisten Empfehlungen gesenkt wurden, kann das für einen geduldigen Anleger ein guter Kauf-Einstiegspunkt sein. Wenn die meisten Analysten von der Street pessimistisch sind, bleibt dem Aktienkurs nur noch ein Weg – wieder nach oben.

Kauf- und Verkaufsempfehlungen werden gewöhnlich übertrieben

Analysten feuern ihre Käufe an und machen ihre Verkäufe herunter. Die Wall Street neigt dazu, die Begeisterung über empfohlene Aktien zu übertreiben, indem sie auf den Tisch haut und Investoren anlockt, die große Positionen anhäufen. Das ist selbst erfüllender Überschwang. Analysten sind zu zuversichtlich. Je mehr sich der Analyst ins Zeug legt, umso höher steigt die Aktie und umso besser sieht die Prognose aus. Wir bewerben diese Lieblingsideen deutlich mehr als es der Wirklichkeit entspricht. Daher können die Aktien auf unnatürlich hohe, nicht haltbare Niveaus steigen. Für die seltenen Verkaufsempfehlungen gilt das Gegenteil. Wir übertreiben das Negative, wir machen das Unternehmen bei jeder Gelegenheit herunter und machen es der Aktie, die ohnehin schon Probleme hat und am Boden liegt, noch schwerer. Wir drücken die Aktien noch weiter nach unten, damit unsere negative Meinung umso zutreffender ist. In beiden Fällen übertreiben Analysten ihre Haltung. Die Aktien reagieren in beiden Richtungen weit über das hinaus, was die Wirklichkeit gebietet, und zwar vor allem weil Analysten ihre Haltung überbetonen. Man sollte als Anleger verkaufen, wenn die Analysten übertrieben enthusiastisch werden, und ebenso sollte man das Abstoßen vermeiden (vielleicht sogar kaufen), wenn ein Analyst ein Unternehmen zu lange verhöhnt hat.

Die Wall Street bevorzugt Großunternehmen

Eine weitere Verzerrung der Wall Street ist die Betonung von großen Unternehmen. Analysten haben die Neigung, sich auf die Aktien mit der höchsten Marktkapitalisierung zu konzentrieren. Diese Unternehmen werden am meisten gehandelt und an ihnen sind die meisten institutionellen Investoren beteiligt. Dort stammt der größte Teil des Investmentbanking-Geschäfts her und damit machen die Investmentfirmen die meisten Gewinne im Aktiengeschäft. Der Löwenanteil der Telefonate und der Aufmerksamkeit der Presse gilt solchen Unternehmen. Sie werden über-betreut und über-analysiert und die Bewertung ihrer Aktien ist tendenziell effizienter; sie gibt alle bekannten Faktoren vollständig wieder. Die Sektoren, die über-researcht und von den meisten Analysten betreut werden, sind Technologie, Telekommunikation und Gesundheit. Die Wall Street setzt tendenziell noch mehr Analysten auf Sektoren an, in denen sie das größte Bank- und Handelsgeschäft macht, und nicht unbedingt auf die Bereiche, die die besten Investments darstellen. Laut einer Studie von Doukas, Kim und Pantzalis, die im CFA Digest Mitte 2006 beschrieben wird, besteht eine klare Beziehung zwischen übertriebener Berichterstattung durch Analysten und Kursaufschlägen. Die gleiche Studie zeigt eine direkte Korrelation zwischen geringer Berichterstattung durch Analysten und Kursabschlägen.

Die Unternehmensleitung und Boardmitglieder haben eine ähnliche Vorliebe für Größe – sie gliedern nur ungern aus, sie lieben Übernahmen; sie sind von der Größe wie besessen und genießen dann den Status, zum S & P 500 zu zählen. Aber Masse deutet gewöhnlich auch Mittelmaß. Und Mega-Merger klappen nie. Die meisten Analysten in großen Firmen bekommen Anerkennung und schaffen sich einen Ruf, indem sie hoch kapitalisierte Unternehmen empfehlen. Die Brokereinnahmen werden eindeutig von hervorragenden Voraussagen (ein seltenes Ereignis) für weit verbreitete Aktien und nicht für Small Caps angeheizt.

Davon kann man als Einzelperson profitieren, indem man geschickt frühzeitig in kleinere Unternehmen investiert, die sich die Wall Street noch nicht herausgepickt hat. Investmentfonds und andere Institutionen müssen umfangreiche Aktienpositionen aufbauen. Auch wenn sie in ein paar geringer kapitalisierte Aktien investieren und darunter ein spektakulärer Gewinner ist, wirkt sich das nur minimal auf die Gesamtperformance des Fonds aus. Wenn Analysten mit einem dünn gehandelten Unternehmen auf den Putz hauen, das sich als gute Idee erweist, ist der Gesamteffekt daher gedämpft. Selbst wenn eine derart nachdrücklich empfohlene Small-Cap-Aktie steigt, bekommt der Analyst für ihre Befürwortung wenig Anerkennung. Von kleinen Unternehmen laufen nur wenige Aktien um und deshalb besitzt nur eine winzige Anzahl von Investoren diese Aktien und profitiert von ihren Kursgewinnen. Für ein Brokerhaus hat es nur magere wirtschaftliche Vorteile, kleine Aktien zu empfehlen, egal ob im Handel, im Banking oder im Hinblick auf Gebühren. Deshalb bieten kleine Aktien dem Privatanleger bessere Aussichten auf unentdeckte Werte und das Potenzial, in Zukunft mit wachsender Marktkapitalisierung bekannter zu werden.

Die Empfehlungslisten der Brokerhäuser sind unglaubwürdig

Die meisten Brokerfirmen preisen ihre besten Aktientipps in einer speziellen Empfehlungsliste an. Die heißen dann „Focus List", „Alpha List" oder – mein Lieblingsname – „Americas Conviction Buy List". Diese überschwänglichen Ranglisten stammen wirklich nur aus der Bastelstunde. Die Firmen von der Wall Street protzen zwar häufig mit Statistiken, die belegen, dass solche Kauf-Ansammlungen den Markt übertreffen, aber diese „besten" Empfehlungen laufen nicht wesentlich besser als die anderen günstig eingestuften Aktien, die in dieser Firma keinen solchen erhabenen Status genießen. Im Brokerresearch glänzen solche Vergleiche durch Abwesenheit, weil sie zu peinlich sind. *Barron's* bewertet die Performance der Musterportfolios alle sechs Monate anhand der Statistiken von Zacks Investment Research. Die Bilanz ist nicht gerade hübsch. Im Jahr 2006 brachte die durchschnittliche Broker-Empfehlungsliste eine schlechtere Performance als der S & P 500. Den ersten Platz belegte Matrix USA, und das ist nicht gerade eine der größten Firmen der Street. Über fünf Jahre betrachtet lagen sie ebenfalls zurück und hatten durchschnittlich 44 Prozent Gewinn gemacht, während der S & P 500 einen Gesamtertrag von 69 Prozent gebracht hatte.

Der Fünfjahresgewinner war eine Firma, die keine eigenen fundamentalen Researchanalysten hat – Charles Schwab! Mitte 2007 waren die Ergebnisse immer noch miserabel. Wieder lagen die Brokerlisten über die vergangenen zwölf Monate hinter dem Markt zurück. Unter den Ranglisten für 2007 übertrafen die besten Kaufempfehlungen von fünf Brokerhäusern den Markt, während die Empfehlungen von neun Häusern zurücklagen. Im ersten Halbjahr 2008 waren sieben Firmen überdurchschnittlich und sechs unterdurchschnittlich. Absolut gesehen fielen alle Schwerpunktlisten bis auf eine. Man hätte also mit den besten Empfehlungen Verlust gemacht. Wenn man gewürfelt hätte, wären die Ergebnisse möglicherweise besser gewesen.

Die Ideen für Empfehlungslisten wehen herein und heraus wie eine laue Brise. Das Auswahlverfahren ist manchmal eine regelrechte Farce. Wenn ein neuer Name für die exklusive Liste der besten Empfehlungen gebraucht wird, schlägt der Chartanalyst vielleicht Kaufempfehlungen vor, die schöne Charts haben. Analysten aus der Firma werden hergerufen und es werden Versuchsballons gestartet. Ihre Entscheidungen sind oft überraschend. Solche Listen werden ziemlich leichtfertig gepflegt. Wenn ein Anlagehorizont von einem Jahr gilt, können solche Gremien von Panik erfasst werden, wenn sich eine Aktie um ein paar Punkte bewegt. Es wird häufig aus der Hüfte geschossen; Emotionen und Kurscharts beherrschen die Szene. Es scheint keinen konsistenten, längerfristigen investmentorientierten Ansatz zu geben. Die beste Empfehlung eines Analysten kann trotz seines Protestes gekippt werden, wenn sie ein paar Punkte gefallen ist. Selbst wenn sie sich wieder erholt, ist der Name bis dahin längst aus der Liste verschwunden.

Kursziele sind trügerisch

Analysten müssen in ihren Researchberichten inzwischen Kursziele angeben, die sie rechtfertigen können, und das kann ein formales Modell zur Berechnung des angemessenen oder inneren Wertes beinhalten. Das bedeutet aber auch eine Voraussage der Zukunft, die Einflüsse wie die Tendenz des Gesamtmarktes, die Konjunktur, Kriege und die Zinsen umfasst, was alles weit über die vermutlich guten Einblicke des Analysten in die Aussichten des Unternehmens und der Branche hinausgeht. In den Blasenjahren zogen Internetanalysten absurde, astronomische dreistellige Kursziele aus dem Hut und naive Anleger schenkten diesen Zielen wirklich Glauben. So etwas passiert immer noch, zum Beispiel in Form der exzessiven Erwartungen an den Aktienkurs von Google im Jahr 2007 und sogar noch 2008.

In den momentanen, nüchternen Zeiten mögen die Schätzungen ein bisschen gemäßigter sein, aber sie sind immer noch unrealistisch oder zumindest unausgewogen. Kursschätzungen werden verwendet, um Kauf- oder Verkaufsempfehlungen zu verstärken. Analysten setzen bei Aktien, zu denen sie eine günstige Meinung haben, zu hohe Kursziele, um ihre Ansicht zu rechtfertigen und um die Vermarktung der übertriebenen Story zu erleichtern. Bei Unternehmen, die die Analysten negativ beurteilen, ist die Preisprognose künstlich niedrig. Die Erreichung eines Kursziels kann zu der Abstufung der Analystenmeinung führen. Das beeinträchtigt den Aktienkurs und wirkt sich für langfristige Anleger kurzfristig negativ aus. Empfehlungsänderungen aufgrund erreichter öffentlicher Zielkurse sollte man auf die leichte Schulter nehmen. Kursziele sind pure Fiktion.

Die Street ist extrem kurzfristig orientiert

Das moderne Researchzeitalter hat die Wertpapier- und Investmentanalyse und eigentlich die gesamte Wall Street in allen Dingen auf kürzere Zeiträume umgestellt. Man kann als Anleger die Tyrannei der kurzfristigen Orientierung ausnutzen und die Performance seines Portfolios steigern, indem man längerfristig denkt, geduldiger ist und sich mehr auf den Wert konzentriert. Die Institutionen sind in der Tretmühle der quartalsmäßigen Performancebewertung gefangen. Ihr Anlagehorizont ist drastisch geschrumpft. Wenn es einer Aktienempfehlung im laufenden Quartal an Gewinnpotenzial mangelt, gehen den professionellen Portfoliomanagern die Augen über. Auch Analysten erliegen diesem Fieber der kurzfristigen Erwartungen und Forderungen. Die Aufmerksamkeitsspanne ist verkürzt und die Researchberichte sind zusammengeschnurrt. Mehrere Unternehmen werden unter einem Trend zusammengefasst. Die Quartalsgewinne sind der vorherrschende Meilenstein, der entscheidene Einfluss, das Objekt intensiver Analystenaufmerksamkeit. Die Erwartungen für das laufende Quartal werfen ein Schlaglicht auf die jährlichen Gewinnschätzungen. Und diese Kurzsichtigkeit bietet dem Privatanleger einen Ansatzpunkt. Als Einzelperson kann man in Aktien investieren und sie zwei oder drei Jahre lang halten, sodass man eine bessere Performance erzielt, denn dann wird man ja im Gegensatz zur Wall Street nicht pro Quartal beurteilt.

Man erwartet von den Analysten an der Wall Street, dass sie Investmentanalysten sind, die Investmentresearch betreiben. Das bedeutet, dass ihre Schlussfolgerungen, ihre Ergebnisse, Ansichten und Empfehlungen investmentorientiert sind und ein bis zwei Jahre vorausblicken. Aber die meisten institutionellen Kunden, vor allem die größten Gebührenlieferanten wie zum Beispiel Hedgefonds, sind auf kurzfristiges Trading ausgelegt. Das Gleiche gilt für die entscheidenden Zwischenstationen, die institutionelle Verkaufsabteilung und die Handelsbüros der Brokerfirmen. Die Performance von Investmentfonds wird täglich registriert und wird in jedem Quartal mit der Konkurrenz verglichen. Die Analysten sind zwischen zwei widerstreitenden Zielen hin und her gerissen. Gewinnschätzungen, Zielkurse und andere unternehmensbezogene Prognosen erstrecken sich auf ein oder mehrere Jahre in die Zukunft. Aber es besteht intensiver Druck vonseiten der institutionellen Klienten, Trader und des Researchmanagements, dass sich eine Empfehlung innerhalb von Tagen, Wochen oder höchstens Monaten bewährt. Dies führt dazu, dass sich Analystenresearch kurzsichtig auf sofortige Resultate konzentriert. Die Analysten bedienen eher einen Trader-Markt als einen Anleger-Markt, und deshalb betreiben sie eigentlich Trading-Research. Das meiste Research der Street ist für den wahren langfristig orientierten Anleger ungeeignet.

Researchberichte und die Aktienbewertungssysteme der Brokerhäuser geben einen Anlagehorizont von einem Jahr an. In Wirklichkeit basieren die Meinungen der Analysten jedoch auf der Frage, wie sich die Aktie in den nächsten ein bis maximal fünf Monaten wohl entwickelt. Wenn die Analysten nicht glauben, dass eine Aktie innerhalb der nächsten paar Monate durchstartet, wird die Empfehlung nicht angehoben. Die entscheidende Zielgruppe der institutionellen Investoren will sofort belohnt werden und ist genauso ungeduldig wie der Rest der Wall Street. Ich habe immer wieder folgende Frage gehört: „Welcher Katalysator wird den Kurs steigen lassen?" Wenn die Street ihre Einschätzung anhebt, betont sie immer die unmittelbar erwartete Entwicklung, die den Kurs in die Höhe treiben wird. Glauben Sie niemals, dass irgendeine Empfehlung darauf basiert, wie sich eine Aktie innerhalb der nächsten ein bis zwei Jahre entwickelt. Wir Analysten werden schon kritisiert, wenn unsere Empfehlungen nur zwei oder drei Monate stagnieren. Geduldige Anleger können die Street-Insider ausmanövrieren, wenn sie bereit sind, frühzeitig zu kaufen, ein paar Jahre zu halten und sich von vorübergehenden Einflüssen nicht aus dem Gleichgewicht bringen zu lassen.

Der kurze Zeitrahmen der Wall Street erfordert Schnelligkeit. Analysten sind gezwungen, Schnelligkeit über Qualität und Bedachtsamkeit zu stellen. Die qualitative Seite der Geschäfte eines Unternehmens ist schwerer einzuschätzen. Qualitative Wertpapieranalysen sind dünn gesät, denn sie dauern zu lange und Analysten sind normalerweise darauf eingestellt, hastig zu reagieren. Die sofortige Interpretation von Nachrichten und Ereignissen ist gefordert. Wenn man sich einmal geäußert hat, neigt man dazu, bei dieser Haltung zu bleiben, selbst wenn spätere Indizien oder Einschätzungen eine andere Schlussfolgerung angezeigt sein lassen. Irrige sofortige Reaktionen haben die Eigenschaft, sich im Laufe der Zeit festzusetzen.

Analysten verpassen gigantische langfristige Umwälzungen

Eine weitere Konsequenz des kurzfristigen Standpunkts und des Herdentriebs besteht darin, dass die Analysten gigantische Umwälzungen verpassen. Breite Branchentendenzen halten sich eine Weile. Große Bewegungen wie eine neue Technologie, ein anderes Herstellungsverfahren oder veränderte Konsumgewohnheiten, die als Katalysatoren für eine rasante Entwicklung der Branche wirken, werden von der Wall Street häufig erst dann anerkannt, wenn sie vorhanden und offensichtlich sind. Dieses Thema wird dann als entscheidende Grundlage der laufenden Empfehlung hervorgehoben. Das Problem ist nur, dass sich die Wall Street immer die Auffassung zu eigen macht, die vorherrschende Veränderung in der Branche würde auf absehbare Zeit anhalten. Aber es wird unweigerlich der Wendepunkt erreicht, an dem der Trend nachzulassen beginnt. Aber das ist ein feiner Punkt. Und da Analysten momentumorientiert sind, sehen sie den Wandel selten bevor es zu spät ist. Sie konzentrieren sich zu eng auf die Einzelheiten und achten nicht auf das Gesamtbild. Analysten sind so sehr mit Marketing, Telefongesprächen, Konferenzschaltungen, der Veröffentlichung von Kurzinformationen, mit Reisen und der Reaktion auf die Ereignisse des Tages beschäftigt, dass sie für eine ausführliche und umfassende Makroanalyse keine Zeit haben. Sie sind vielleicht gut darin, die Bäume zu beurteilen, aber ihnen fehlt der Blick für den Wald.

Analysten nehmen die aufstrebenden Unternehmen, die Pioniere einer neuen Welle sind, nur selten wahr. Darin ähneln sie Unternehmenslenkern, die defensiv spielen, um ihr Revier zu verteidigen. Etablierte Unternehmen schöpfen selten neue Technologien, die ihre existierenden Produkte überflüssig machen. Analysten fahren sich außerdem in ihren Berichten und Ansichten fest und neigen dazu, die positive Meinung über einen anerkannten Branchenführer zu verteidigen. Sie würdigen die aufstrebenden Unternehmen nicht ausreichend, die einen bahnbrechenden Sprung des Marktes nach vorn darstellen. Analysten fühlen sich mit jeglichem Denken unwohl, das ihrem seit langem bestehenden Standpunkt zuwiderlaufen könnte. Häufig verpassen sie den Zug, wenn eine neue Kraft aufkommt.

Das Aufkommen von PC-Software brachte Ende der 1980er-Jahre eine wachsende Anzahl von IPOs mit sich, unter anderem Microsoft, Lotus Development und Borland. Ein Mann, mit dem ich schon seit dem Kindergarten befreundet bin und der damals Orthopäde in Ohio war, fragte mich ganz unschuldig, ob er ein paar Microsoft-Aktien kaufen sollte, sobald sie in den Handel kamen. Ich hielt diese und eine Myriade anderer Firmen – die sich jeweils auf Tabellenkalkulationen, Datenbanken, Betriebssysteme und andere PC-Software spezialisierten – nur für einen spekulativen Wirbel und für ein riskantes Vorhaben, das man als Anleger meiden sollte. Das Unternehmen von Bill Gates sah genauso aus wie der Rest der Meute, eigentlich nichts Besonderes. Deshalb riet ich meinem Schulkameraden davon ab. Ohne meinen närrischen Ratschlag hätte er sich früher zur Ruhe setzen können. Diese neuen Unternehmen traten gegen die etablierte Software für größere Computer an. Ich schenkte dem neuen Zeitalter der PC-Software nur beiläufige Aufmerksamkeit. Mein Pendant bei Goldman Sachs, Rick Sherlund, organisierte den Börsengang (IPO) von Microsoft und war die „Early Axe" für diese Aktie – also der bestinformierte Analyst, der das Unternehmen behandelte. Innerhalb weniger Jahre hatte sich Microsoft zu dem bedeutendsten und blühendsten aller Software- und Computerdienstleister entwickelt. Und Sherlund löste mich als Nummer eins in der berühmten Rangliste von *Institutional Investor* ab. Ich bezahlte den Preis für mein Versehen.

Das Street-Research ist unoriginell, die Meinungen konformistisch

Alles, was die Street veröffentlicht oder mitteilt, wird von der Rechtsabteilung quälend genau geprüft und genehmigt. Das Research ist gelähmt, entmannt und verwässert. Kernige und kontroverse Inhalte werden häufig aus dem Research gestrichen. Die Analysten laufen mit der Meute, rotten sich zusammen, ahmen einander nach und fühlen sich unwohl, wenn sie alleine dastehen. Die Meinungen der Wall Street zu den meisten Aktien ähneln einander. Analysten identifizieren und betonen den allgemeinen Branchentrend der behandelten Aktien und sitzen daher alle im gleichen Boot. Wenn der Sektor günstig dasteht, empfehlen wir fast alle so ziemlich alle Aktien. Wir lieben es, wenn eine Aktie gesunde Fundamentaldaten hat, unabhängig von überzogenen Bewertungen. Das Gleiche gilt auf der negativen Seite. Nach großen Enttäuschungen oder verpassten Zielen schwenken wir alle verspätet auf eine negative Ansicht um.

Was die Relevanz von Broker-Research noch weiter mindert, ist die Tatsache, dass es erst spät beim Privatanleger ankommt. Für den Analysten hat zuerst der Kontakt zu dem Vertrieb, dann zu den Tradern und dann zur Presse Priorität. Aktien reagieren, wenn Ereignisse eintreten und Meldungen bekannt werden. Der Analyst stürzt sofort an die Sprechanlage und informiert die Verkäufer. Gleichzeitig bekommen die Trader einen Anruf (sie sollen eigentlich nicht die Ersten sein, sind es aber manchmal doch). Nach der Beantwortung von Anrufen aus dem institutionellen Vertrieb ist die nächste Priorität die Presse. Wir sehen es gerne, wenn unsere Kommentare durch die Nachrichtenagentur

Dow Jones laufen – und durch Bloomberg, Reuters und am nächsten Tag durch die *New York Times*. Dann fangen wir vielleicht an, mit institutionellen Kunden zu plaudern, zum Beispiel mit Fidelity. Bis die meisten Investoren von unseren Researchansichten hören oder lesen, ist es meistens schon viel zu spät. Die Verspätung macht sie für kurzfristiges Trading wertlos. Die Privatanleger stehen in der Hackordnung des Analysten ganz unten und sollten das Research der Street entsprechend behandeln.

Analystenresearch bietet nützliches Hintergrundwissen

Die Wertpapieranalysten der Wall Street sind aber für etwas gut: Ihre Berichte verhelfen einem zu gründlichem Verständnis für die fundamentalen Gegebenheiten von Unternehmen und Branchen. Researchberichte führen zahlreiche Aspekte eines Unternehmens detailliert aus und bieten so dem Anleger einen guten Hintergrund, zum Beispiel Gewinnaussichten, Prognosen und Gewinnmodelle, die Betriebe des Unternehmens, den Markt, die Konkurrenz, Probleme und Herausforderungen, die Unternehmensleitung und die Finanzlage. Analysten kennen sich in den Branchen, die sie behandeln, sehr gut aus, vor allem wenn sie ein bestimmtes Unternehmen schon seit ein paar Jahren betreuen. Sie gehen zu Informationsveranstaltungen für Investoren, sie beteiligen sich an Telefonkonferenzen der Unternehmensleitung mit der Wall Street und sprechen regelmäßig mit Topmanagern, zum Beispiel mit dem Finanzvorstand und dem Direktor für Investor Relations. Bei den Telefonkonferenzen, die allen Investoren offen stehen, stellen Analysten bohrende Fragen, lassen die wahre Geschichte vom Stapel und legen kritische Elemente bloß. Da Analysten aktiven Kontakt mit den Managern haben, sind sie mit der Parteilinie des Unternehmens bestens vertraut, und ebenso mit seinen langfristigen und kurzfristigen Zielen sowie mit dem Führungsstil. Privatanleger werden in solche Informationen nur selten unmittelbar eingeweiht, aber einen Hauch davon kann man manchmal aus Researchberichten ziehen.

Analysten können gut erkennen, wie sich Ereignisse und Einflüsse auf die Aussichten eines Unternehmens auswirken könnten. Wenn Nachrichten bekannt werden oder wenn ein Ereignis eintritt, können Analysten mit kühlem Kopf gelassene, informative Kommentare geben. Ein führender Branchenmitbewerber verfehlt sein Gewinn- oder Auftragsziel. Eine große Übernahme wird angekündigt. Die Entwicklung eines neuen Produktes, das einschlagen wird, kommt ans Licht. Ein Hurrikan oder eine andere Naturkatastrophe tritt ein. Alle diese Ereignisse können sich auf die Aktienkurse einer Anzahl von Unternehmen auswirken. Normalerweise geben Analysten unter solchen Umständen Berichte heraus, die Licht auf die Umstände werfen und Erklärungen liefern. Dieses Research wird zwar oft eilig zusammengestellt und ist eher eine kurzfristige Interpretation, aber es ist trotzdem nützlich, um den Kern der Situation zu erfassen.

Ein weiteres nützliches Werkzeug, das Analysten zur Verfügung stellen, sind Gewinnschätzungen. Normalerweise gehören dazu umfangreiche Modelle, die Voraussagen für den Umsatz, die Betriebsgewinnspanne, den Steuersatz, den Cashflow, die Eigenkapitalrendite und andere quantitative Maße angeben. Gewinnprognosen werden für Quartale und Jahre abgegeben und sie ermöglichen die Einschätzung der Bewertung einer Aktie anhand des Kurs-/Gewinn-Verhältnisses (KGV). Das voraussichtliche Gewinnwachstum ist ein wichtiges Element der Gesamtaussichten eines Unternehmens. Aber am besten nutzt man diese Zahlen, indem man sie mit den tatsächlichen Ergebnissen vergleicht. Die Aktienkurse reagieren in jedem Quartal auf die geringste Verfehlung oder Übererfüllung der Ergebnisse. Und sie können überstürzt auf Änderungen der Gewinnprognosen von Analysten reagieren. Manchmal zeigt schon eine kleine Anhebung wesentlich verbesserte Aussichten an. Eine minimale Senkung kann eine beachtliche Verschlechterung des geschäftlichen

Umfelds signalisieren. Entsprechend reagiert der Aktienkurs. Gewinnschätzungen sind für Investoren eine gute Möglichkeit, die Erwartungen der Wall Street und die allgemeine Größenordnung des Gewinnwachstums zu erfassen.

Ein einsamer Analyst mit einer einmaligen Ansicht ist aufschlussreich

Eine einmalige Ansicht, die der Menge widerspricht, bietet wahrhaften Wert. Das allein dastehende Umschwenken eines Analysten auf eine negative Haltung ist ein beachtenswertes Signal. Andere Analysten bleiben möglicherweise bei ihrer positiven Ansicht und verlachen die Schlussfolgerung des Abweichlers. Er wird möglicherweise von der Unternehmensleitung gegeißelt und verunglimpft sowie von großen institutionellen Haltern der Aktie angegriffen. Diese Auswirkungen sind vorhersehbar und deshalb ist die dramatische Senkung einer Empfehlung für den Analysten immer brutal. Häufig gibt es keine harten Zahlen oder sachlichen Belege, die die Risse unter der Oberfläche anzeigen. Wenn ein Analyst den Mut hat und bereit ist, mit einem Minderheitenstandpunkt seinen Kopf hinzuhalten, stellt er damit eine gewisse Überzeugung zur Schau. Seine Ansicht ist aufschlussreich.

Richard Bove von Ladenburg Thalmann hat eine 26-jährige Laufbahn als objektiver, oft querköpfiger Analyst für Banken und Investmentfirmen hinter sich. Seine Firma ist keine große Investmentbank für diesen Sektor und somit kann Bove wohl freimütig die Dinge beim Namen nennen. Als einsamer Wolf beurteilte er diese Gruppe vor ihrem Zusammenbruch im Jahr 2008 lautstark negativ. In einem Artikel der *New York Times* wurde er mit dieser Aussage zitiert: „Ich pfeife darauf, was das Unternehmen denkt. Ich sage über die Citigroup, was ich will und wann ich will, solange ich ehrlich bin. Ich war überzeugt davon, dass die Finanzbranche aus dem Ruder gelaufen war. Es roch so, es sah so aus und es fühlte sich so an, als würde das Ding zusammenbrechen. Und darauf pochten wir immer wieder." Ein Beobachter sagte in dem gleichen Artikel: „Ganz ehrlich, er ist einer der besten reinen Wertpapieranalysten, die mir je begegnet sind. Er nimmt kein Blatt vor den Mund, aber seine Kommentare fußen auf soliden Analysen." Leider verhindert das System der Wall Street solches unverblümtes, unbefangenes Research normalerweise.

Das beste Research stammt von Einzelnen oder von kleinen Teams

Einzelpersonen und kleine Teams konzentrieren sich auf ein kleines Sortiment von Aktien oder auf einen begrenzten Sektor. Sie versuchen nicht, die gesamte Küste abzudecken, sondern betreiben vielmehr konzentriertes Research zu einer Anzahl ausgewählter Unternehmen. Kleine Teams legen beim Research mehr Wert auf Qualität als auf Quantität. Große Researchteams neigen zu großer Ausführlichkeit, zum n-ten Grad der Information und dazu, eine Fülle von Berichten zu produzieren. Das ist ein regelrechter Overkill. Die Investoren, die Vertriebsmannschaften, die Trader und die anderen Zielgruppen sind gar nicht in der Lage, solche Mengen an Kleinkram aufzunehmen. In großen Teams schweifen die Analysten ab und versinken in lauter Feinheiten. Sie können Senior-Analysten zwar von Kleinigkeiten befreien, sodass sie über umfassendere Trends nachdenken könnten, aber stattdessen verbringen sie den größten Teil ihrer Zeit mit Marketing, mit Terminen und Telefonaten mit institutionellen Anlagern. Die Senior-Analysten werden von der ganzen Aufsicht, Kontrolle, Koordination und Überwachung abgelenkt. Das eigentliche Research wird von unerfahrenen Junior-Analysten betrieben. Die Analyse ist eine Meile breit und nur einen Zoll tief. Kleine Gruppen umgehen diese Fallstricke und ihr Research ist besser.

Analysten neigen dazu, Fehler zu machen, wenn sie sich nicht auf ein schmales Branchensegment konzentrieren. Während meiner acht Jahre bei Salomon Brothers Mitte der 1980er-Jahre deckte ich die gesamte Computerindustrie ab. Anstatt mich zu spezialisieren, strebte ich eine zu große Breite an. Ich kam erst auf die Idee, mich auf Computerdienstleistungen und Software zu spezialisieren, als es in der jährlichen Analystenumfrage von Institutional Investor (I.I.) schon seit drei Jahren eine separate Kategorie für diesen Sektor gab. Als ich das geändert hatte, sprang ich sofort auf den ersten Platz und blieb 19 Jahre lang ohne Unterbrechung in dem All-America Team von I.I.

Übermäßig zuversichtliche Analysten, die sich zu scharfsinnig geben, sind reine Show

Arroganz, Showgebaren, Spürsinn – Analysten sind für diese Merkmale bekannt. Sie demonstrieren dem Verkaufsteam und wichtigen institutionellen Kunden gegenüber extreme Zuversicht und stellen die Stärke ihrer Überzeugungen zur Schau. Jedes Zaudern wird als Zweifel ausgelegt und beeinträchtigt die Glaubwürdigkeit. Wir lernen schnell, zu perfekten Schauspielern zu werden und sogar zu bluffen. Wir sprechen schnell und geben uns den (falschen) Anschein der Sicherheit. Der Umfang, in dem wir von Aktienempfehlungen, Prognosen und Einschätzungen überzeugt sind, kann arg variieren, aber unser Publikum bekommt das nie mit. Wir haben ein derart ausgedehntes Wissen über die Unternehmen, die wir behandeln, und wir sind Experten darin, Antworten vorzuschützen, mit denen wir unser allwissendes Image wahren können. Das ist eine gefahrvolle Praxis. Die Investoren lassen sich selbst dann leicht beeinflussen, wenn die Analyse sensationell falsch ist. So haben Analysten Anleger in der Blasenära der 1990er-Jahre in die Irre geführt.

Inzwischen dürfte klar sein, dass die Street keine zuverlässige Quelle für objektive Aktienempfehlungen ist. Sicher, die Wall Street tut so, als könnte sie Anlageratschläge und Finanzempfehlungen geben. Aber sie ist dafür ausgelegt, mit Wertpapieren zu handeln, Wertpapiertransaktionen durchzuführen, als Händler Wertpapiere zu vertreiben und zu verkaufen und Finanzgeschäfte mit Unternehmen abzuwickeln. Die Wall Street ist als Anlageverwalter, Finanzberater und für die Auswahl von Aktien nicht geeignet. Diese Dienstleistungen stellen einen Interessenkonflikt mit dem Grundgestein der Broker- und Banking-Funktionen dar. Die Wall Street führt einen nicht absichtlich in die Irre – sie ist nicht hinterlistig –, aber so funktioniert einfach das Geschäft. Nehmen Sie deshalb die Anweisungen der Wall Street nicht wörtlich, kennen Sie ihre Mängel und investieren Sie mit dem Bewusstsein eines Wall-Street-Insiders.

2

Die irreführenden Praktiken der Wall Street verstehen

Wenn man als Anleger die zweideutige Sprache der Wall Street und ihre häufig tückische Arbeitsweise verdaut hat, die wir in Kapitel 1, „Wie man die wohl gehüteten Geheimnisse der Wall Street entschlüsselt", besprochen haben, muss man sich der subtileren schädlichen Einflüsse der Street bewusst werden. Jetzt, da Sie jetzt in einige Geheimnisse der Wall Street eingeweiht sind, brauchen Sie noch den Fortgeschrittenenkurs für das Verständnis der irreführenden Praktiken der Wall Street. Man kann als Privatanleger erst richtig investieren, wenn man die Research-Direktiven der Wall Street wegrechnet. Mit einer überlegenen Anlagestrategie kann man sogar die institutionellen Portfoliomanager ausmanövrieren, indem man die Initiative ergreift und die Street ausnutzt.

Während meiner Laufbahn kam das Research der Wall Street so richtig in Schwung

Ich hatte Glück, dass ich während der 1970er-Jahre zum Wertpapieranalysten wurde, denn in dieser Zeit kam das Research an der Street erst so richtig auf. Damals brauchte ein

67

Analyst noch Jahre, um Glaubwürdigkeit aufzubauen und bei den institutionellen Investoren Einfluss zu gewinnen. Ich kam im Jahr 1971 zu der kleinen Brokerfirma Spencer Trask und begann mich durchzuschlagen. Meine Firma schickte mich zu Schulungen, damit ich lernte, vor Publikum zu sprechen. Nach drei Jahren, in denen ich intensiv las und lernte sowie jedes Jahr eine ganztägige Prüfung ablegte, bekam ich den Titel Chartered Financial Analyst (CFA, zugelassener Finanzanalyst). Das war in jener Zeit Grundvoraussetzung für eine Analystenlaufbahn. Mein Researchdirektor hatte einen Yale-Abschluss in Englisch und daher wurden meine Berichte anfangs intensiv überarbeitet. Und irgendwann wurden sie lesbar und verständlich. Mein Spitzname war „Der Hund von Baskerville". Ich weiß nicht so genau, warum, aber vielleicht sollte mir das Hartnäckigkeit und Fleiß unterstellen. Wir Analysten machten damals alles selbst: Besprechungen, Berichte, Kontakt mit Managern, Analyse, Kundenkontakte und Austausch mit dem Vertrieb. Das war eine Ein-Mann-Kapelle. Teams gab es nicht. Das machte aus mir einen vollwertigen Analysten.

Die Brokerfirma, in die ich eintrat, war ein typischer Vertreter der Dutzenden von blühenden, auf Aktien konzentrierten und researchorientierten Gesellschaften, die damals das Geschäft beherrschten. Unser Büro lag wie alle anderen Brokerzentralen damals im Herzen der Wall Street und war nur ein paar Haustüren von der New York Stock Exchange entfernt. Seitdem sind die meisten Firmen in Richtung Uptown umgezogen. Spencer Trask war stilvoll, vornehm, professionell und ruhig und die Firma existierte schon seit 1853. Ich fand dort einen Analystenkader vor, der intelligent war, Fragen stellte, sich Gedanken machte und gut schreiben konnte. Die Analysten verbrachten den größten Teil der Zeit damit, Research zu betreiben, mit Managern zu sprechen, die behandelten Unternehmen zu besuchen und ausführliche Berichte zu verfassen. Finanzielle und mathematische Analyse gab es kaum und in dieser Zeit vor dem PC wurde auf detaillierte Modelle nur bescheidener Wert gelegt. Die meisten derartigen Firmen machten kein Investmentbanking und handelten nicht. Nur das Research brachte Einnahmen. Es war nicht vielfältigen einander widerstreitenden Interessen verpflichtet. Die Analysten waren objektiv und das Research war glaubwürdig. Wertpapieranalysten waren keine prominenten Mediengestalten, sondern eher mit Chirurgen oder Professoren vergleichbar. Einzelne Privatkunden bezahlten für ihre Aktientransaktionen saftige Gebühren, sodass bei den wöchentlichen Researchbesprechungen auch Aspekte der privaten Geldanlage angesprochen wurden. Die Arbeitszeiten waren nach heutigen Maßstäben recht locker; man kam um 9:00 Uhr auf die Arbeit und ging um 17:15 Uhr wieder, nachdem man lange mit Kunden zu Mittag oder zu Abend gegessen hatte.

Die Privatkunden wurden von der Firma zwar ernst genommen, aber ich merkte schnell, dass die institutionellen Kunden von den Analysten die größte Aufmerksamkeit bekamen. Eine weitere Enthüllung, die mir vor meiner Ankunft an der Street nicht klar gewesen war, bestand darin, dass Aktien vor allem aufgrund der künftigen Gewinnaussichten bewertet wurden. Und die Unternehmensleitungen neigten dazu, sich bei den Analysten einzuschmeicheln, damit sie günstige Beurteilungen bekamen. Das geschah häufig in Form von Privilegien, zum Beispiel der vollständigen Bezahlung einer Analystenreise mit Ehepartner nach Paris zum jährlichen IT&T, wo man an Informationsveranstaltungen von Unternehmensleitungen teilnehmen konnte (solche Großzügigkeiten sind aufgrund veränderter Wertpapier-Regulierungen heute nicht mehr erlaubt). Die Vergütung war nach späteren Maßstäben eher dürftig. Ein etablierter Senior-Analyst bekam im Schnitt zwischen 50.000 und 100.000 Dollar im Jahr.

Der Aktienmarkt krebste in den 1970er-Jahren meistens vor sich hin; von 1972 bis 1974 tauchte er fast drei Jahre am Stück ab und blieb während des restlichen Jahrzehnts schleppend.

Bis 1975 wurden für Research sehr hohe feste Gebühren bezahlt und es gab keine weiteren Broker-Einnahmen aus Quellen wie dem Aktienhandel oder dem Investmentbanking. Und Research war für Investmentbanken nicht sehr kostspielig; ich erreichte erst im Jahr 1980 ein Jahreseinkommen von 100.000 Dollar. Meine Tochter Laurel wurde in meinen ersten Jahren an der Wall Street geboren, ich hatte Schulden auf das Haus und sechs Jahre später kam mein Sohn Justin. Die Finanzen waren knapp. Für einen Junior-Analysten waren das magere Zeiten.

Zu dem Research gehörte es, massig Zeit damit zu verbringen, Führungskräfte von Unternehmen zu befragen und mit ihnen zu diskutieren. Manche Manager waren für Analysten einfach nicht erreichbar. H. Ross Perot, der Gründer von EDS, war eine solche Figur. Daher war es ein Privileg, dass ich Anfang der 1970er-Jahre als einziger Vertreter der Wall Street an der Jahreshauptversammlung am Abend eines Oktobermontags in Dallas teilnahm. Das freundliche Publikum setzte sich aus Mitarbeitern und deren Ehepartnern zusammen. Die Informationen strömten. Aber der Höhepunkt war ein spätes Abendessen für die Führungsmannschaft in Perots Haus. Ich war auch eingeladen; ich lernte seine Kinder kennen, bewunderte seine Monets und plauderte mit den Führungskräften und ihren Frauen. In einem Jahr spielten die Cowboys das NFL Monday Night Football-Heimspiel am Tag der Hauptversammlung, was zu einer Terminkrise führte, weil die meisten EDS-Manager Dauerkarten hatten. Deshalb wurde die Versammlung auf einen Donnerstag verlegt.

Meine Firma fusionierte 1977 mit dem mittelgroßen Privatbroker Hornblower & Weeks, einer Brokerfirma, die überwiegend Privatkunden betreute und im Grunde kein Interesse an Research hatte. Die guten Analysten flüchteten zu anderen Unternehmen. Salomon Brothers, das zu jener Zeit eine repräsentative, hochkarätige und aggressive Firma war, stellte mich im Jahr 1977 als Analyst für die Computerbranche ein. Meine Flitterwochen als aufstrebender Analyst waren vorbei. Die behütete, gemütliche Kameradschaftlichkeit, an die ich mich gewöhnt hatte, war jetzt nur noch eine blasse Erinnerung. Die Parketthändler im „Room" (der größten Handelsabteilung der Wall Street) beherrschten Salomon und ich lernte sofort, mich an den leitenden Aktienhändler zu binden, indem ich ihm mehrmals täglich Trading-Möglichkeiten mit Computeraktien zuschob. Die meisten Firmen waren noch nicht darauf gekommen, dass ihre Analysten den Tradern helfen konnten. Dieser Trading-Aspekt wird in dem Buch Liar's Poker von Michael Lewis farbig porträtiert. Schon bald stürzte ich mitten in Analystenbesprechungen aus dem Zimmer und rannte zum Münzfernsprecher, um unsere Trader anzurufen, wenn ich das Gefühl hatte, dass sich ein neuer Aspekt auf eine Aktie auswirken konnte. Damals gab es noch keine Handys.

Die Resarchabteilung von Salomon fing mit der konventionellen Aktienberichterstattung an. Ich war der Erste, der einen Unternehmensbericht statt einer Branchenanalyse verfasste, und das war in der Firma ein Durchbruch. Anfang der 1980er-Jahre war Henry Kaufman der prominente Volkswirt von Salomon. Er hatte eine weltweite Gefolgschaft und war so einflussreich, dass er mit seinen Zinsprognosen Märkte bewegen konnte. Kaufman führte mit seiner dramatischen Prognose einer Zinsverschiebung im Jahr 1982 den gesamten Aktienmarkt aus der Flaute der 1970er-Jahre heraus. Er gehörte zu den Oberen von Salomon, nahm sich aber die Zeit, meinen bahnbrechenden ersten Bericht über ein Unternehmen namens Sperry Rand mühevoll zu überwachen, was für diese Firma eine gewagte Taktik war.

Als ich kam, hatte der Chef-Aktienhändler Michael Bloomberg gerade vom Trading in eine technische Position gewechselt. Bald entwickelte er ausgefeilte Terminals und Software, mit denen man Anleihendaten verfolgen konnte. Als Salomon mit dem Handelsunternehmen Phibro fusionierte, ging Bloomberg und gründete sein eigenes Unternehmen. Bloomberg L.P. entwickelte sich zum allseits bekannten Namen an der Wall Street und sein

Finanzdaten-Dienst wurde allgegenwärtig. Er lachte die ganze Zeit in sich hinein. Ich traf ihn einmal am Strand in den Hamptons und er fragte mich als Erstes: „McClellan, schreiben Sie immer noch den ganzen Mist?" Den Lohn dafür bekam er Jahre später, als wir beide in F-16-Jets der Air Force mitflogen und sich uns beiden der Magen krampfend umdrehte. Er war hinterher genauso grün und wackelig wie ich. Jetzt ist er Bürgermeister von New York.

Die frühen 1980er-Jahre waren etwa die Zeit, in der alle Analysten der Wall Street immer mehr in das Investmentbanking verwickelt wurden, was in den 1990er-Jahren schließlich zum Fall des objektiven Research führte. Bei Electronic Data Systems (EDS) machte ein durchgreifender Führungswechsel Mort Meyerson zur treibenden Kraft unter H. Ross Perot. Während der nächsten Jahre reiste ich mehrmals mit der Führungsmannschaft von EDS zu Terminen mit institutionellen Anlegern. Meine Verbindung mit EDS war hauptsächlich researchorientiert und nicht die blind einseitige Lobhudelei, die in der Blasenära der 1990er-Jahre üblich wurde. Aber Salomon war wesentlich an der Übernahme von EDS durch General Motors beteiligt und ich hatte im Laufe der Jahre mit zahlreichen Investmentbanking-Geschäften mit EDS zu tun. Das war die Morgendämmerung der Zeit, in der Analysten eine Rolle im Banking spielen.

Als ich bei Salomon war, kam mir die Idee, ein Buch über die Computerbranche, ihre Zukunftsaussichten, die Unternehmen, die Unternehmenslenker und meine Ansichten zu schreiben. Das war ein verrücktes Vorhaben, denn wenn ich offen war, würde ein Tumult an Kontroversen losbrechen, der die Folgen eines negativen Researchberichts in den Schatten stellte. Ein Buch wiegt schwerer als ein Bericht und seine Wirkung ist mächtiger. Und so war es auch mit „The Coming Computer Industry Shakeout", das im Juni 1984 in die Buchläden kam.

Ich machte mich daran, die Vorstandsvorsitzenden von 50 führenden Unternehmen der Computerbranche zu interviewen, und ich fing mit John Opel, dem Vorsitzenden von IBM, an. Als die Vorstandsvorsitzenden von meinem Buchprojekt hörten, öffneten sich mir Türen, und das war für die Analysten-Berichterstattung über die Branche von Vorteil. Ich fing an jedem Arbeitstag morgens um vier im Keller an zu arbeiten und kritzelte handschriftlich auf gelben Blättern herum, bis ich um halb sieben ins Büro fuhr. An den Wochenenden fing ich um sechs Uhr an. Zum ersten Mal in meinem Leben trank ich Kaffee. Ich musste möglichst schnell veröffentlichen, bevor mein Material überholt war. Als ich das erste gedruckte Exemplar in der Hand hatte, reagierte ich emotional darauf. Ich hatte es gerade geboren.

Das Buch war auf der QE 2 auf einer Kreuzfahrt durch die Karibik gezeugt worden. Ein Jahr später überreichte ich auf einer weiteren Fahrt mit der QE 2 dem Kapitän das fertige Produkt, nachdem ich für einen Termin Schlange gestanden hatte. Am nächsten Morgen brachte uns der Kellner eine Notiz mit der Frage, ob wir für die Dauer der Reise am Tisch des Kapitäns sitzen wollten. Ich fragte, wer noch dort sitzen würde, und bei der nächsten Mahlzeit bekam ich wieder einen Zettel, auf dem Stan Musial, Brooks Robinson und noch ein paar Namen aus der Baseball Hall of Fame standen. Der englische Kellner fragte: „Wer sind diese Menschen?" Als lebenslanger Baseballfan fiel ich fast in Ohnmacht.

„Shakeout" machte mehr Wellen, als ich erwartet hatte. Es kam in einige Bestsellerlisten, wurde im *Wall Street Journal*, in der *New York Times* und in anderen Zeitungen positiv rezensiert. Es folgten Fernsehinterviews und ich wurde zu Lou Rukeysers „Wall Street Week" eingeladen. Ein marketingbewusster Vorstandsvorsitzender bestellte drei Dutzend Exemplare, ließ mich in jedes eine Widmung schreiben und schenkte sie seinen besten Kunden mit der Behauptung, jedes sei sein privates Exemplar. Gleichzeitig kam von Unternehmen, über die ich negative oder kritische Bemerkungen geschrieben hatte, ein Sturm der Entrüstung. Zwei oder drei davon drohten sogar, mich zu verklagen.

In den 1980er-Jahren entwickelte sich die Wertpapieranalyse zu dem, was man heute als institutionelles Research kennt. Das Research wurde ausgefeilter, detaillierter, spezialisierter, konzentrierter, üppiger und pünktlicher – und es wurde immer mehr von Analystenteams als von Einzelkämpfern produziert. Die von Analysten abgedeckten Bereiche wurden enger, damit die Analyse gründlicher wurde. Diese Entwicklung ging mit dem Trend zur Vorherrschaft der Institutionen und zu deren Insidervorteil einher. Das Research-Spiel wurde komplex, es wurde von institutionellen Investoren beherrscht und die Analysten ließen die Privatanleger im Stich.

Research ist auf institutionelle Kunden zugeschnitten, nicht auf Privatkunden

Die Aufmerksamkeit der Analysten ist jetzt schon seit zwei Jahrzehnten auf Institutionen und nicht auf Privatanleger gerichtet. Privatkunden haben eine niedrige Priorität und werden von Analysten und Researchabteilungen meist vernachlässigt. Research für Privatanleger ist flau. In vielen Fällen wird das Research einfach neu verpackt, abgekürzt und verwässert, was es erschwert, aus einem Researchbericht die Nuancen dessen herauszulesen, was der Anlalyst gedacht hat. Das letzte Urteil eines Analysten über eine Aktie wird Portfoliomanagern in der passenden Form mündlich mitgeteilt, aber selten oder nie einem Privatanleger. Analysten sprechen selten mit den Büroleitern oder mit den größten Privatbrokern ihrer Firma, und fast nie haben sie Kontakt mit den Vertretern in den Filialen. Die meisten Analysten nehmen Anrufe solcher Finanzberater überhaupt nicht an. Die Händler, der institutionelle Vertrieb, die Presse, institutionelle Investoren und Unternehmenskontakte – alle stehen in der Priorität des Analysten über dem Privatkunden. Wenn ein Bericht von einem Privatanleger gelesen wird, sind die meisten Anlageideen schon nicht mehr brauchbar.

Privatanleger, die von Finanzberatern aus dem Vertrieb oder von Brokern beraten werden, wollen unverzerrte, definitive, passende Kauf- oder Verkaufsempfehlungen, und zwar Schwarz auf Weiß. Sie wollen, dass der Analyst als Stockpicker oder Portfoliomanager fungiert. Sie erwarten, dass sie sich wörtlich an die Empfehlungen des Analysten halten können, sie wollen, dass die Kursziele glaubwürdig sind und sie darauf vertrauen können, dass das Research des Analysten auf ihre Ziele ausgerichtet ist. Das ist eine hübsche Wunschliste, aber eben nur ein Luftschloss. Die meiste Zeit verbringt ein Analyst mit Marketing und nicht mit Research. Das bedeutet, dass er Investmentansichten und Informationen im direkten Gespräch an institutionelle Investoren, Portfoliomanager und Analysten von Investmentfonds, Banken, Versicherungsgesellschaften, Hedgefonds, Pensionsfonds und sonstigen Institutionen weitergibt. Diese Praxis hat die Wall Street in Schwierigkeiten gebracht, als die Blase der 1990er-Jahre endlich geplatzt war. Die Privatanleger waren irregeführt worden, weil sie die Aktieneinstufungen der Analysten zu wörtlich nahmen. Sie dachten wirklich, eine Kaufempfehlung würde bedeuten, dass der Analyst die Aktie attraktiv findet. Falsch. Das hat sich seither nicht wesentlich gebessert.

Sie müssen wissen, dass Ihr Platz als Privatanleger in der Hackordnung der Wall Street am Fuße des Totempfahls ist. Außerhalb der Brokerfirma herrschen die institutionellen Kunden. Die Analysten sind diesen riesigen Investmentpools verpflichtet. Da diese Institutionen die wichtigsten Kunden der Brokerfirmen sind, haben sie eine titanische Macht über die Wall Street.

Analysten verbringen doppelt oder dreimal so viel Zeit mit dem Kontakt mit institutionellen Kunden wie mit der Researchanalyse. Das institutionelle Publikum bekommt im Grunde 100 Prozent der Marketing-Aufmerksamkeit von Analysten, und der Privatanleger gar keine. Sie spielen fast ausschließlich für Institutionen wie Fidelity, Putnam, Wellington, Citigroup, T. Rowe Price, Alliance, American Express, Capital Research und für die

Hedgefonds, die so aktiv traden. Diese Organisationen lassen den Brokerhäusern immense Provisionen dafür zufließen, dass das Research von deren Analysten ihre Portfoliomanager und ihre hausinternen Analysten unterstützt. Die Zeit, die in das institutionelle Marketing fließt, lenkt sie enorm vom eigentlichen Research ab. Die Reisen, mit denen sie sich einschmeicheln wollen, führen die Analysten nicht nur in große Städte rund um den Erdball, sondern auch nach Des Moines, Topeka, Salt Lake City, Vancouver, Portland, Madison, Lansing, Raleigh, Tallahassee, Montgomery, Indianapolis, Chattanooga, Nashville und Memphis.

Die Institutionen verlangen von den Analysten dauernd etwas; sie bestehen darauf, dass wir die Führungsmannschaft von Unternehmen, über die wir berichten, zu Besprechungen in ihre Stadt bringen; sie verlangen bei unseren Konferenzen exklusive Vier-Augen-Gespräche mit Führungskräften und sie drängen uns, dass wir sie als Erste anrufen, wenn es erhellende Informationen oder den Hauch einer Meinungsänderung gibt. Ihre Launen werden zu unseren Prioritäten. Wenn der Analyst mit seinem hauseigenen Trader und ein paar institutionellen Verkäufern gesprochen hat, geht der erste Anruf an Fidelity oder an einen riesigen Hedgefonds. Die Analysten sind in einem Strudel gefangen. Die Macht der Institutionen reicht über die Analysten hinaus. Die Einnahmen aus Provisionen und Transaktionsgebühren wirken sich auf den Gewinn der Brokerfirma aus, auf die Aktivität der Handelsabteilung, auf IPO- und sonstige Finanzierungsdienste der Investmentbankabteilung.

Mammutinstitutionen verlangen von der Street eine Vorzugsbehandlung. Die großen Nummern von der Buyside fordern oft, dass sie ziemlich am Anfang oder gar als Erste angerufen werden, damit sie die Feinheiten mitbekommen, die dem Analysten anzumerken sind, wenn er bei der morgendlichen Telefonkonferenz mit dem Vertrieb eine neue Aussage oder Bemerkung geäußert hat. Die institutionelle Verkaufsabteilung bricht normalerweise mit wichtigen Anrufern über den Analysten herein, die solche Researchaussagen besprechen wollen. Diese Gorilla-Klienten haben die Macht zu verlangen, dass sie bei Konferenzen des Brokerhauses die besten Vier-Augen-Termine mit Unternehmensmanagern bekommen, spezielle Konferenzschaltungen mit ihren Portfoliomanagern, bevorzugte Termine mit Analysten, wenn sie zu Marketingzwecken in der Stadt sind, und die Hilfe des Analysten bei der Verabredung von Telefongesprächen und persönlichen Gesprächen mit Topmanagern. Sie fragen die Analysten regelmäßig, für welche Aktien sie „sich zunehmend begeistern" oder über welche Aktien sie „sich langsam Sorgen machen". Das kann auch im Beisein eines Schwergewichts aus der Vertriebsabteilung der Brokerfirma passieren, das Einfluss auf die Entlohnung und Beurteilung des Analysten hat. Der Druck, solchen Institutionen bevorzugte Erkenntnisse zu liefern und ihnen eine Sonderbehandlung angedeihen zu lassen, ist extrem groß, während der private Kleinanleger auf der Strecke bleibt.

Meine Ankunft bei Merrill Lynch Mitte der 1980er-Jahre fiel damit zusammen, dass die führenden Brokerfirmen der Wall Street viel mehr Wert auf Research legten und es erweiterten. Die führenden Firmen fingen an, Staranalysten einzustellen. Die Bedeutung der Umfrage von *Institutional Investor* stieg wie eine Rakete in die Höhe. Ich belegte vor meinen Konkurrenten in meinem Sektor Platz 1 und war an den Börsengängen von Oracle, Fiserv, First Data, Accenture und anderen Unternehmen beteiligt. Die Wertpapieranalysten bekamen immer breiteren Einfluss auf Aktien und sie trugen immer mehr zu den Gewinnen der Brokerhäuser bei. Aber noch waren sie keine Medienlieblinge und keine anerkannten Prominenten.

Anfang der 1990er-Jahre verlegte ich meinen Wohnsitz nach San Francisco. In dieser Zeit fing die Wall Street massiv damit an, Analystenteams im Silicon Valley aufzubauen. Macht und Status der Analysten wuchsen. Im Laufe des Jahrzehnts stiegen ihre Gehälter. Die Technologie-Analysten waren die Oberchefs, vor allem als die Internetblase anzuschwellen begann. Ich baute ein Team auf, hielt gut besuchte Vorträge in Miami Beach, veröffentlichte Bände, trat häufig im Fernsehen auf und reiste von der Pazifikküste nach Italien, Schottland und Australien, um mich mit institutionellen Kunden zu treffen. Aber während die Freude über das Internet erblühte, wurden die banalen, profitablen, soliden Computerdienstleister, die ich behandelte, nicht als Teil der Internetbewegung gesehen, sondern man fand, dass ich den Zug verpasst hatte. Später, nachdem die Blase geplatzt war, strömten die Institutionen wieder zurück zu den sicheren, gemäßigten, zuverlässigen Computerdienstleistern und mein Research fand wieder ihre Gnade.

Zu Beginn jenes Jahrzehnts wurde Research noch geachtet, aber an seinem Ende war es diskreditiert. Während des Blasenzeitalters der 1990er-Jahre wurden Analysten wie Rockstars verehrt. Amateur-Anleger, die Vorstandsvorsitzenden von Start-up-Unternehmen und sogar institutionelle Investoren und die Presse verherrlichten die Analysten als die neuen Alchimisten. Aber das hochwertige, unparteiische, bedachtsame Research wurde durch tausend Schnitte degradiert. Nachdem weit und breit die Unternehmen hinter den Gewinnschätzungen zurückblieben, nachdem die Aktienkurse steil fielen und nachdem hartnäckig falsche Investmentempfehlungen gegeben wurden, war der Schaden angerichtet. Als in der Baisse die Anschuldigungen und Skandale folgten, bekamen die Analysten die Rolle der Schurken. Nach der Börsenkrise des Jahres 2000 waren die Menschen häufig entsetzt, wenn ich ihnen sagte, dass ich Analyst an der Wall Street war, so als wäre ich ein Schuft – vergleichbar mit Verbrechern wie Henry Blodget in der Dotcom-Ära und Gaunern wie Jack Grubman im Telekom-Goldrausch. Als das neue Jahrtausend heraufstieg, begann das Research der Street seinen Niedergang und die Abwärtsspirale setzt sich immer noch fort.

78

Analysten sind jung, unerfahren und haben kein historisches Urteilsvermögen

Die Zahl der Wall-Street-Analysten ist seit dem Jahr 2000 um mehr als 50 Prozent zurückgegangen und bis Ende 2009 ist mit einem Rückgang um weitere 30 Prozent oder mehr zu rechnen. Die Researchbudgets wurden um mehr als 50 Prozent zusammengestrichen und die Provisionen als hauptsächliche Finanzierungsquelle haben sich seit 2000 halbiert. Das Brokerresearch ist zerstört. Vernichtet. Die Brokerfirmen bewältigen die Berichterstattung über die Aktien, indem sie mehr Unternehmen an weniger Analysten oder an preiswertere, weniger erfahrene Analysten vergeben. Die Gehälter sind abgestürzt.

Viele hochkarätige Analysten haben weder einen MBA-Titel noch sind sie zugelassene Finanzanalysten (CFA). Der intellektuelle Aderlass begann im Jahr 2000, als Analysten zu Hedgefonds flohen. In den 1980er- und 1990er-Jahren machten schlaue, ehrgeizige Studenten ihren MBA und gingen an die Wall Street. Jetzt sind die meisten dieser großen Geister zu Institutionen abgewandert, die Investitionsaufgaben wahrnehmen, zum Beispiel Private-Equity-Firmen, Hedgefonds oder Venturecapital-Gesellschaften. Einige haben sich zur Ruhe gesetzt. Andere wurden nach der Verwüstung durch die Baisse im Jahr 2008 entlassen. Intelligente, kreative, kenntnisreiche Analysten sind knapp. Brillante Absolventen springen auf vielversprechendere Felder. Die heutigen Analysten haben kaum Gefühl für Geschichte. Die Beurteilung von Unternehmensleitungen ist ein entscheidendes Element der Einschätzung von Aktien, und die Ausbildung dieser Fähigkeit erfordert 10 oder 20 Jahre Beobachtung. Junge Analysten können durch den seltenen Zugang zu Topmanagern irregeführt werden. Sie mögen fleißig und intelligent sein, viel wissen und gut kommunizieren, aber für die jahrelange Erfahrung gibt es keinen Ersatz.

Es ist entscheidend, seit wie langer Zeit ein Analyst eine Aktie betreut. Ein Analyst braucht eine erfahrene Perspektive, die er über einen langen Zeitraum erworben hat, damit er die Aussichten eines Unternehmens korrekt einschätzen kann. Die Insider von der Wall Street respektieren nur dienstalte Analysten, die einen Sektor schon längere Zeit bearbeiten. Die Analysten müssen sehen, wie eine Firma in schlechten Zeiten reagiert, ihr Verhalten in Zeiten des Aufschwungs beobachten, die Unternehmensleitung in verschiedenen Situationen erleben und Branchenzyklen durchleben. Es kann sein, dass Führungsmannschaften in aktuellen Ereignissen gefangen sind, und häufig haben sie nur eine minimale langfristige Wahrnehmung. Analysten müssen genau wie Berater erfahrenes und über die Zeit bewährtes historisches Wissen mitbringen, das sie für die Beurteilung jedes Unternehmens einsetzen können. Wenn sich ein Analyst erst seit zwei oder drei Jahren mit einem Unternehmen befasst, reicht das noch nicht. Zehn Jahre sind schon eher angemessen. Ich habe Aktien wie Automatic Data oder EDS mehr als 30 Jahre lang verfolgt. Ich wusste häufig mehr als Manager des Unternehmens, die es nicht über Jahrzehnte hinweg unter verschiedenen Bedingungen erlebt hatten.

Ich finde es höchst erstaunlich, wie viele führende Analysten der Wall Street weniger als zehn Jahre Erfahrung an der Street haben. Die dreijährige Baisse von 2000 bis 2002 und die sinkenden Gehälter schickten Veteranen in den Ruhestand, ins Management oder auf die „Buyside". Im Jahr 2008 schlossen die entsetzliche Baisse, die massiven roten Zahlen der Brokerhäuser, die Pleiten der Investmentbanken und Fusionen den Sargdeckel über dem Research der Street noch fester. Heute ist das Research ausgehöhlt und dezimiert. Senior-Analysten haben die Stelle gewechselt. Der Durchschnittsanalyst ist abgestürzt. Ohne historische Perspektive besteht die Gefahr, dass die Street-Analysten die schlechten Urteile aus den 1990er-Jahren wiederholen. Die Erinnerung der Analysten an die Exzesse der Blase in den 1990er-Jahren sind trübe, ganz zu schweigen von den 18 Jahren von 1966 bis 1982, in denen der Dow Jones stagnierte.

80

Das war höchst unangenehm. Schlechte Urteile und falsche Empfehlungen waren weit verbreitet. Die frischen Analysten haben kaum Erinnerungen an frühere Baissen oder gar Erfahrung damit.

Kaufempfehlungen sind unglaubwürdig und Insider schenken ihnen wenig Glauben

Die meisten Kaufempfehlungen sind kaum bedeutungsvoll. Bestehende Kaufempfehlungen sind oft überholt. Die Analysten halten ihre Kaufempfehlungen zu lange aufrecht und sind in Aktien verliebt, die aufgrund ihres Momentums Gewinn bringen. Es fällt uns schwer, die Meinung zu einer Aktie nur wegen der überzogenen Bewertung zu senken, selbst wenn die Aktie grob überteuert ist – was während der Blase der 1990er-Jahre schreiend offensichtlich war. Analysten brauchen harte Fakten und Ereignisse, um eine Herabstufung zu rechtfertigen. Wenn genügend Indizien vorhanden sind, die für eine Herabstufung sprechen, zum Beispiel zu niedrige Gewinne oder wegbrechende Aufträge, dann ist es daher zu spät und der Aktienkurs ist schon gefallen.

Marktstrategen und technische Analysten werden von der Wall Street weitgehend missachtet

Das meiste Research, das Privatanlegern angeboten wird, besteht aus Kommentaren zur strategischen Richtung des Marktes und zu den konjunkturellen Aussichten. Analysten werden meist genötigt, ihre Branchen- und Unternehmensaussichten auf das volkswirtschaftliche Szenario der Firma abzustimmen. Das Problem dabei ist nur, dass die Volkswirte nutzlos sind. Ich kann gar nicht sagen, wie oft die Volkswirte von Brokerfirmen ihre Prognosen wechseln. Kluge Analysten ignorieren solche

Voraussagen völlig, denn sonst werden sie ständig in eine andere Richtung geschubst und sehen ziemlich dämlich aus. Zum
Beispiel haben Anfang des Jahres 2004 so gut wie alle Volkswirte der Wall Street vorausgesagt, dass die Beschäftigtenzahl in
einem Monat um 150.000 zunimmt. Dann wurden es nur 1.000
und die Börse stürzte ab. Ein Artikel im *Wall Street Journal* drückte das am besten aus: „… viel Personal, ausgefeilte Modelle, massenhaft historische Daten, Abschlüsse von berühmten Unis …
und trotzdem treffen sie Voraussagen wie die Murmeltiere."

Marktstrategen sind genauso wenig eine Hilfe, wenn man
am Markt Geld verdienen will, wie Volkswirte. Ihre Erfolgsbilanz ist durchwachsen. Strategen sind immer faszinierend und
unterhaltsam, sie liefern kenntnisreiche Bemerkungen über Geldanlage und plaudern über die Richtung des Marktes. Aber sie
sehen eher das Gesamtbild und sind so einseitig wie Wertpapieranalysten. Und noch mehr als Analysten treten diese Experten meistens in Horden auf. Wenn sie zu lange bearish sind, wird
ihr Brokerhaus nervös und wirft sie hinaus. Das ist schon mehrmals vorgekommen. Wenn ihnen ihr Arbeitsplatz lieb ist, bleiben Strategen daher nicht zu lange bei einer negativen Markt-
einschätzung.

Ein glänzendes Beispiel für überzogenen Optimismus ist die
bekannte Marktstrategin Abby Joseph Cohen von Goldman
Sachs. Im Dezember 2007 sagte sie voraus, dass der S & P 500
am Ende des Jahres 2008 bei 1.675 Punkten stehen würde, was
ein Gewinn von 14 Prozent gewesen wäre. Sie blieb bis zum
März 2008 bei dieser Vorhersage, als die Baisse schon kam. Als
der S & P 500 auf 1.277 Punkte gesunken war, enthüllte das *Wall
Street Journal* (die Firma gab das nie offiziell bekannt), dass sie
als „Haupt-Analystin für kurzfristige Marktbewegungen" durch
einen Kollegen aus dem Hause ersetzt worden war, der prog-
nostizierte, dass der S & P 500 im Jahr 2008 um sechs Prozent
fallen würde (auch diese vorsichtigere Einstellung war noch zu
bullish, denn bis Oktober 2008 war der Markt schon um 50 Prozent

82

abgesackt). In dem Artikel wurde auch erwähnt, dass sie „jetzt mit Herrn Kostins Prognose übereinstimmt". Eine merkwürdige Art, von ihrer verspäteten, stillschweigenden Meinungsänderung zu erfahren.

Researchstrategen sagen es dem Analysten selten, wenn sie beschließen, eine seiner Aktien als attraktiv oder trübe zu klassifizieren – und wenn wir einen Monat warten, ändert sich ihre Ansicht sowieso wieder. Außerdem tragen Strategen nichts dazu bei, Investmentbanking-Kunden anzulocken. An der Wall Street wurden sie inzwischen auf einen niedrigeren Status degradiert.

Die technische Analyse liegt nur etwa in der Hälfte der Fälle richtig. Solche Kommentare zu historischen Mustern, Formationen und Marktbeziehungen sind zwar interessant, aber für scharfsinnige Investmententscheidungen bringen sie nichts. Kurscharts über die jüngere Vergangenheit spiegeln manchmal den Insiderhandel oder massive Informationslecks wider. Eine ungewöhnliche Aktienkursbewegung zeigt vielleicht etwas an, das in Kürze öffentlich bekanntgegeben wird. Aber für die Vorhersage der Zukunft bringen Kursformationen wenig. Technische Analysten stiften oft mehr Verwirrung als Klarheit. Analysten und die meisten Insider schenken den Mutmaßungen solcher Analysten keine Aufmerksamkeit.

Aktien mit geringer Kapitalisierung werden vernachlässigt

Analysten und institutionelle Investoren neigen dazu, die breite Palette von kleineren Unternehmen zu ignorieren, die jahrzehntelang solide wachsen können, bis sie gereift sind oder ihren Markt ausgereizt haben. Sie richten ihre Aufmerksamkeit auf Großunternehmen und hoch kapitalisierte Aktien und sie bevorzugen Wachstumswerte oder „Growth-Aktien", die ein hohes KGV haben. Das trägt zu ihrer hohen Kapitalisierung bei. Nicht nur die Analysten der Wall Street, sondern auch die Giganten unter den Investmentfonds konzentrieren sich sehr auf große Namen. Zahllose Untersuchungen offenbaren die atemberaubend gute Performance von Small-Cap-Value-Aktien im Vergleich zu Large-Cap-Growth-Aktien seit den 1920er-Jahren. Der Unterschied sprengt jede Skala. Eine Studie des *Financial Analysts Journal* hat gezeigt, dass die Small Caps die Large Caps von 1926 bis heute um das Hundertfache hinter sich gelassen haben. Und doch bearbeiten die Researchanalysten der Street und die meisten Institutionen dieses attraktive Segment nicht.

Aktien, die von der Wall Street zu wenig beobachtet werden, übertreffen im Allgemeinen diejenigen, die viel Aufmerksamkeit bekommen und die von vielen Researchanalysten abgedeckt werden. Die Wall Street verfolgt hoch kapitalisierte Aktien, um mehr Trades zu erzeugen. Hoch kapitalisierte Unternehmen sind der Schwerpunkt der institutionellen Kunden und der Geschäftsschwerpunkt der Investmentbanken. Deshalb werden diese überdurchschnittlich gehandelten Firmen übermäßig ausgebeutet und sind gut beleuchtet. Eine große Wall-Street-Firma hat im Jahr 2006 mehr als 40 Anlagestrategien überprüft, die sie in jenem Jahr ausgegeben hatte. Die beste bestand darin, in diejenigen Aktien zu investieren, zu denen es die wenigsten Analystenberichte gab. Laut *Barron's* verzeichneten im Jahr 2006 die 50 Aktien des S & P 500, die von den wenigsten Analysten verfolgt wurden, einen Gewinn von 24,6 Prozent, während der gesamte S & P 500 Index nur um 13,6 Prozent gestiegen war.

Die beste Empfehlung meiner gesamten Laufbahn war eine Small-Cap-Aktie. Ich war im Jahr 1986 an dem Börsengang von Fiserv beteiligt. Das Unternehmen bot Computerdienste für Finanzmärkte an und verzeichnete ein unglaublich kontinuierliches Wachstum. Die Führungsmannschaft bestand aus soliden und vertrauenswürdigen Männern aus dem Mittelwesten. Fiserv war bis zu meinem Ruhestand fast immer eine Kaufempfehlung und über 15 Jahre eine astronomische Aktie. Ein anderes Small-Cap-Unternehmen, das ich frühzeitig erkannte, war Paychex. Als größtes Unternehmen, das sich auf das untere Ende des Marktes für Lohnbuchhaltung spezialisiert hatte (der durchschnittliche Kunde hatte elf Mitarbeiter), hatte es dynamisches Wachstum, beeindruckende Gewinnspannen und eine unerschütterliche Bilanz vorzuweisen. Die Konkurrenz konnte ihm nichts anhaben. Das Unternehmen war in der Lage, aus einem Ein-Mann-Unternehmen Gewinn zu ziehen. Der Vorsitzende und Gründer des Unternehmens war damals ein fröhlicher Junggeselle, der gelegentlich Las Vegas im Sturm eroberte und als Gouverneur von New York kandidierte. Aber das Unternehmen managte er im altmodischen Stil: quantitative Ziele, enge Spezialisierung, Gelderzeugung und organisches Wachstum. Ich warf meinen Ruf mit einem klaren Kauf ins Feld. Die Aktie lief fantastisch. Ich setzte jahrelang auf dieses Pferd und jetzt ist es ein Large Cap. Das sind Beispiele dafür, dass Small-Cap-Aktien jahrzehntelang gute Performance bringen können.

Wenn eine Aktie aus der Berichterstattung gestrichen wird, kann das ein schlechtes Omen sein

Die Einstellung der Betreuung einer Aktie findet oft subtil statt – die Street spielt diesen Schachzug herunter –, ist aber sehr aufschlussreich. Analysten hören selten auf, ein Unternehmen zu beobachten, das vielversprechende Aussichten hat. Die Einstellung der Berichterstattung ist eine elegante Möglichkeit, die unangenehme Herabstufung zu umgehen. Ich erinnere mich an ein Erlebnis mit HBO & Co., einem notleidenden Computerdienstleister im Gesundheitsbereich. Das Unternehmen stellte einen beeindruckenden, glatten, angesagten Vorstandsvorsitzenden ein, um das Ruder herumzureißen. Nachdem ich die Fortschritte ein paar Jahre lang beobachtet hatte, nahm ich die Aktie schließlich mit einer Kaufempfehlung in meine Berichterstattung auf. Der Schwerpunkt des Unternehmens lag auf Software und die Zahlen wurden von den Vorbestellungen pro Quartal bestimmt. Die Vorhersehbarkeit war nur bescheiden, aber die Dynamik war sensationell, denn das Unternehmen vergrößerte seine Vertriebsmannschaft, stieß in benachbarte Märkte vor und übernahm andere Firmen. Die Quartalsgewinne sprühten nur so.

Dann kam bei mir ein Gefühl des Unwohlseins auf. Die Übernahmen verschleierten die Betriebsergebnisse. Die Größe des Unternehmens erschwerte es, die hohen Wachstumsraten aufrecht zu erhalten, die die Unternehmensleitung voraussagte und die die Investoren erwarteten. Die Ergebnisse der Konkurrenz waren eher matt. Das Gewinnwachstum und die Ertragsmargen lagen extrem weit über denen anderer Unternehmen der Branche. Wie WorldCom ein paar Jahre später vorführen sollte, kann ein solcher Kontrast ein verräterisches Zeichen sein. Die Softwarebestellungen und die damit verbundenen Einnahmen können von Quartal zu Quartal unterschiedlich ausfallen, aber die Ergebnisse von HBO waren glatt wie Seide, obwohl es nur geringe regelmäßige Einnahmen gab, die zur Stabilität beigetragen hätten. Das erregte meinen Verdacht und ich fühlte mich unwohl. Ich beschloss, das Unternehmen im Zuge meiner Schwerpunktverlagerung nicht mehr zu beobachten. Das war eine elegante Art, die Qualen zu vermeiden, die es bedeutet hätte, wenn ich entweder die Empfehlung gesenkt hätte oder wenn ich weiter darüber berichtet hätte und die Möglichkeit riskiert hätte, dass das Unternehmen gegen die Mauer fährt. Tatsächlich wurde später, nachdem HBO für die enorme Summe von 14 Milliarden Dollar übernommen worden war, entdeckt, dass viele Umsätze gefälscht und geschwindelt waren. Vier Angehörige der Führungsmannschaft haben in Strafprozessen ihre Schuld gestanden und der Vorsitzende wurde angeklagt. Das war die beste Negativprognose, die ich nicht zu machen brauchte.

Auffallende Nicht-Berichterstattung kann Skepsis anzeigen

Wenn alle Analysten, die einen bestimmten Sektor betreuen, eine bestimmte Aktie oder Untergruppe beobachten, aber ein Analyst vermeidet diese Beobachtung, zeigt das wahrscheinlich Zweifel an. Achten Sie darauf. Analysten bekommen Druck, wenn eine Aktie steigt, über die alle anderen berichten und wenn es so aussieht, dass er den Zug verpasst hat, weil er sie nicht beobachtet oder nicht empfohlen hat.

Es zerrt an den Nerven, wenn man wie ein Vogel Strauß erscheint. In den 1990er-Jahren folgte ich dem Markt nicht, was das Wachstum der Internet-eBusiness-Beratungsfirmen anging. Der Sektor hatte mit dem Internet zu tun, die Nachfrage sprengte die Charts und sie expandierten kometengleich. Das war „das neue Ding". Die Anleger sahen in den Firmen dieses Sektors die neuen Alchimisten. Manche dieser Aktien erreichten dreistellige Zahlen, bevor sie in Vergessenheit gerieten. An der Street kam so ein gewisses Gefühl auf, ich sei ein Dinosaurier. Die anderen Analysten, die diese Unternehmen empfahlen, konzentrierten sich dabei auf Umsatzwachstum, auf die Akquisition von Neukunden und auf künftige Trends, denn die Firmen schrieben dicke rote Zahlen und hatten im Grunde auf absehbare Zukunft kein Gewinnpotenzial. Die Analysten hatten kaum den historischen Blick für frühere Hausse-Exzesse, Technologie-Booms und nachfolgende Zusammenbrüche oder für obszön überbewertete Investments.

Ich war schon während der euphorischen Phase in den 1970er-Jahren an der Wall Street gewesen und ich hatte Bücher gelesen wie *Zeichen und Wunder. Aus den Annalen des Wahns und Manien, Paniken und Crashs* von Kindleberger. Ich hatte eine erfahrene Perspektive. Diese internetorientierten Unternehmen sahen zwar blendend aus, waren interessant und aufregend, aber als Anlage waren sie unglaublich spekulativ und sie schrieben ausschließlich rote Zahlen. Die ganzen eBusiness Consulting-Aktien verschwanden dann in einem gähnenden Abgrund. Die meisten

Analysten, die die eBusiness-Aktien bewarben, waren relativ jung und waren fast alle bald nicht mehr im Geschäft. Ich kam unversehrt durch dieses Debakel – und die Experten scherzten später, ich sei wieder in Mode gekommen.

Insider versuchen, Hochstufungen zuvorzukommen

Die beste Investmentchance ist nicht das, was der Analyst im Moment empfiehlt. Das ist Schnee von gestern und hat sich im Aktienkurs schon vollständig niedergeschlagen. Die Aktie ist vielleicht schon eine Weile eigentlich ein Kauf und wahrscheinlich werden andere Analysten sie auch pushen. Insider suchen Aktien, die als „Neutral" oder „Halten" eingestuft sind, aber wohl bald auf „Kaufen" angehoben werden. Es kann sein, dass ein Analyst eine bestimmte Aktie schon positiv sieht, lange bevor er sie auf „Kaufen" anhebt. Das erste Anzeichen dafür ist die Anhebung von „Unterdurchschnittlich" oder „Verkaufen" auf „Neutral" oder „Halten". Manchmal erkennt man die weniger negative Haltung auch an dem Researchkommentar.

Analysten suchen nach frühzeitigen Anzeichen für eine Erholung. Sobald irgendein positives Signal auftaucht, beginnt die Entwicklung einer günstigeren Sichtweise. In der Anfangsphase, wenn die Indizien noch dünn sind, ist es für den Analysten zu früh, die Aktie formal hochzustufen. Aber wir haben immer Anwandlungen und Gefühle, dass Potenzial besteht, und deshalb beobachten wir die Entwicklung. Man hat wenig zu verlieren, wenn man „Neutral" angibt und keine stetige Verbesserung stattfindet. Wenn es ein paar Monate vorwärts geht, ist der Keim für die Hochstufung auf „Kaufen" gelegt. Wenn eine Empfehlung von der Wall Street von „Verkaufen" auf „Neutral" oder „Halten" steigt, ist das eine gute Gelegenheit zu kaufen, bevor die Empfehlung auf „Kaufen" steigt. In solchen Fällen kann man sagen: „Neutral heißt Kaufen."

Die Umfragen von *Institutional Investor* verzerren das Research

Der Status, der Einfluss, der Ruf und das Gehalt von Wall-Street-Analysten werden stark von den jährlichen Platzierungen in dem All-Star-Team der Zeitschrift *Institutional Investor* bestimmt. Analysten sind gezwungen, im Frühjahr jedes Jahres möglichst viele I.I.-Stimmen anzuhäufen, wenn unter dem Kundenstamm aus institutionellen Investoren die Umfrage durchgeführt wird. Das Heischen um Individual-Investor-Stimmen verdrängt das objektive, hochwertige Research, den Dienst am Investor, die Aktienauswahl und die meisten anderen Researchziele. Die Rangfolgen von *Institutional Investor* überragen so gut wie alle anderen Researchziele. Die Vergütung von Analysten, die in ihrer Kategorie einen der drei ersten Plätze belegen, ist im Grunde mit derjenigen von großen Sportstars zu vergleichen. Eine Erhebung der Zeitschrift II über die Gehälter von Analysten ergab, dass ein „platzierter" Analyst im Jahr 2006 insgesamt 1,4 Millionen Dollar bekam, während andere Senior-Analysten 590.000 Dollar bekamen – ein unwiderstehlicher Anreiz, es in das Team zu schaffen. Die Beurteilung am Jahresende wird von diesem Maß beeinflusst. Das beeinträchtigt das Research, trübt den Prozess und sorgt für einseitige Bemühungen von Analysten.

Analysten nehmen häufig ungewöhnliche, hochkarätige Unternehmungen in Angriff, um die Aufmerksamkeit der Investmentfonds, Banken und des sonstigen institutionellen Stimmvolks zu erregen. Eine Art, auf die man sich bei großen Aktionären einschmeicheln und die Aufmerksamkeit potenziell interessierter Investoren auf sich ziehen kann, ist die dramatische Hochstufung einer Aktie. Aber lassen Sie sich davon nicht fangen. Die Insider von der Wall Street nehmen auffällige Anhebungen von April bis Juni nicht ernst. Das ist nur Stimmenfang. Man muss solche Empfehlungsänderungen im Zusammenhang sehen. Sie sind nicht unbedingt falsch, aber der Auslöser dieser Handlung ist fragwürdig und der Zeitpunkt verdächtig.

Im Gegenzug werden Herabstufungen in dieser Zeit gemieden wie die Pest. Die Analysten wollen nicht dadurch den Zorn institutioneller Aktionäre auf sich ziehen, dass sie in der kritischen Wahlphase eine Aktie attackieren. Sie verschieben solche unangenehmen Aktionen, bis die Stimmabgabe beendet ist. Rechnen Sie Ende Juni oder im August mit einer kleinen Schwemme von nachträglich gesenkten Empfehlungen. Im Juli ist Ergebnisberichts-Saison und es ist peinlich und riskant, kurz vor der Bekanntgabe der Ergebnisse seine Meinung zu senken, weil es dann scheinen könnte, dass der Analyst Insiderinformationen hat, und weil ihn das sofort in Verlegenheit bringen könnte. Um dieser Gefahr zu entgehen, lassen die Analysten die Herabstufungen in der Urlaubszeit im August mehr oder weniger unter den Tisch fallen und hoffen, dass das keinem auffällt.

Es ist zwar ein verrückter Gedanke, dass die Research-Platzierungen in einer Branchenfachzeitschrift für fast alle Analysten die treibende Kraft sein sollen, aber Beförderungen und die Bonuszahlung am Jahresende orientieren sich in entscheidendem Maße an dieser Umfrage. Das Ergebnis bringt allgemeine Publicity und es wird von dem Vorsitzenden und allen anderen Managern der Firma registriert. Die gesamte Investmentbranche, die Presse und sogar die Öffentlichkeit heben die Mitglieder des „All-Star"-Teams in den Himmel. Ob ein Analyst in das All-Star-Team kommt, hängt mehr von seinen Marketing- und Kommunikationsaktivitäten als von der Qualität und Genauigkeit seines Researchs ab. Das ist, wie wenn die Filmstudios am Anfang jedes Jahres werben und sich durch Lobby-Arbeit um Oscar-Nominierungen bemühen. Das Gleiche machen Analysten, um ihren Erfolg bei *Institutional Investor* zu verbessern. Das ist reines Marketing.

Wegen der I.I.-Abstimmung herrscht von Januar bis Mai Marketing-Fieber. Die Investorenkonferenzen der Brokerhäuser finden fast alle in dieser Zeit statt. Die meisten Analysten packen mehrere Veranstaltungen in diesen Zeitraum, in denen sie Unter-

90

nehmensmanager mit institutionellen Kunden zusammenfüh-
ren. Sie reisen in dieser Zeit doppelt oder dreimal so viel zu Wer-
bezwecken durch das Land wie im Herbst. Branchenstudien,
dramatische Empfehlungsänderungen (gewöhnlich nach oben)
und andere besondere Researchbemühungen werden in Angriff
genommen. Die Anzahl der Telefonate mit schwergewichtigen,
einflussreichen institutionellen Kunden schnellt in die Höhe. Alles wird hochgespielt und in diesem willkürlich konzentrierten
Zeitraum geliefert.

Große „Buyside"-Institutionen haben Zugang zu ausgewählten Informationen

Große Institutionen haben hinter verschlossenen Türen exklusiven Zutritt zu Unternehmensmanagern. Sogar kleinere
Vermögensverwaltungen und Hedgefonds suchen diesen Zutritt. Die Analysten der Brokerhäuser, deren Research jetzt weniger differenziert ist, gewinnen mehr Einfluss, wenn sie wie ein
Concierge für ihre Top-Kunden solche Termine organisieren.
Die Brokerhäuser beurteilen die Leistungen ihrer Analysten sogar zum Teil anhand ihrer Fähigkeiten in diesem Bereich. Sie
haben im Haus Abteilungen eingerichtet, die entsprechende
Versammlungen, Lokaltermine, Ausflüge und Engagements planen. Laut Greenwich Associates geben die Institutionen an, dass
26 Prozen der Research-Provision für „direkten Zugang zu Unternehmensleitungen" verwendet werden. Die gigantischen
Buyside-Institutionen und die Analysten von der Sellside tun
sich also für Besuche bei Unternehmenslenkern zusammen und
der Kleinanleger bleibt draußen.

Wenn die Street-Analysten von der „Sellside" die Manager
bei einer Informationsveranstaltung begleiten, werden sie gewöhnlich von manchen Sitzungen ausgeschlossen. Vier-Augen-
Gespräche mit dem Management bei Analystenkonferenzen
sind geschlossen. Nur die zahlungskräftigsten institutionellen

Klienten bekommen diesen exklusiven Zugang. Dieser extrem einseitige Zugang ist der Übermittlung von Insider-Häppchen, Andeutungen und ausgiebigen Schlüssen auf Vorabinformationen aus der Körpersprache zuträglich. Solche Versammlungen werden nicht im Internet allen außenstehenden Investoren mitgeteilt oder wenigstens in einer offenen Telefonkonferenz weiter gegeben. Führungskräfte neigen dazu, ihren größten institutionellen Aktionären besondere Einblicke zu bieten.

Gleichzeitig haben Großaktionäre unmäßigen Einfluss auf die Manager, die bei der Vorstellung Herzklopfen bekommen, ein fünfprozentiger Aktionär könnte seine Position abstoßen. Im Hinblick auf den Zugang zu Topmanagern und auf den Informationsfluss stellt ein Aktienblock den institutionellen Aktionär fast auf die gleiche Stufe wie ein Mitglied des Board of Directors. Im Vergleich dazu entspricht der Zutritt eines Analysten zu Vorständen dem eines Nachtportiers des Unternehmens.

Zudem pflegen sie vorteilhafte gesellschaftliche Kontakte zu Managern. Bei Konferenzen, Versammlungen, auf dem Golfplatz oder bei einem Drink gibt es für Portfoliomanager und sogar für Buyside-Analysten massenhaft Gelegenheiten, aus den Managern entscheidende Informationen herauszubekommen. Als Sellside-Analyst habe ich dieses Spiel an Orten wie dem Los Angeles Country Club und dem Turnberry Golf Resort in Schottland gelegentlich auch gespielt. Das machte mir mehr bewusst, als ich in jeglichen formellen Begegnungen hätte erfahren können. Privatanleger sind in diese Vorgänge normalerweise nicht eingeweiht und werden wieder einmal unfair behandelt.

Hedgefonds verzerren das Research und den Aktienmarkt

Ende 2008 gibt es über 10.000 Hedgefonds, die zu Jahresbeginn ein Vermögen von mehr als zwei Billionen Dollar kontrollieren.

Die Top-1.000-Hedgefonds nach Vermögenswerten werden jede Woche in *Barron's* beschrieben. Etwa zwei Drittel der Hedgefonds sind nicht bei der Securities Exchange Commission (SEC, Börsenaufsicht) registriert.

Im Gegensatz zu Investmentfonds behalten die Besitzer und Manager solcher Geselllschaften 20 Prozent des jährlichen Anlagegewinns ein. Damit haben sie sich den Spitznamen „Hedge Hogs" zugezogen [das heißt zwar eigentlich „Igel", aber „to hog" heißt auch „raffen", Anm. d.Ü.]. Sie gehen häufig sehr aggressiv vor (als die Aktien und die Subprime-Darlehen im Zuge der Baisse 2008 zusammenbrachen, wurden sie auch als „Hedge Dogs" bekannt). In den närrischen 1990er-Jahren wurden sie sehr mächtig und haben ein neues dynamisches Element in den Markt gebracht. Die damals noch unregulierten Hedgefonds nahmen eine hervorragende Stellung ein, ihre Kapitalerträge sprengten die Charts und ihr Vermögen schwoll an. Seltsamerweise hedgen Hedgefonds gar nicht. Sie sind nicht neutral. Vielmehr nehmen sie *ungehedgte* Positionen ein, mit denen sie große Gewinne erzielen wollen. Und in den 1990er-Jahren taten sie das auch.

Universitäten, staatliche Pensionsfonds, Gewerkschaften und Unternehmen reservierten einen Teil ihrer Investitionen für diese spekulativen Hochleistungs-Kapitalmanager. Die Gewinne waren zu verlockend, als dass man sie ignorieren konnte – trotz der Risiken. Als im Jahr 2008 die Baisse Fuß fasste und die hoch verschuldeten Hedgefonds große Verluste verzeichneten, verloren auch die erwähnten öffentlichen Institutionen Milliarden.

Da die Hedgefonds tradingorientiert sind, bescheren sie den Brokerfirmen immense Gebühren. Sie stehen in der Top-10-Liste der größten Kunden und genießen hohe Priorität.

Hedgefonds machen das Spielfeld total unfair. Broker, Vermögensverwalter, Investmentfonds – fast alle Beteiligten – müssen sich an die Regulierungen der SEC halten. Die Hedgefonds müssen das trotz der neuen Registrierungspflicht nicht.

93

Sie müssen ihre Investmentpositionen nicht bekannt geben. Man kann wenig gegen die falschen Gerüchte und Fehlinformationen tun, die sie streuen, oder gegen die Scheinangriffe, die sie unternehmen. Im Grunde können Hedgefonds Aktien zu ihrem eigenen Vorteil manipulieren. Solche Investmentgruppen können selektiv oder in Serie Falschinformationen oder Halbwahrheiten durchsickern lassen. Es gibt keine Verpflichtung, Schwindelgeschichten allen Außenstehenden gleichzeitig zu offenbaren. Brokerfirmen, Investmentfonds und sogar den Managern von Unternehmen sind solche Methoden untersagt, den Hedgefonds aber nicht.

Da die Hedgefonds tradingorientiert sind, bescheren sie den Brokerfirmen immense Gebühren. Viele „Hedgies", die von Natur aus anmaßend sind, zögern nicht, ihre Muskeln spielen zu lassen. Sie können Analysten in die falsche Richtung lenken, damit sie die Performance der Aktien künstlich anheizen, die der Fonds besitzt. Die Firmen von der Street dulden dieses Verhalten. Es geht nur um das Geld.

Da den Analysten die Bedeutung dieser monstermäßig Gebühren produzierenden Trader für ihr Brokerhaus klar ist, sehen sie sich gezwungen, zu kooperieren und ihren Bedürfnissen nachzukommen. Manchmal nötigen Hedgefonds die Street dazu, ihre Positionen zu fördern, indem sie ihre Haltung thematisieren und verkünden – und manchmal indem sie versuchen, Researchmeinungen zu ändern. Sie können die Street als Werkzeug benutzen, indem sie eigennützige Geschichten über Aktien verbreiten, die Verkäufer und Händler dann für bare Münze nehmen. Dann müssen die Analysten reagieren. Wenn sie heftig widersprechen, erregen sie den Zorn dieser lukrativen Kunden. Die Geschichten klingen manchmal relativ glaubhaft, gerade so sehr, dass sie bei Analysten und Investoren Gehör finden. Solches Gerede ist aber größtenteils Hedgefonds-Propaganda, die die Preise ihrer Tradingpositionen stimulieren soll.

94

Unternehmensmanager korrumpieren Researchmeinungen der Street

Unerfahrene Analysten fallen häufig auf den Jubel und die Marktschreierei von Unternehmensmanagern herein, denn man kann sie leicht als Zuversicht auslegen. Führungskräfte neigen dazu, ihre Aussichten unter allen Umständen optimistisch zu beurteilen und zu versuchen, Analysten in diese Lobhudelei hineinzuziehen. Eine bemerkenswerte Ausnahme davon waren Microsoft und noch eine Aktie, die ich betreut habe, nämlich Paychex. Der Gründer und Vorsitzende Tom Golisano äußerte bei Telefonkonferenzen mit Analysten mitten in der Ekstase der Blasenära in den 1990er-Jahren deutlich seine Befürchtung, dass seine kleineren loyalen Aktionäre und die Mitarbeiter am Ende Schaden leiden würden, wenn die Bewertung der Aktie wieder auf den Boden herunterkommen würde. Damit hatte er recht. Aber diese Einstellung ist rar und Unternehmenslenker sind nur selten so ehrlich.

Man kann die Neigung von Unternehmensführern, ihre Aktie übertrieben anzupreisen, nur schwer bremsen. So richtig ernsthaft kam dieses Verhalten im Zuge der Euphorie der 1990er-Jahre auf. Die Bemühungen der Unternehmensleitungen, die Kurse ihrer Aktien immer höher zu treiben wie in einem einseitigen Footballspiel, strapazierten die Beziehungen zu den Analysten ähnlich weit. Die Manager ließen ihnen Investmentbankinggeschäfte im Austausch gegen bullishe Anlageempfehlungen wie eine Karotte vor der Nase baumeln.

Ein eBusiness-Internet-Consulting-Unternehmen, für das ich zuständig war, versuchte mich einmal bei meinem größten Wunsch zu packen. Meine Investmentbeurteilung dieser glorreichen Website-Designfirma war eher lau und sogar skeptisch. Ich traute dem Management nicht und die Aktie war genauso wild überbewertet wie die anderen Internetfirmen. Der Vorstandsvorsitzende wollte mich dazu bringen, dass ich auf die Linie der vielen begeisterten, einseitig bullishen Empfehlungen seines Unternehmens einschwenkte. Da er wusste, dass ich passionierter Golfer bin, bot er mir den ultimativen Köder an: „Möchten Sie einmal in Augusta spielen?" Das ist für jeden Spieler das Nirwana. Das ist der Schauplatz der Masters, eines Großereignisses der PGA Tour. Die Verlockung war groß, aber ich lehnte standhaft ab. Bei dem Gedanken an eine so offensichtliche Verführung drehte sich mir der Magen um. Außerdem hatte ich den geweihten Boden von Augusta schon bei zwei Gelegenheiten geküsst; das Foto, das mich am Amen Corner stehend zeigte, hatte ich stolz in meinem Büro aufgehängt.

Die Bemühungen von Vorständen, ihre Aktien zu beeinflussen, gehen unvermindert weiter. Bei Telefonkonferenzen betonen die Manager 19 Minuten lang die positiven Seiten und nur eine Minute lang oder gar nicht die ganzen negativen Dinge, und dann stehen sie für Fragen zur Verfügung. Etwa 99 Prozent der Pressemitteilungen von Unternehmen beziehen sich auf gute Nachrichten; die seltenen negativen Bekanntmachungen sind kurz und vorsichtig formuliert. Fernsehinterviews und Analystenversammlungen sind Foren, auf denen das bullishe Szenario propagiert wird. Die Flut überwiegend schlechter Nachrichten und der freie Fall im Zuge der Baisse 2008 stellten die Verführungsmeister aus den Unternehmen vor eine ernste Herausforderung. Die Schuld wurde äußeren Einflüssen zugeschoben. Die Überlebensfähigkeit wurde betont. „Günstige" langfristige Aussichten wurden hervorgehoben.

Die meisten Unternehmen veranstalten einmal im Jahr in ihrer Unternehmenszentrale eine zweitägige Konferenz für Analysten und institutionelle Investoren. Es macht uns wahnsinnig, wie viel Zeit sie damit vergeuden, dass sie uns mit Marketing- und Werbungsmüll frustrieren. Das Positive wird so sehr betont, weil die Presse dabei ist und solche Versammlungen manchmal auch öffentlich gesendet werden. Das sind Werbeveranstaltungen. Wir Analysten müssen dabei sein, weil wir Angst haben, wir könnten ein Goldkörnchen oder einen Tonfall verpassen;

aber der originelle, greifbare, Erkenntnisse bringende Inhalt ist minimal. Die nützlichen Informationen bezieht man vor allem aus lockeren Gesprächen mit Managern in der Kaffeepause.

Manager tun Analysten gewisse Gefallen. Und Analysten stehen den Führungsmannschaften der Unternehmen, die sie betreuen, häufig zu nahe. Die Manager üben eine subtile, aber wirksame Kontrolle über die Analysten aus. Vorstände bieten Analysten mit bullishen Empfehlungen bevorzugte Behandlung. Dieses Verhältnis behindert objektives Research.

Eine Weile nachdem die Internetblase geplatzt war, wurde ein enthusiastischer Analyst entlassen, weil die National Association of Securities Dealers (NASD) als Regulierungsbehörde ihm vorwarf, er habe irreführende Researchberichte herausgegeben und stehe dem Management eines von ihm betreuten Technologieunternehmens zu nahe. In dem Verfahren gegen die Technologiefirma wurde ausgesagt, dass sie dem Analysten zum Gefallen 20.783 Dollar dafür ausgegeben hatte, seine Verlobte auszuspähen. Der gleiche Analyst hatte dem Vorstandsvorsitzenden eine Kiste 1995er Château Margaux für 4.547 Dollar geschenkt, eine ungehörige Geste, die in Form einer Kiste Champagner für 2.208 Dollar erwidert wurde. Laut *The Wall Street Journal* bezeichnete sich der Analyst in einer E-Mail selbst als „LOYALER MITARBEITER (des Unternehmens)". Die NASD warf ihm vor, Berichte über die Firma ohne jegliche Erwähnung seiner tatsächlichen Vorbehalte veröffentlicht zu haben. Sie verhängte ein Bußgeld von 225.000 Dollar gegen ihn und schloss ihn ein Jahr lang aus der Branche aus, weil er „irreführendes und einseitiges Research" veröffentlicht hatte. Das ist ein Extremfall, aber er veranschaulicht, wie weit der Einfluss von Unternehmensmanagern auf das Research der Wall Street reicht.

Leider können Unternehmensmanager Analysten für negative Meinungen bestrafen. Eine negative Meinung ruft in den Reihen des Unternehmens eine negative Reaktion hervor und die natürliche Reaktion ist Vergeltung. Wir kommen dann vielleicht

97

nur noch begrenzt an die Manager heran. Anrufe werden nicht beantwortet oder an einen Mitarbeiter niedrigeren Ranges der Abteilung Investor Relations weitergegeben. Wenn ein bearisher Analyst einen Termin haben will, wird er abgewiesen; er wird gewissermaßen geschnitten. In Gesprächen mit institutionellen Anlegern machen Vorstandsvorsitzende Analysten möglicherweise schlecht; sie machen sie herunter und schwächen dadurch den Wert ihrer ungünstigen Aktienempfehlung. Gleichzeitig werden Analysten nach wie vor absolut legale Privilegien und Vorteile gewährt, zum Beispiel dass sie Zugang bekommen oder dass sie auf Konferenzen und Werbeveranstaltungen sprechen dürfen, wenn sie positive Empfehlungen abgeben; Studien zufolge senkt dies die Wahrscheinlichkeit einer Herabstufung.

Eine weitere subtile Strafe, die Manager für Analystenempfehlungen vergeben, denen der fröhliche Ton fehlt, ist die Verbannung an das Ende der Frage-Antwort-Warteschlange bei Telefonkonferenzen. Analysten wollen immer am Anfang dabei sein oder gar die ersten sein, damit sie den Zuhörern beweisen können, wie einflussreich sie sind.

Anfang der 1990er-Jahre war ich schon seit mehr als zwei Jahrzehnten an der Wall Street. Ich hatte mir eine glaubwürdige Bilanz als führender Analyst für Computerdienstleistungen und Software aufgebaut. Der gesellige, wortgewandte und leidenschaftliche Vorstandsvorsitzende eines Unternehmens (ich nannte ihn den Rhett Butler der Computerdienstleistungsbranche), zu dem ich eine zurückhaltende Meinung hatte, geißelte meine analytischen Fähigkeiten an der Street auf das Heftigste. Sein Angriff auf meine Person wurde von zahlreichen institutionellen Besitzern der Aktie gehört, die ihn an mich durchsickern ließen. Er hoffte, sie würden Druck auf mich ausüben, damit ich meine Empfehlung anhob. Mein Respekt für seine Mannschaft war für immer angeschlagen, auch wenn ich später widerwillig eine positivere Haltung zu der Aktie einnahm.

98

Analysten müssen freundliche, kollegiale Beziehungen zu den Leitern der Unternehmen pflegen, über die sie berichten, damit die Informationen prompt und kontinuierlich fließen. Wenn uns die Manager abblocken, beeinträchtigt das den Inhalt unseres Researchs. Wir brauchen sie und sie brauchen uns. Wir müssen uns die Management-Quellen erhalten, aber eine freundliche Verbindung hat oft den nachteiligen Effekt, dass sie unsere Investmentempfehlungen verzerrt.

Unternehmen verknüpfen die Auswahl der Investmentbanking-Firma immer noch mit der Researchberichterstattung und mit der Meinung der Analysten. Es ist schon erstaunlich, dass für die Manager günstige Analystenberichte stillschweigend weiterhin eine Voraussetzung dafür sind, dass sie mit der entsprechenden Brokerfirma Bankgeschäfte machen. Die *New York Times* berichtete im Jahr 2004 anlässlich der Konferenz einer Brokerfirma über Pharmazie und Biotechnologie von einem bemerkenswerten Beispiel für diese Einstellung. Auf die Frage des Analysten zu den Investmentbanking-Absichten der Firma sagte der Präsident eines Biotechnologie-Unternehmens schroff: „Die Wahrscheinlichkeit von Investmentbanking-Beziehungen geht so lange gegen null, bis Sie Ihre Empfehlung anheben." Der Analyst hatte die Aktie als „Neutral" eingestuft.

Es gibt ein paar Unternehmen, die unparteiischer sind, aber solch aufgeklärtes Verhalten ist nicht die Norm. Ich erinnere mich noch, dass mir Frank Lautenberg, der Präsident von Automatic Data Processing und inzwischen in seiner vierten Amtszeit als US-Senator von New Jersey, einen Brief schrieb, als ich meine Einschätzung seiner Aktie gesenkt hatte. Großmütig teilte er mir mit, dass er Verständnis dafür hatte, und er versprach mir, dass mir seine Türen weiterhin offen stehen würden – vom Gefühl her konnte ich den Zeitpunkt kaum abwarten, zu dem ich die Aktie wieder passenderweise hochstufen konnte. Aber diese unparteiische Haltung ist heute selten.

99

Alle diese inneren Faktoren verzerren den Investmentprozess. Die Insider an der Street sind sich dieser Einflüsse vollkommen bewusst und ihre Anlageentscheidungen werden von diesen schädlichen Praktiken nicht verzerrt. Als Anleger sollte man die Verzerrung des Researchs durch die Street, durch institutionelle Investoren und durch Unternehmensvorstände nicht zu naiv sehen.

3

Strategien für die
ideale Geldanlage

Wenn ich jemandem zum ersten Mal von meinem Beruf er-
zähle, reagieren die Menschen fast immer damit, dass sie mich
nach Investmentratschlägen fragen. Im Jahr 2008 drehten sich
diese Fragen meistens darum, was sie tun sollten, nachdem sie
40 Prozent ihres Kapitals verloren hatten. Sie erwarten, dass ich
ihnen als Insider ein Patentrezept für ihre willkürlichen Anlage-
vorhaben verschreibe, das sie wieder auf den sicheren Weg zum
Börsenreichtum bringt. Nachdem ich versucht habe, das Thema
zu wechseln, frage ich sie als Erstes nach ihren Zielen, ihren Bedürfnissen und ihrer finanziellen Situation. Die Antwort, die ich
normalerweise zu hören bekomme, klingt ungefähr so: „Naja,
mein Broker hat mir ein paar Aktien und Investmentfonds empfohlen und ich habe mit … Verlust gemacht." Privatanleger brauchen auf jeden Fall Hilfe, vor allem bei der Erhaltung von Kapital und der Vermeidung von Risiken, und von der Wall Street
bekommen sie die nicht. Die Gelegenheitsinvestoren glauben offenbar, was sie von ihren Brokern oder von der Wall Street bekommen, seien vernünftige Anlageratschläge – ein großer Fehler. Und sie haben keine Ahnung, wie sie das selbst machen sollen. Dieses Kapitel präsentiert Strategien und Anleitungen, mit

denen Anleger ihre Anlageentscheidungen selbst treffen können; wenn man dann noch begreift, wie die Wall Street arbeitet, hat man als Privatanleger das Handwerkszeug für klügere Anlageentscheidungen.

Meine bewährten, rationalen, konservativen Investmentstrategien sollen als Fundament dienen. Außerdem stelle ich die besten Transaktionsmethoden für den Aktienmarkt vor. Mein letztes Buch Shakeout aus dem Jahre 1984 enthielt 15 Axiome, die „den Anleger vor den Gruben und Fallstricken bewahren, die hinter jeder Ecke lauern". Die meisten sind zeitlos: Schlechte Nachrichten kommen nicht als Regen, sondern als Schwall; der erste Gewinneinbruch ist nie der letzte; wenn die Insider verkaufen, sollte man das auch tun; hüten Sie sich vor Aktienkursfixierung; je größer die Egos (der Unternehmensmanager), desto härter schlagen sie auf; Turnarounds funktionieren nicht; wenn man etwas in der Morgenzeitung liest, ist es schon zu spät; wenn das Management sagt, dass es nicht so gut läuft, gehen Sie davon aus, dass es katastrophal läuft; wenn Sie die Geschäfte eines Unternehmens nicht verstehen, versteht sie die Unternehmensleitung vielleicht auch nicht; und ein neues Gewand ist ein schlechtes Zeichen. Dieses Kapitel ist eine aktualisierte, mächtig erweiterte Version – Strategien und Praktiken, die meiner Meinung nach für jeden Investor elementar sind.

Eine Studie, die Barber und Odean im Jahr 2001 an der University of California, Davis, durchgeführt haben, ergab, dass die Portfolios von Frauen eine bessere Performance brachten als die von Männern, weil die Frauen geduldiger waren und ihr Research gemacht haben. Sie handelten weniger häufig und gründeten ihre Investmententscheidungen auf Faktoren, die über die reinen Zahlen hinausgingen. Laut dieser Studie „schauten die Frauen typischerweise über den glänzendsten, neuesten biotechnologischen Schnickschnack hinweg und konzentrierten sich stattdessen auf [...] Produkte, ohne die sie nicht leben können, und auf Verbrauchsgüter, die sie jeden Tag

kaufen". Ich empfehle einen ähnlichen Ansatz. Man muss als
Anleger gewisse Hausaufgaben machen. Seien Sie aufmerksam. Investieren Sie vorsichtig. Seien Sie konservativ. Und denken Sie langfristig.

Das beste Unternehmen für die Investition auswählen

Der erste Schritt in diesem Prozess ist die Suche nach dem
perfekten Unternehmen. Wie man Unternehmen als voraussichtliche Aktienkandidaten überprüft, wird in Kapitel 5 – „Unternehmen als Investmentkandidaten beurteilen" – detailliert besprochen. Für den Anfang gebe ich hier ein paar einfache Eigenschaften an, nach denen man suchen sollte und die für jede
hochwertige Anlage entscheidend sind.

Finden Sie einmalige, konzentrierte Unternehmen, die auf einem neuen Markt oder einem Nischenmarkt führend sind

Das ideale Unternehmen ist einmalig, es ist an einem aufstrebenden Markt oder in einer aufstrebenden Technologie führend,
es beherrscht einen attraktiven Nischensektor oder hebt sich irgendwie vom Rest der Branche ab. Es kann sich zum Beispiel
durch die Strategie abheben, die es an einem etablierten Markt
verfolgt. Achten Sie auf Schwerpunkte und Fachkompetenzen,
die ungewöhnlich sind; eine strukturelle Eigenart, die robuste
und zuverlässige Gewinne ermöglicht. Das ist der Aspekt der
„Story": das, was das Unternehmen von den Mitbewerbern in
der gleichen Kategorie unterscheidet. Vermeiden Sie die zweit-
oder drittgrößten Angehörigen eines Sektors, außer wenn sie
etwas Untypisches haben, das sie einmalig macht. Beurteilen Sie
dieses Element der Einzigartigkeit als Erstes, wenn Sie über eine
Aktieninvestition nachdenken.

Suchen Sie nach spezialisierten, einfachen Unternehmen

Firmen, die sich auf einen einzigen Produktbereich, auf einen Markt oder auf eine Methode spezialisieren – wie Automatic Data Processing, Southwest Airlines, Whole Foods oder Activision – überholen die Generalisten immer. Spezialisten haben gegenüber den größeren, breiteren und schwerfälligeren Giganten bemerkenswerte Vorteile. Sie sind wendiger, aggressiver und konzentrierter. Bei einem sonntäglichen PGA-Golfturnier ist es ja auch leichter, von hinten zu kommen als eine Führungsposition zu verteidigen. Investieren Sie in einfache Unternehmen, die man problemlos versteht. Die Verdienste oder Aussichten komplexer Bereiche wie Hightech oder Biotech kann man nur mit extremem Fachwissen beurteilen und einschätzen. Ahmen Sie den Stil von Warren Buffett nach.

Suchen Sie nach zweistelligem Wachstum oder robustem Cashflow

Das ultimative Indiz für stetige Expansion ist der Erlös und nicht der Gewinn. Growth-Unternehmen sollten regelmäßig zweistellige Umsatzzuwächse verzeichnen, und zwar ohne komische Sachen wie ungebuchte Einnahmen oder Hinweise auf außergewöhnliche, nicht dauerhafte Abschlüsse mit großen Anzahlungen. Streben Sie echtes Wachstum an, das in Zukunft wiederholbar ist. Aber hüten Sie sich vor übertriebenem Wachstum. Expansionsraten von mehr als 25 Prozent sind über längere Zeiträume nicht haltbar und wahrscheinlich spiegelt die Aktie das momentan rasante Tempo in Form eines hohen Kurs-/Gewinn-Verhältnisses vollständig wider. Unternehmen können ihre Gewinne ganz einfach dadurch manipulieren, dass sie Kosten senken, anders abrechnen, Rücklagen einsetzen, restrukturieren, Aktien zurückkaufen oder viele andere Dinge tun. Steigende Gewinne kann man durchaus eine Weile vorspiegeln. Der eigentliche Prüfstein sind die Einnahmen. Es gibt zahllose Fälle

– einer ist IBM –, in denen der Gewinn bei geringem Umsatzwachstum jahrelang gestiegen ist. Das deutet darauf hin, dass
ein Geschäft reif ist. Es sollte Hinweise auf brummende Wachstumsaussichten geben. Ein guter Cashflow ist immer wichtig.
Negativer Cashflow ist eine rote Warnlampe. Wenn Sie wegen
Dividendenerträgen investieren, ist ein positiver Cashflow unabdingbar.

Streben Sie gesunde, stabile oder wachsende Ertragsmargen an

Das ist ein weiteres Maß für die Vitalität eines Unternehmens.
Es geht nicht um das absolute Niveau der Betriebsgewinnspanne oder der Vorsteuermarge (sie variieren je nach Branche); was
zählt, ist das Muster der Ertragsmargen in den letzten paar Jahren. Ich bevorzuge Etragsmargen am oberen Ende des branchen-
üblichen Bereichs, denn das deutet auf gutes Management oder
auf einen einmaligen Geschäftsansatz hin. Noch wichtiger ist,
dass die Margen stabil sind und weder aufweichen noch abrutschen. Ideal wäre eine leichte Steigerung. Beurteilen Sie die Margen der letzten zehn Jahre und das absolute Gewinnwachstum
in den letzten fünf bis zehn Jahren, insbesondere in konjunktu-
rell schwachen Perioden. Die Kombination aus Umsatzwachstum und wachsenden Ertragsmargen gibt dem Gewinn mächtig
Auftrieb. Passen Sie aber bei Unternehmen auf, deren Ertragsmargen so weit über denen aller Mitbewerber liegen, dass vielleicht kein Spielraum mehr für eine Vergrößerung vorhanden ist
– das heißt, dass die Margen vielleicht ausgereizt und möglicherweise in Gefahr sind.

Verlangen Sie eine solide Bilanz und gute Finanzen

Hoch verschuldete Unternehmen sind riskant. Ich bevorzuge keine langfristigen Schulden und minimale kurzfristige
Schulden. Der Verschuldungsgrad sollte unter 20 Prozent liegen. Andere Bilanzposten sollten ebenfalls sehr gut aussehen,

die Umschlagfrist der Kundenforderungen sollte unter 90 Tagen liegen, keine passiven Rechnungsabgrenzungen, nichts Komplexes oder aus dem Rahmen Fallendes. Lesen Sie die Fußnoten, damit Sie verstehen, was hinter Dingen wie Rechnungsabgrenzung, kapitalisierter Software, Abschreibungen von materiellen und immateriellen Vermögenswerten und Kapitalausgaben steht. Bei den quartalsmäßigen Telefonkonferenzen hören Sie, ob die Analysten solche Bilanzposten stören und ob sie zur Vorsicht mahnen. Je einfacher, umso besser; mehrere Seiten Fußnoten in Quartals- und Jahresabschlüssen oder SEC-Meldungen sind ein schlechtes Omen.

Achten Sie bei der Unternehmensleitung, bei den Kunden, den Boardmitgliedern und Partnern generell auf Qualität

Suchen Sie nach Qualitätsunternehmen und bleiben Sie dabei. Schauen Sie im ersten Schritt, mit wem sie Umgang pflegen. Sind die Kunden Blue Chips? Besteht eine beständige mehrjährige Geschäftsbeziehung zu Großkunden? Jedes Unternehmen, das als Investition in Frage kommt, sollte mit den besten Rechnungsprüfern, Geschäftsbanken, Investmentbanken, Wertpapieranalysten, Boardmitgliedern, Anwaltsfirmen und Jointventure-Partnern arbeiten. Diese Exzellenz erstreckt sich auch auf die Führungskräfte, die Mitarbeiter, die Produkte und Dienstleistungen und sogar auf die größten institutionellen Aktionäre des Unternehmens. Welchen Hintergrund hat die Führungsmannschaft? Welche Erfahrungen hat sie vorher gesammelt? Haben die Manager vorher bei erfolgreichen Unternehmen gearbeitet? Hochklassige Unternehmen geben ihren Gewinn im Schnitt um fünf Prozent zu niedrig an, während Unternehmen schlechten Kalibers ihn um 10 bis 15 Prozent übertreiben. Ein Unternehmen zu betrachten ist wie die Begutachtung eines neuen Hauses, eines Autos, einer Arbeitsstelle oder eines Partners; man will die größtmögliche Qualität haben.

Meiden Sie arrogante, übertrieben zuversichtliche Unternehmensleitungen

Unternehmenslenker, die eine egoistische und arrogante Haltung an den Tag legen, sprechen für eine riskante Investition. Sie haben normalerweise einen wunden Punkt und der Fall ist vorprogrammiert. Übertriebene Zuversicht ist ein Killer. Suchen Sie nach bescheidenen, konservativen Managern mit Understatement und Sinn für Humor. Es ist gut, wenn sie aggressiv und begeisterungsfähig sind und wenn sie an ihre Mission glauben. Aber ich möchte die Art von Bescheidenheit sehen, die Harry S. Truman beim Parteitag der Demokraten 1944 verkörperte. Er wurde von Präsident Roosevelt, der – wie alle Welt wusste – wegen seines schlechten Gesundheitszustands die nächste Amtszeit wahrscheinlich nicht mehr beenden würde, davon informiert, dass er der Kandidat für das Amt des Vizepräsidenten sein sollte. Seine Antwort war: „Ach du Scheiße!" Ich möchte nicht etwa, dass Unternehmensvorstände ständig mit Kraftausdrücken um sich werfen, aber ich bevorzuge unprätenziöse Manager.

Ziehen Sie kleinere Unternehmen Giganten vor

Kleine bis mittelgroße Firmen sind für Spezialisierungen besser geeignet: Sie können sich auf ihren Schwerpunkt konzentrieren und sie sind relativ leicht zu managen. Kleine Unternehmen sind in der Lage, schnell die Richtung zu ändern und die Konkurrenz schneller anzugreifen. Neue Schübe und Strategien zeigen noch Wirkung. In kleineren Unternehmen fällt es einem guten Management leichter, kreativ und originell zu sein und das Unternehmen von anderen abzuheben. Unternehmen mit einem Jahresumsatz von höchstens ein bis zwei Milliarden Dollar können dauerhaft kräftig wachsen und bessere Mitarbeiter anlocken. Sie sind groß genug, um Finanzkraft und Stabilität zu besitzen, aber sie sind immer noch im Werden und streben nach der Branchenführung. Solche Unternehmen werden von der Wall Street weniger mit Research bedacht, es sind weniger

Institutionen an ihnen beteiligt und deshalb sind ihre Aktien vielleicht noch nicht zu sehr ausgebeutet oder überkauft.

Meiden Sie einseitige Aktienstrukturen und Schmuse-Arrangements für Manager

Meiden Sie Unternehmen, in denen es zwei Klassen von Aktien gibt: eine für den Gründer, die ihm die Stimmrechtsmehrheit verleiht, und eine andere für Außenseiter mit wenig Aufsichtsbefugnis. Ein gutes Beispiel dafür sind die zwei Stimmrechtsklassen bei Google, eine für die Gründer und das Management und die andere für die Aktionärsöffentlichkeit. Das behindert die Rechenschaftspflicht des Managements gegenüber den Aktionären. Genauso suspekt sind Phantomaktien – das heißt, dass die Aktionäre kein Vermögen, sondern nur einen Anspruch auf Dividenden besitzen. Manchmal werden auch spezielle Aktienklassen geschaffen, die das Management künstlich gegen Übernahmen schützen sollen. Achten Sie darauf, ob das Management in anderer Weise seine eigenen Interessen vertritt, und auf Kirchturmpolitik, zum Beispiel gute Freunde und sonstige fügsame Fans im Board of Directors. Manchmal findet man solche Informationen in Chatrooms oder auf Internetseiten, die ein bestimmtes Unternehmen behandeln. Hüten Sie sich vor SARs („Stock Appreciation Rights"), vor der Ausgabe von günstigeren Bezugsrechten nach Kursstürzen und anderen lukrativen netten Arrangements für das Management. Die Rückdatierung von Bezugsrechten ist im Grunde eine korrupte Praxis und sie spricht Bände über die Prinzipien der Unternehmensleitung. Ich verabscheue die unverhältnismäßig hohen Managementgehälter, die heute so allgemein üblich sind. Hüten Sie sich vor Managements mit zu vielen Privilegien, zum Beispiel gesonderten Parkplätzen, unternehmenseigenen Fahrern, Firmenjets, protzigen Unternehmenszentralen, VIP-Lounges in Sportstadien und dem Unternehmensnamen auf Stadien und anderen Sportstätten (da kommt einem Enron Field in den Sinn).

Anlagestrategien müssen mit Vermögenserhaltung anfangen

Und jetzt kommen ein paar entscheidende, einfache und geradlinige Anlagestrategien, die teilweise überraschend erscheinen mögen. Ich stelle sie ungefähr in der Reihenfolge ihrer Wichtigkeit vor. Achten Sie mehr auf Qualität als auf Quantität. Es geht weniger darum, wie viele Aktien Sie halten, sondern mehr darum, wie gut Ihre Positionen sind. Halten Sie Ihre Anlagen einfach. Die wichtigsten Variablen, die den Ertrag am Aktienmarkt bestimmen, sind Dividendenrendite, Gewinnwachstum und Kurs-Gewinn-Verhältnis (KGV) der Aktie. Hüten Sie sich vor komplexen Unternehmensabschlüssen. Bevor Sie in eine Aktie investieren, schätzen Sie zuerst ab, wie tief sie fallen könnte und wie viel Sie damit verlieren könnten; beurteilen Sie erst dann das Zuwachspotenzial. Sie haben als Privatanleger die Flexibilität, diese Empfehlungen zu nutzen und die Vorteile Ihrer Position ohne die Beschränkungen institutioneller Portfoliomanager auszunutzen.

Die Vermögenserhaltung hat oberste Priorität

Die Bewahrung des Kapitals ist höchst wichtig und steht als Anlageziel weit über Gewinnen und Erträgen. Wenn Sie daran zweifeln, fragen Sie mal jemanden, der zuschauen musste, wie durch das Platzen der Blase der 1990er-Jahre sein Sparstrumpf verschwand oder wie er im Zuge der Krise 2008 gemeinsam mit seinem Hauskapital um 40 oder 50 Prozent zusammengeschmolzen ist. Die Größe der Gewinne ist im Vergleich zur Erhaltung Ihres Anlagepools fast irrelevant. Wenn eine Aktie um 50 Prozent gefallen ist, muss sie um 100 Prozent steigen, damit sie wieder am gleichen Punkt steht. Es ist weniger von Bedeutung, ob sie um 10 oder um 50 Prozent steigt, aber es ist eine mittelschwere Katastrophe, wenn sie um 30 Prozent fällt. Seien Sie also immer konservativ, denken Sie an Verlustpotenzial und Risiko. Erkennen Sie an, dass äußerst unwahrscheinliche „Schwarze

Schwäne" (Ereignisse, die sich extrem auswirken), von Zeit zu Zeit eintreten. Wie Nassim Taleb in *Der Schwarze Schwan* erklärt, gehören unvorhersehbare Ereignisse wie der Tag im Jahr 1987, als die Börse um 22,5 Prozent einbrach, die Terroranschläge vom 11. September, der Hurrikan Katrina oder der Untergang von Bear Stearns und Lehman Brothers zur Investmentlandschaft. Nehmen Sie kleinere Verluste von 10 bis 20 Prozent mit, bevor sie zum ernsten Debakel werden und auf mehr als 25 Prozent anwachsen. Meiden Sie die psychologische Abneigung, Verluste einzugestehen. Sie sind schon ein Held und wirklich wohlhabend, wenn Sie Ihr Anlagekapital bewahren und 30 Jahre lang einen jährlichen Wertzuwachs von fünf bis zehn Prozent schaffen. Halten Sie Ihre Erwartungen niedrig. Gehen Sie nicht von kühnen künftigen Erträgen aus, denn das bringt Sie von Ihrem obersten Ziel der Kapitalbewahrung ab. Ein Artikel von Asness im *Financial Analysts Journal* fasst meine Meinung präzise zusammen: „Im echten hippokratischen Sinne, schade niemandem!"

Das bedeutet hier, dass man keinen Verlust machen soll. Das ist das Geheimnis der überlegenen Geldanlage. Charles D. Ellis schreibt in einem anderen Artikel im *Financial Analysts Journal*: „Große Verluste bleiben einem immer erhalten – bei der Geldanlage, beim Autofahren in jungen Jahren und in der Treue ... und sie kommen fast immer daher, dass man versucht, zu viel zu bekommen, indem man zu große Risiken eingeht." Er spricht von der Begeisterung über den „hohen Sieg", die den Anleger dazu bringt, zu viel Betonung auf den Angriff zu legen und der Verteidigung zu wenig Beachtung zu schenken.

Laurence D. Fink, der Vorstandsvorsitzende von BlackRock, witzelt: „Der Schmerz, wenn man Geld verliert, ist größer als das Hochgefühl, wenn man Geld verdient." Ein anderer Investmentfonds, der T. Rowe Capital Appreciation Fund, veranschaulicht diesen Punkt ebenfalls. Bis zum Jahr 2007 hatte er seit seiner Auflegung vor 16 Jahren jedes Jahr ohne Unterbrechung Gewinn erzielt. Darunter waren auch die drei Jahre von 2000 bis 2002, in denen der Markt gefallen ist. Er versuchte nicht, den Gewinn zu maximieren, sondern eher zum Schutz des Kapitals den Verlust zu minimieren. Laut einem Artikel des *Wall Street Journal* hatten die Fondsmanager die Einstellung: „Wie viel haben wir zu verlieren, wenn wir uns irren?" Man kann sich im Markt immer irren. Ben Stein betonte in seiner Kolumne für die *New York Times*: „Der S & P 500 ist von 1926 bis 2007 in drei von zehn Jahren gefallen." Von ihm stammt der schöne Spruch zur Kapitalbewahrung: „Cash crasht nicht." Das größte Hindernis für die richtige Geldanlage ist die Unterschätzung des Risikos. Es gibt keine überdurchschnittlichen Anlageerträge ohne entsprechendes Risiko.

Sogar Profis fallen der Verlockung hoher Erträge anheim – Citigroup, Bear Stearns, Lehman Brothers, Junkbonds, Long-Term Capital Management, die Internetblase und jetzt noch die Subprime-Darlehen und die besicherten Schuldpapiere (CDOs, Collateralized Debt Obligations). Wenn man ungerechtfertigte Risiken eingeht, ist das, wie wenn man versucht, 100-Dollar-Scheine vor einer Dampfwalze aufzuheben. Nehmen Sie lieber die 5-Dollar-Scheine auf dem Rasen. Die Wall Street achtet fast gar nicht auf das Risiko. Brokerhäuser und Researchanalysten geben selten das Verlustrisiko für den schlimmsten Fall an, sondern nur das obere Kursziel. Mitten in der Baisse im ersten Halbjahr 2008, während der Vertrauenskrise, als der Finanzsektor dezimiert wurde, riet eine große Wall-Street-Firma den Anlegern, Growth-Aktien, Emerging-Markets-Aktien sowie internationale Aktien zu kaufen und zu diversifizieren. In dem Perspektivenbericht war kaum von Bargeld oder davon die Rede, wie man Verluste vermeiden kann. Die Anleger gehen schon dadurch genug Risiko ein, dass sie Stammaktien kaufen, und noch mehr dadurch, dass sie nur wenige Unternehmen besitzen.Es ist immer konservatives Vorgehen angezeigt.

Fallen Sie nicht dem Verdrängungsmechanismus zum Opfer, wenn eine Baisse-Situation herrscht und die Indizien eklatant sind. Die größte Herausforderung bei der Vorbereitung eines Investmentportfolios auf einen großen Börsenrutsch kann darin bestehen, dass man die unheilvollen Bedingungen und die Verschlechterung des Aktienmarkts anerkennt. Die Anlage an sich ist eher geradlinig; man muss die geeigneten entbehrlichen Aktienpositionen erkennen, die man zwecks Geldbeschaffung verkaufen kann. Zu den wichtigen Zielen gehört der Aufbau eines Geldstapels oder eines liquiden Äquivalents, zum Beispiel eines echten Geldmarktfonds, den man hält, solange der Rest des Marktes kentert. Baissen sind tückisch und maskieren durch ihr Verhalten die Abwärtsdrift. Auf jeden steilen Abfall folgt eine leichte Erholung. Im Jahr 2008 folgte auf einen Einbruch um mehr als 50 Prozent eine Erholung von mehr als 20 Prozent, ein typisches Muster. Baissen entwickeln sich in mehreren Phasen und am Ende werden alle geschädigt.

Investieren Sie in Themen und aufsteigende Branchensektoren

Man kann lange auf astronomischer Performance mitreiten, wenn man frühzeitig in einen Branchensektor investiert, der aus eindeutigen, nachhaltigen Gründen ausbricht. Identifizieren Sie einen Bereich, dessen Geschäftsaussichten sich verschieben oder in dem sich die Bedingungen etwa im Laufe des nächsten Jahres verbessern dürften. Immobilien und REITS waren hervorragend, als in den Jahren 2003 und 2004 die Zinsen fielen und im Jahr 2005 die Immobilienpreise stiegen. Der Energiesektor – Öl und Gas – startete von 2004 bis 2007 wegen des Krieges und wegen der Knappheit durch, wegen des Wirtschaftsaufschwungs, wegen der Nachfrage aus China und der weltweiten politischen Unsicherheit. Edelmetalle und Rohstoffe waren von 2005 bis 2007 ein robustes Feld und der Goldpreis legte angesichts des weltwirtschaftlichen Debakels, diverser Finanzkatastrophen und des fallenden Dollar an Dynamik zu. Die Technologie war mehr als zehn Jahre lang das Ziel übertriebener Investitionen; sie war überkapitalisiert, weil in dieser Zeit zu viele Wagniskapitalgesellschaften Milliarden in diesen Sektor gesteckt haben. Der Energiesektor war unterkapitalisiert; dort gab es erstaunlicherweise zu wenig Investitionskapital. Dann passierte das Gegenteil, als der Ölpreis auf 147 Dollar pro Barrel stieg. Der Immobilienbereich wurde überkapitalisiert, nachdem REITs und andere Investoren Zillionen hineingepumpt haben. Halten Sie sich an Sektoren, die immer noch unterkapitalisiert und noch wenig ausgebeutet sind. Es ist noch nicht zu spät, in Aktien eines Sektors zu investieren, der schon anzieht; die Startrampe ist normalerweise ziemlich lang. Finden Sie das aufkommende neue Thema heraus. Aber seien Sie mit Trends und Moden vorsichtig. Manchmal sind sie schon ziemlich eng, ziemlich reif oder von den Investoren schon völlig ausgeschöpft, wenn Sie sie erkennen, zum Beispiel Starbucks, Jet Blue und eBay. Suchen Sie eher nach breit angelegten Themen als nach trendigen Ideen. Seien Sie aufmerksam, lesen Sie, beobachten Sie und denken Sie voraus.

Eine besonders einfache Möglichkeit, sich an Branchensektoren zu beteiligen, sind börsennotierte Fonds (ETFs, Exchange Traded Funds). Inzwischen gibt es viele solche Fonds, die alles Mögliche darstellen, vom Besitz des S & P 500 über den Leerverkauf des S & P 500 und Finanzaktien bis hin zu Gold. Sie stellen eine konzentrierte, repräsentative Beteiligung an einem Segment dar, indem sie eine bestimmte Anzahl repräsentativer Aktien halten. Im Falle von Rohstoffen kaufen sie die konkreten Stoffe, zum Beispiel Erdöl oder Gold. Sie werden liquide an den großen Börsen gehandelt, die Gebühren sind gering und sie sind ganz einfach. Man kann damit eine spezifische, eng begrenzte Gruppierung innerhalb des Marktes kaufen, ohne dass man sich selbst fünf oder zehn Aktien besorgen muss. Wenn Ihnen das Thema Gesundheit oder Biotech gefällt, kaufen Sie den passenden ETF – Versicherungen, Technologie, Öl, Silber, Edelmetalle oder japanische Aktien, kurzfristige US-Schatzpapiere, Versorger, Telekom, natürliche Rohstoffe, europäische Aktien, Emerging

Markets und sogar den gesamten internationalen Markt einschließlich des US-Marktes. Es gibt sogar ETFs, die Emerging-Markets-Aktien shorten, andere, die sich auf übersehene Aktien konzentrieren, über die es keine oder nur wenig Analystenberichte gibt, und ETFs, die Aktien besitzen, die von Insidern gekauft werden oder die von Wall-Street-Analysten hochgestuft wurden.

Passen Sie auf, wenn ein ETF konkrete Rohstoffe besitzt, denn dadurch tun Sie das auch und dann fällt auf die Gewinne nicht wie bei Aktiengewinnen die langfristige Kapitalertragsteuer von 15 Prozent an, sondern Steuern für Sammlerobjekte von bis zu 28 Prozent. Manchmal werden zum Jahresende Kapitalgewinne ausgeschüttet. Eine weitere Gefahr besteht darin, dass man als Anleger auf die Idee kommen könnte, man könne immer geschickt den richtigen Sektor zur richtigen Zeit auswählen (Sektorentiming); das kann dann zu einer Form des Trading werden. Erliegen Sie nicht dem Zyklus, alle paar Monate ETFs zu verschieben. Man sollte sie lieber als Anlageinstrumente betrachten. Und es gibt keine Dividenden. Lassen Sie sich also nicht verrückt machen.

Halten Sie nur eine bescheidene Anzahl von Aktien und wählen Sie dafür bekannte Unternehmen

Kaufen Sie nicht mehr als fünf oder zehn verschiedene Aktien. Wenn es zu viele werden, blickt man nicht mehr durch. Ein Bekannter von mir, der bei einem förmlichen Abendessen neben mir saß, war stolz darauf, dass er leidenschaftlicher Anleger war, und prahlte damit, dass er 300 verschiedene Aktien besaß! Nachdem ich mir den Lachs hineingezwungen hatte, fragte ich ihn, ob er wohl einer der Portfoliomanager des riesigen Magellan Fund sei, aber der hält wahrscheinlich nicht annähernd so viele Positionen.

Ein paar Dutzend Aktien degradieren die Performance auf die des Marktdurchschnitts. Da kann man auch gleich einen

Investmentfonds kaufen. Mehr als ein halbes Dutzend Aktien kann man einfach nicht überblicken. Peter Lynch bezeichnet den Besitz zu vieler Aktien als „De-worse-ification" [fast gleichklingend mit „diversification" = „Diversifizierung", bedeutet aber ungefähr „Schlechtermachung"]. Eine Erhebung der University of Michigan und der University of Illinois ergab, dass Anleger mit nur einer Handvoll Aktien eine bessere Performance erzielen als breiter diversifizierte Portfolios. Investoren mit vielen Aktien liegen gemäß dieser Studie leicht hinter dem Markt zurück. Das hat etwas mit Wissen, Vertrautheit und Information zu tun. Noch besser sind ortsansässige Unternehmen; wahrscheinlich versteht sie der Anleger gründlicher. Und kleinere, unbekanntere Aktien übertreffen in solchen konzentrierten Portfolios laut der Erhebung den S & P 500.

Eine Fülle von Aktien reduziert das Risiko kaum. Eine Batterie sogenannter „alternativer Investments" bietet wenig Schutz, wenn der Markt fällt. Die Finanzmärkte der Welt sind heutzutage derart miteinander verflochten, dass Diversifizierung nicht mehr das ist, was sie einmal war. Man kann als Anleger das Risiko angemessen senken, wenn man die fünf bis zehn Aktien, die man besitzt, über mehrere Branchensektoren streut.

Value-Aktien senken das Risiko und bringen überdurchschnittliche Performance

Aktien mit niedrigen Kurs-Gewinn-Verhältnissen bringen nicht nur weniger Risiko mit sich, sondern Studien beweisen auch, dass sie über lange Zeiträume Growth-Aktien übertreffen, sogar während Haussen. Ich bevorzuge Aktien, die ein geringeres KGV als der Sektorendurchschnitt haben. Das lässt mehr Raum für Steigerungen des KGV und senkt tendenziell die Volatilität. Wenn schlechte Nachrichten bekannt werden, ist das Verlustrisiko geringer. Aktien mit hohem KGV bekommen schon bei der geringsten Enttäuschung einen doppelten Haken – eine scharfe Senkung der Gewinnschätzungen und ein massiv fallendes KGV. Growth-Aktien laufen deshalb schlechter als Value-Aktien, weil die Wall Street dazu neigt, das aktuelle Gewinnwachstum in die Zukunft fortzuschreiben. Sind die Erwartungen hoch, dann ist auch die Bewertung hoch. Value-Aktien sind mit geringeren Erwartungen belegt und bieten daher bessere Aussichten auf positive Überraschungen. Aktien, die im Laufe der Zeit astronomische Erträge bringen, fangen immer mit vernünftigen Bewertungen an. Sogar fantastische Unternehmen mit glänzenden Aussichten können schlechte Investitionen sein, wenn der Einstiegspreis zu hoch ist. John B. Neff war 31 Jahre lang als renommierter Investmentfondsmanager bei der Vanguard Group tätig und hat Mitte 2006 in einem Seminar des CFA Institute für Finanzanalysten eigentlich alles gesagt: „Ein niedriges KGV ist das oberste Prinzip."

Growth-Aktien weisen fast immer hohe KGVs auf und sind beliebte Mode-Aktien. Grahams und Dodds Buch *Wertpapieranalyse*, das im Jahr 1930 veröffentlicht wurde, präsentierte das Value-Investing als entscheidendes Konzept. Das gilt bis heute. Vor vielen Jahrzehnten machte Dodd einem jungen Studenten von der Wall Street gegenüber die Bemerkung: „Denken Sie immer an den Ausspruch von Horaz – für Wert gibt es keinen Ersatz und Beliebtheit hat damit wenig zu tun." Ein Bloomberg-Kolumnist sucht jedes Jahr unter allen US-Aktien mit einer Marktkapitalisierung über 500 Millionen Dollar die zehn Aktien mit den niedrigsten KGVs heraus. Diese Aktien haben den S & P 500 mehrere Jahre hintereinander weit übertroffen. Das große Brokerhaus, als dessen beste Strategie sich im Jahr 2006 die wenig beachteten Aktien erwiesen hatten, fand heraus, dass die zweitbeste von 20 überprüften Investmentstrategien in jenem Jahr darin bestand, Aktien mit niedrigem KGV zu kaufen. Eine Reihe weiterer Studien hat ebenfalls ergeben, dass Aktien mit hohem KGV dem Anleger im Vergleich zu Aktien mit niedrigem KGV geringe Erträge bringen.

116

Dividendenrendite ist wichtig

In der Blasenzeit der 1990er-Jahre wurden die Dividenden vernachlässigt; Unternehmen, die welche bezahlten, wurden als Dodos betrachtet. Als die Internetblase geplatzt war und die Baisse 2000-2002 folgte, kam die Rendite wieder in Mode. Laut Motley Fool Income Investor brachte der Aktienmarkt von 1926 bis 2006 im Durchschnitt einen Ertrag von knapp 11 Prozent im Jahr, und davon stammten 41 Prozent – oder 4,4 Prozentpunkte – aus Dividenden. Von 1999 bis 2008 fiel der Aktienmarkt zwar um gut 40 Prozent, aber wenn man die Dividende reinvestierte, glich man fast den gesamten Rückgang aus. Erstaunlicherweise übertreffen Aktien, die Dividenden ausschütten, die Aktien ohne Dividenden sogar in Haussen. Motley Fool hat festgestellt, dass der S & P 500 von 1980 bis 2005 von rund 100 auf 1.250 gestiegen ist und dass Aktien mit Dividenden pro Jahr über 2,6 Prozentpunkte mehr zulegten als Aktien ohne Dividenden und dass ein großer Teil der Differenz auf der Kursperformance beruhte. Eine sichere Dividende bietet einen gewissen Schutz bei Kursverlusten. Es ist unwahrscheinlich, dass eine Aktie für 20 Dollar, die eine Dividende von 0,80 Dollar ausschüttet und somit eine Dividendenrendite von vier Prozent hat, auf acht Dollar abstürzt, was eine Dividendenrendite von zehn Prozent ergeben würde, wenn das Unternehmen die Dividende nicht kürzt. Das Risiko liegt wohl eher bei 10 bis 15 Dollar, also einer Rendite von fünf bis acht Prozent. Das kann in Zukunft sogar eine noch größere Rolle spielen, wenn der durchschnittliche Marktertrag auf fünf bis acht Prozent zurückgeht.

Es gibt Studien – unter anderem von Robert D. Arnott, dem Herausgeber des *Financial Analysts Journal* –, die eine direkte positive Korrelation zwischen Dividendenausschüttungs-Verhältnis und Gewinnwachstum zeigen. Je höher die Ausschüttung, umso schneller wachsen die Gewinne. Diese frappierende Beziehung deutet vielleicht darauf hin, dass Unternehmensleitungen, die höhere Dividenden bezahlen, zuversichtlicher mit

117

glänzenden Aussichten für das Gewinnwachstum rechnen. Dividenden sind ein entscheidender Indikator für finanzielle Stabilität, guten Cashflow und hochwertige Gewinne. Dividenden senken den überschüssigen Geldbestand und zwingen die Unternehmensleitung, vorsichtig zu sein und klügere Entscheidungen bei der Auswahl von Investmentprojekten zu treffen. Es gibt keinen Grund, weshalb ein Unternehmen nicht 50 Prozent seines Gewinns ausschütten sollte. Aber viele Unternehmensleitungen befürchten, dass die Anleger das als Signal für Reife und für die Unfähigkeit fehlinterpretieren könnten, in das Wachstum des Unternehmens zu reinvestieren. Stattdessen nutzen sie das Geld für Aktienrückkäufe und das zerrt am Gewinn.

Halten Sie Aktien langfristig

Halten Sie Aktien mindestens ein Jahr und lieber mehrere Jahre. Die beste Performance bringen ausnahmslos Aktien, die sich über fünf bis zehn Jahre als Gewinner erweisen. Perfektes Timing im Hinblick auf den Einstiegspreis und den Verkauf zum Spitzenpreis ist so gut wie unmöglich, vor allem wenn man kurzfristig tradet. Solche Faktoren werden minimiert, wenn man eher anlegt als tradet. Außerdem bezahlt man beim Anlegen weniger Kapitalertragsteuer und weniger Gebühren. Das ist ein Langstreckenlauf, der Selbstdisziplin und Geduld erfordert. Eine langfristige Perspektive hilft ungerechtfertigte Reaktionen auf plötzliche Kursbewegungen vermeiden. Wie oft haben Sie schon die Aussage gehört: „Wenn man Gewinne mitnimmt, macht man nie Verlust"? Das ist falsch. Man bezahlt eine Gebühr und Steuern für kurzfristige Gewinne. Und wenn die Aktien noch fünf Jahre weiter steigen, entsteht ein gigantisches Opportunitätsrisiko.

Zahllose Studien beweisen, dass eine langfristige Kaufen-und-Halten-Strategie das Risiko senkt. Laut Burton G. Malkiel, Professor für Volkswirtschaft an der Princeton University und Autor des Klassikers *Börsenerfolg ist (k)ein Zufall*, liegt der historische Marktertrag in allen Einjahres- und Fünfjahres-Zeiträumen zwischen 25 bis 50 Prozent Gewinn und 25 Prozent Verlust. Aber in so gut wie allen 15-Jahres-Zeiträumen lag der Marktertrag zwischen 5 und 20 Prozent. Laut einer Studie von Ilia Dichev, Professor an der University of Michigan, die in *The American Economic Review* ausgeführt wird, bekamen Anleger, die Wertpapiere kauften und hielten, von 1926 bis 2002 einen durchschnittlichen Jahresertrag von zehn Prozent. Trader bekamen einen Ertrag von 8,6 Prozent. Und wer von 1973 bis 2002 Nasdaq-Aktien kaufte und hielt, bekam einen durchschnittlichen Jahresertrag von 9,6 Prozent, der typische Trader hingegen nur 4,3 Prozent.

Es besteht eine merkwürdige Korrelation zwischen den Menschen, die schnell Auto fahren und die häufig traden – das ergab eine andere Studie von Professoren von der UCLA und von der Helsinki School of Economics. Die Studie ergab, das Menschen, die Strafzettel sammeln, mit hoher Wahrscheinlichkeit eher aktiv mit Aktien handeln als sie langfristig zu halten. Beide Verhaltensweisen sind gefährlich. Sie deuten auf die Neigung, den Nervenkitzel zu suchen. Solchen Menschen ist die langfristige Anlage einfach zu langweilig. Aber die Ergebnisse der Studie zeigten an, dass das Trading keine überlegenen Ergebnisse brachte, vor allem aufgrund der anfallenden Transaktionskosten. Streben Sie nicht durch Trading nach Begeisterung und Unterhaltung. Seien Sie ernsthaft und legen Sie Ihr Geld an.

Während des größten Teils meiner Laufbahn flog ich regelmäßig alle 18 Monate zwecks Kundenmarketing nach Europa. Auf diesen Reisen traf ich mich mit Institutionen und beobachtete eine Einstellung, die Ihnen als Privatanleger von Nutzen sein kann. Europäische institutionelle Anleger investieren einen Teil ihres Portfolios in US-amerikanische Aktien und im Vergleich zu der amerikanischen Tradingmentalität haben sie eine erfrischend rationale Anlagephilosophie. Die Entfernung, die Zeitverschiebung (der Handel an der NYSE beginnt um 14:30

Uhr Pariser Zeit), weniger Kontakt mit Managern von amerikanischen Unternehmen und mit Analysten sowie die tendenziell größere Geduld als bei Amerikanern mögen Gründe dafür sein. Die Europäer sind weniger auf Quartalsperformance fixiert. Ich stellte fest, dass die Europäer in die US-Aktien tatsächlich eher langfristig investierten. Die US-Anleger sollten sich von Europa eine Scheibe abschneiden. Seien Sie Anleger, kein Händler.

Trading ist unterhaltsam, aber gewöhnlich genauso fruchtlos wie Glücksspiele

Trading ist sogar für die altgedienten Händler der Brokerhäuser eine Herausforderung, die ständig alle Gerüchte, Meinungsänderungen, Nachrichten und sonstigen Einflüsse mitbekommen, die sich unmittelbar auf die Aktienkurse auswirken. Wenn Sie sich für schlau genug halten, mit rasantem Kaufen und Verkaufen regelmäßige Gewinne zu erzielen, dann erzählen Sie Ihren Freunden wahrscheinlich auch, dass Sie an den Spieltischen von Las Vegas immer gewinnen. Trading hat auch etwas mit dem männlichen Hormon Testosteron zu tun und wie die meisten jungen Männer merken, kann das auch dazu führen, dass man irrationale Risiken eingeht. Studien zeigen, dass junge Männer mit erhöhtem Testosteronspiegel eher dazu neigen, sich auf größere finanzielle Glücksspiele einzulassen. Forscher von der Cambridge University berichten, dass „Geld und Frauen bei Männern die gleichen Hirnregionen stimulieren".

Wenn Sie einen derartigen Nervenkitzel brauchen, sollten Sie einen relativ geringen Teil Ihres Portfolios für das Trading reservieren, höchstens fünf bis zehn Prozent. Vielleicht sind Sie von der Sucht geheilt, wenn Sie fünf Prozent Ihres Vermögens verloren haben. Und denken Sie nicht, es wäre kein Trading, wenn Sie die Aktien ein paar Monate lang behalten. Der Versuch, Geld zu verdienen, indem man alle paar Monate Aktien kauft und verkauft, ist ein dummes Spiel. Seien Sie also Investor – Trading ist riskant.

120

Die Wall Street ist von der kurzfristigen Tyrannei gefesselt. CNBC und andere Medien machen es genauso. Sie werben ständig für schnelles Handeln, schnelles Einsteigen und Aussteigen. Dadurch bekommen die Broker Gebühren und Provisionen und man greift ständig auf die Medien zurück. Die Empfehlungen der Wall Street zielen selten auf Zeiträume über einem Jahr ab. Die durchschnittliche Haltezeit von Aktien an der New York Stock Exchange lag im Jahr 2006 laut Sanford Bernstein unter sieben Monaten. Im Jahr 1999, das eigentlich die Verkörperung der Daytrading-Ära war, waren es noch mehr als zwölf Monate. Sie dürfen sich nicht von dem Glücksspielaspekt des Trading fangen lassen. Bei diesem Spiel verliert man. Wenn Sie diesen Strudel umschiffen, können Sie die Wall Street übertreffen. Das ist deren Spiel. Spielen Sie Ihr eigenes Spiel.

Lieber NYSE-Aktien als NASDAQ-Aktien

Fast alle Aktien in einem Portfolio sollten Unternehmen sein, die an der New York Stock Exchange gehandelt werden. Die Anforderungen für die Notierung an der NYSE sind strenger als an der Nasdaq und dieses Kriterium bringt zusätzliche Qualität und Stabilität. Die an der NYSE notierten Aktien haben insgesamt niedrigere KGVs und höhere Dividenden. An der NYSE werden die Aktien aktiver gehandelt und erhalten mehr Aufmerksamkeit von der Presse. Sie sollten nur einen kleinen Teil Ihres Portfolios, also höchstens zehn Prozent, für aggressive, spekulative Aktien reservieren, die an der Nasdaq häufiger vorkommen.

Halten Sie sich mit internationalen Unternehmen zurück

US-Unternehmen bringen weniger Risiken mit sich und sind leichter zu beobachten als internationale Unternehmen. Auslandsunternehmen haben andere Abrechnungsvorschriften und andere Wertpapierregulierungen; sie unterliegen Wechselkursschwankungen sowie einer Unzahl anderer Faktoren, die das Bild verkomplizieren. Wenn eine japanische Aktie in Yen gerechnet um 25 Prozent steigt, aber die Währung im Verhältnis zum US-Dollar um 25 Prozent fällt, steht der amerikanische Anleger auf null und hat in Dollar keinen Gewinn gemacht. Wenn eine europäische Aktie um 20 Prozent steigt und der Dollar klettert um 20 Prozent, wird der Gewinn kompensiert. In den Jahren 2006 und 2007 war es in und wurde von der Street gefördert, in internationale Aktien und in Emerging Markets zu investieren. Die Begründung war, dies seien „alternative" Anlagen, die nicht mit US-Aktien korreliert seien und sich in schnell wachsenden Volkswirtschaften mit stärkeren Währungen befänden. US-amerikanische Anleger steckten eine Viertelbillion Dollar in entsprechende Investmentfonds. Laut *New York Times* sackten im Jahr 2008 Fonds, die in Industrieländer außerhalb der Vereinigten Staaten investierten, um 45 Prozent und Emerging-Market-Fonds um 55 Prozent ab.

Und sogar wenn die Aktie an der NYSE notiert oder wenn es ADRs (American Depository Receipts) dazu gibt, ist das eher ein Würfelspiel. Den Versuch, den Jahresabschluss eines deutschen oder brasilianischen Unternehmens zu lesen, können Sie vergessen. Ein passendes Beispiel ist Satyam aus Indien. Die Bücher waren frisiert und es zeigt sich, dass die Finanzdaten unzuverlässig waren. Die einzige Ausnahme sind vielleicht kanadische Aktien, aber auch da kann es währungsbedingte Gefahren geben. Wenn Sie unbedingt ein internationales Unternehmen haben wollen, achten Sie darauf, dass es an der NYSE notiert, dass es sich an die Rechnungslegungsvorschriften der FASB hält, dass das Management bei Telefonkonferenzen Englisch spricht und dass die Wall Street Berichte und Gewinnschätzungen dazu veröffentlicht – investieren Sie mit anderen Worten nur in ein Unternehmen, das Sie problemlos analysieren und verfolgen können. Vielleicht halten Sie chinesische oder europäische Aktien für eine solide Anlage

122

oder Sie meinen vielleicht, dass der Dollar schwach aussieht, und wollen von stärkeren Auslandswährungen profitieren. Die Beteiligung an internationalen Märkten ist weniger riskant, wenn man in ETFs investiert, die aus internationalen Aktien bestehen.

Turnarounds klappen fast nie

Nehmen wir an, ein Unternehmen bricht zusammen, Umsatz und Gewinn stürzen ab, neue Mitbewerber treten auf, die alte Garde wird zum alten Eisen und irgendwann tauscht das Board das alte Management gegen eine vielversprechende neue Führungsmannschaft aus. Auf einmal sind die Aussichten glänzend und strotzen nur so von Aussichten auf Erneuerung. Das ist nur ein Trugbild. Fallen Sie nicht darauf herein. Restrukturierungen, Umbesetzungen, Entflechtungen, Abschreibungen, Neuorientierung, frische Strategien und eine neue Führungsmannschaft sind vorübergehend. Aktien können wegen der Illusion eines Turnarounds steigen. Aber häufig ziehen die Unternehmen dabei bloß Cashflow aus dem Betrieb und geben ihn an die Anleger weiter, gewöhnlich in Form von Aktienrückkäufen; das ist eine finanzielle Methode, den Gewinn pro Aktie aufzublähen. Aber in Wirklichkeit entstehen in einer solchen Situation nur selten echtes Umsatzwachstum und eine anhaltende Steigerung des operativen Gewinns. Strukturelle Kostensenkungen, geringere Schuldenlast und finanzieller Umbau steigern den Überschuss nur für den Moment. Wenn ein Unternehmen erst einmal aus dem Geleise geraten ist, wird es so gut wie unmöglich, wieder echte Aufträge, Abschlüsse, Nachfrage und Wachstum aufzubauen. IBM hat in den letzten 10 bis 15 Jahren kaum seinen Umsatz gesteigert, sondern vielmehr Gewinne aus Wechselkursen, Übernahmen und Veräußerungen erzielt sowie Abschreibungen und Rückkäufe getätigt. Ein Turnaround ist bestenfalls eine Tradingchance und fast nie eine gute langfristige Investition.

Versuchen Sie nicht, einen fallenden Safe aufzufangen

Sie könnten eine Aktie für preiswert halten, weil ihr Kurs auf einen Bruchteil des früheren Hochs gestutzt wurde. Das stimmt aber nicht. Die Aktie fällt fast immer weiter. Erinnern Sie sich noch, wie viele Dotcom-Wunder dreistellig wurden und mit zehn Dollar preiswert erschienen? Die meisten fielen auf einen Dollar oder gar auf null. Die erste schlechte Nachricht ist nie die letzte. Im Frühjahr 2007 explodierten Unternehmen, die zweitklassige („subprime") Hypothekendarlehen vergeben. Ein Artikel der *New York Times* berief sich auf einen Analysten von Bear Stearns, der ein solches Unternehmen hochstufte, nachdem dessen Aktienkurs innerhalb von drei Wochen um 50 Prozent auf 15 Dollar geprügelt worden war. Das bekannte Lied besagte, dass an diesem Punkt kein weiteres Verlustrisiko mehr bestehe. Ein paar Wochen später wurden die Aktien unter einem Dollar verkauft. Die Citigroup erschien im Jahr 2008 als Schnäppchen, als die Aktie auf 20 und dann auf zehn Dollar abtauchte, aber Anfang 2009 steuerte sie auf drei Dollar zu. Auf dem Hoch hatte sie 42 Dollar gekostet. GE erschien wie ein „Angebot, das man nicht ablehnen kann", als die Aktie Mitte Oktober bei 26 Dollar stand – aber dann rutschte sie im Oktober weiter auf 20 Dollar und im November auf 13 Dollar. Positionieren Sie sich nicht unter einem fallenden Safe und meinen, Sie könnten ihn auffangen. Der macht Sie platt.

Nehmen Sie sich in Baissen eine Auszeit

Um Ihr Kapital während einer Baisse zu bewahren, nehmen Sie Abstand und senken oder beseitigen Sie für eine Weile Ihr Engagement in Aktien. Nehmen Sie sich ein Jahr Auszeit von Börsenanlagen. *Man kann kein langfristiger Anleger sein, wenn man kurzfristig einen großen Teil seines Kapitals verliert.* Was ist eine Baisse? Nach meiner Definition ist das ein Rückgang um 25 Prozent innerhalb von sechs Monaten. Nach neun Monaten wird es Zeit, realistisch zu werden. Die Street denkt in Kategorien von

Tagen und Monaten, ganz gewiss nicht in Jahren oder Jahrzehnten. Gründen Sie Ihre Anlagestrategie auf die langfristigen Aussichten. Ziehen Sie sich zurück und warten Sie ab. Geld zu sparen ist die neue Art, Geld zu verdienen. Streichen Sie ein paar Zinsen und vielleicht ein paar sichere Dividenden ein. Schlafen Sie nachts. Außer schmerzlichen Verlusten werden Sie nichts verpassen.

Die Kritiker des Market Timing widersprechen dieser Methode. Sie behaupten, der Großteil der Börsengewinne werde an wenigen Handelstagen mit großen Ausbrüchen erzielt. Ich halte das Argument dagegen, dass das auch für die meisten Verluste der Börse gilt. Sie konzentrieren sich normalerweise auf eine Handvoll Handelstage. Vielleicht verpasst man ein paar großartige Tage oder Anstiege mitten in der Baisse, aber insgesamt ist man besser dran, wenn man die schlimmsten Verlusttage vermeidet.

Machen Sie sich die Einstellung zu eigen, dass es egal ist, wie sich Ihre Aktie oder Anlage bislang verhalten hat – es ist egal, ob sie noch über Ihrem Kaufpreis steht oder ob sie abgesoffen ist. Diese Veränderung hat nur steuerliche Bedeutung für den Fall, dass Sie verkaufen. Wenn ich empfehle, eine Aktie zu verkaufen, die weit unter den Kaufpreis gefallen ist, kontern die Menschen häufig: „Das kann ich nicht machen; da würde ich zu viel verlieren." Sie meinen, der Verlust würde erst zur Realität werden, wenn sie verkaufen, denn er bestünde nur auf dem Papier. Ich entgegne ihnen dann: „Und was ist, wenn sie in den nächsten zwölf Monaten um weitere 30 Prozent fällt? Wäre es nicht eine gute Idee, sie jetzt zu verkaufen, um weitere Verluste zu vermeiden?"

Überlegen Sie, was die Aktie noch vor sich hat. Der einzige Aspekt, den Sie unter Kontrolle haben, ist die heutige Anlageentscheidung. Frühere Fehler können Sie nicht mehr ändern. Baissen, die auf halbem Weg sind, können Ihre Aktienpositionen jederzeit noch tiefer herabziehen. Warten Sie nicht das gesamte Blutbad ab. Warten Sie ab und werfen Sie nach etwa einem Jahr noch einmal einen Blick darauf.

125

Hören Sie nicht auf die Street. Wenn Sie sich heraushalten, verdient sie keine Gebühren. Die Brokerhäuser versuchen ständig, Sie wieder in den Markt zu locken und zu versuchen, einen fallenden Safe aufzufangen oder „Bottom Fishing" zu betreiben. Die Gefahr, dass man zu früh einsteigt, ist größer als die Gefahr, den ersten Teil der Erholung zu verpassen. Es bleibt mehr als genug Zeit zurückzuwaten, wenn sich eine Hausse anbahnt. Alan Abelson bemerkt in *Barron's*: „Die zweite Maus bekommt den Käse."

Beteiligen Sie sich nicht an Börsengängen (IPOs, „Initial Public Offerings")

Aktien eines Börsengangs zu zeichnen ist Unsinn. Als Privatanleger werden Ihnen sowieso keine Aktien einer heißen Erstemission angeboten. Die Brokerfirmen schustern die besten Deals fast ausschließlich ihren besten zahlenden Kunden zu, also den Institutionen. Privatkunden kommen nur in größerem Umfang an Erstemissionen heran, die nicht genug institutionelle Interessenten finden. Und das sind genau die Aktien, die man nicht haben muss. Im Jahr 2007 rief mich ein Broker an und informierte mich, dass IPO-Aktien eines Private-Equity-Fonds verfügbar seien –- gerade als dieser Sektor mitten in der Subprime-Kreditkrise gegen die Mauer fuhr. Komisch, aber als Google im Jahr 2004 an die Börse ging, bekam ich keine Aktien. Und selbst wenn Sie es schaffen, sich ein paar Aktien eines attraktiven Börsengangs unter den Nagel zu reißen, ist der Anfangspreis gewöhnlich kein Schnäppchen.

Noch schlimmer als vor dem Börsengang zu zeichnen ist es, wenn man die Aktien ein paar Tage nach Handelsbeginn kauft, denn dann erreicht der Werberummel den Höhepunkt. Die Investmentbankingfirmen preisen die Story vor der Emission marktschreierisch an. Dann wird der Preis nach dem Börsengang eine Weile künstlich aufgebläht und nach 30 Tagen bringt unweigerlich ein Analyst eine positive Anlageempfehlung. Danach lässt die Euphorie nach. Sechs Monate später endet die

Sperrfrist für das Management, das dann seine Insideraktien verkaufen darf; das verstärkt noch den Kursdruck. Zu diesem Zeitpunkt setzt die Schwerkraft ein und die Aktie muss sich ohne erfinderische Unterstützung über Wasser halten oder sie geht unter. Unterm Strich bleibt, dass die Performance von IPOs eher schlapp ist; sie sind schlechter als der Marktdurchschnitt.

Investmentfonds sind kein Wundermittel: Der Preis für die Sicherheit ist langweilige Mittelmäßigkeit

Hüten Sie sich vor Investmentfonds. Die meisten von ihnen unterbieten den Markt. Der S & P 500 brachte von 1983 bis 2003 einen durchschnittlichen Jahresertrag von 13,0 Prozent und überbot damit deutlich den durchschnittlichen Jahresertrag der Investmentfonds von 10,3 Prozent. Im Jahr 2008 stellten Investmentfonds keinen sicheren Hafen dar. Der durchschnittliche Verlust aller inländischen Investmentfonds betrug laut Morningstar in jenem Jahr 36,7 Prozent und war damit dem Börsenergebnis ähnlich. Tatsächlich lagen 60 Prozent aller Investmentfonds hinter dem S & P 500 zurück. Large-Cap-Value-Fonds verloren 38 Prozent, Large-Cap-Growth-Fonds 41,5 Prozent, ausländische Large-Cap-Value-Fonds 43 Prozent und gemischte Large-Cap-Value-Auslandsfonds 44 Prozent. Der große Legg Mason Value Trust sank um 55 Prozent. Von 1991 bis 2005 hatte er eine astronomische Performance erzielt, aber dann kippten seine Resultate und er lag drei Jahre hintereinander hinter dem Markt zurück. Wer in Investmentfonds investiert, jagt unweigerlich der früheren Performance nach.

Je größer der Fonds, umso schwerer fällt es ihm, den Gesamtmarkt zu übertreffen. Manche Investmentfonds verlangen Ausgabe- oder Rücknahmeaufschläge, alle verlangen Managementgebühren und auch steuerliche Überlegungen spielen eine Rolle. Der aktive Umsatz eines Investmentfonds kann für den Inhaber beträchtliche Steuerkosten verursachen. Die Kostenquote des durchschnittlichen Investmentfonds liegt derzeit bei

1,6 Prozent – zusätzlich zu den anfallenden Transaktionsgebühren. Im Vergleich dazu beträgt die Kostenquote von Indexfonds nur 0,2 Prozent.

Investmentfonds halten ihre Aktien im Schnitt elf Monate lang und sind somit kurzfristige Trader. Sie haben einen hohen Portfolioumschlag von 80 bis 100 Prozent im Jahr und gehen wegen der quartalsmäßigen Performance-Bewertung zwangsläufig aggressiv vor. Ihr Angriff ist stark und ihre Verteidigung schwach. Als Einzelperson kann man anders vorgehen und solches spekulatives Verhalten vermeiden. Fonds neigen dazu, Aktien zu mieten, aber Sie können Aktien kaufen. Verwalten Sie ein eigenes Portfolio aus fünf bis zehn Aktien. Damit ist die Konzentration auf einzelne Aktien groß genug, dass sich einzelne Aktien spürbar auswirken. Gleichzeitig vermeiden Sie damit, dass alle Eier im gleichen Korb liegen. Zudem bereitet es große Freude, dem Portfolio seinen persönlichen Stempel aufzudrücken. Mit dieser Methode hat man als Privatanleger die Möglichkeit, die Performance der dicken Fische zu übetreffen – der Portfoliomanager von Investmentfonds, die belastenden Beschränkungen unterliegen. .

Meine Vorbehalte gegen Investmentfonds stimmen mit denen von Louis Lowenstein in dem Buch *How Mutual Funds Are Betraying Your Trust* überein. Fondsmanager werden vor allem anhand des Vermögens entlohnt, das ihr Fonds enthält. Die meisten Manager werden unabhängig von der Performance ihres Fonds in einem gegebenen Jahr bezahlt. Viele Fonds bezahlen die 600.000 Privatkundenbroker in U.S.-amerikanischen Investmentfirmen dafür, dass sie speziell ihre Investmentfonds bewerben. Marketing ist alles. Fast 90 Prozent des Geldes, das in Investmentfonds fließt, stammt aus Brokerhäusern. Die Anleger bekommen von ihrem Broker keinen objektiven Rat, in welchen Investmentfonds sie investieren sollen.

Investmentfonds sind in Ordnung, wenn man seine Geldanlage vollständig abgeben will, aber wenn Sie das wollten, würden Sie wahrscheinlich dieses Buch nicht lesen. Ja schon, Ausgewogenheit, ein breites Sortiment an Wertpapieren und die professionelle Verwaltung von Investmentfonds bieten ein gewisses Maß an Schutz. Aber im Jahr 2008 waren die Investmentfonds-Anleger wie vor den Kopf gestoßen, als sie sahen, wie ihr 401(k)-Vermögen um 30 bis 40 Prozent einbrach (danach bekamen diese Altervorsorge-Fonds einen neuen Namen: „201(k)"). Die meisten Anleger würden es auf eigene Faust nicht schlechter machen. Aber der Preis für diese angebliche Sicherheit ist langweilige Mittelmäßigkeit. Wenn Sie sich einfach nur am Aktienmarkt beteiligen wollen, kaufen Sie einen Indexfonds oder ETFs, die einen bestimmten Aktienmarkt oder einen bestimmten Branchensektor präzise nachbilden und minimale Gebühren verlangen.

Missachten Sie Empfehlungslisten von Brokerhäusern

Diese von den meisten Brokerfirmen veröffentlichten Listen der vorzugsweise empfohlenen Aktien bieten nur Selbstverständlichkeiten. Wie in Kapitel 1 besprochen, verhalten sie sich nicht anders als alle anderen Kaufempfehlungen der jeweiligen Investmentbank. Die Unternehmen sind schon beliebt und die Aktien schon gestiegen, sodass sie keine Werte mehr darstellen. Sie sind allgemein bekannt und weit verbreitet. Es ist zu spät. Wie schon erklärt, verhalten sich die Genehmigungsausschüsse der Brokerfirmen wie die Lemminge. Wenn sich die Aktie im unteren Bereich herumschleppt, kommt sie nicht in die Liste, weil sie im Chart kümmerlich aussieht. Aber wenn die Story gut ist und der Aktienkurs schon hübsch gestiegen ist, fällt es ihnen leicht, sie in die Liste der besten Ideen zu schieben. Als Privatanleger sollte man die darin enthaltenen Aktien wahrscheinlich noch behalten, falls man sie schon besitzt, aber gewiss sind das keine originellen, klugen Investmentvorschläge. Sobald eine Aktie in der Liste erscheint, gibt es nur noch einen Weg – irgendwann fällt sie aus der Liste heraus, oft aufgrund einer plötzlichen Laune, die den Kurs herabzieht.

129

Pragmatische Investmentpraktiken und -Methoden

Nachdem Sie nun einen Begriff von allgemeinen Anlagestrategien haben, kann ich Ihnen noch ein paar pragmatische Investmentpraktiken empfehlen. Das sind mechanische Dinge, die die Ergebnisse optimieren und emotionale Reaktionen verhindern, die den Anleger zu einer falschen Transaktionsentscheidung veranlassen könnten. Das ist wie beim Football. Wenn man einen siegreichen Plan für das Spiel aufgestellt hat, muss man die einzelnen Spielzüge auch ausführen. Es ist wichtig, dass man eine gute Technik hat.

Verdrängen Sie nichts, machen Sie weiter

Wenn eine Aktienposition eingebrochen ist und die Aussichten für das Unternehmen trübe geworden sind, lassen Sie sich nicht von der Verdrängung fangen. Nehmen Sie den Verlust mit und machen Sie weiter. Wenn man trotz Preisverfall an einer Position festhält, vergößert sich der erste Fehler bloß noch. Manchmal haben Anleger die naive Einstellung: „So einen großen Verlust kann ich mir nicht leisten. Ich bleibe einfach dabei." Ein schlechter Schachzug. Man kann sein Anlagekapital immer besser einsetzen, indem man es in eine vielversprechendere Aktie investiert.

Wenn Sie einen Beschluss gefasst haben, handeln Sie

Wenn Sie recherchiert haben, analysiert und überlegt und sich irgendwann zu einer Investmententscheidung entschlossen haben ... drücken Sie auf den Abzug. Sitzen Sie nicht herum und zögern. Machen Sie den Schachzug. Und machen Sie sich wegen ein paar Cent pro Aktie keinen Kopf. Wenn die Aktie nicht liquide gehandelt wird, ist eine Limit-Order angebracht. Aber versuchen Sie nicht, den allerniedrigsten Kaufpreis zu bekommen, und seien Sie beim Verkaufen nicht zu gierig. Beim Verkauf ist die schnelle Umsetzung sogar noch entscheidender. Versuchen Sie nicht, zu schlau zu sein, und verlieren Sie beim Ausstieg Zeit. Ihre Order wird dann nämlich vielleicht gar nicht ausgeführt. Vertrauen Sie auf Ihre Schlussfolgerung. Vertrauen Sie auf Ihre Entscheidung. Nichts ist ärgerlicher, als wenn man die richtige Investmententscheidung trifft, aber nichts davon hat, weil man sie aufgeschoben hat oder es einfach versimpelt hat, die Transaktion zum Abschluss zu bringen.

Kaufdatum merken: Konzentrieren Sie sich auf die 1-Jahres-Marke

Achten Sie auf den Zeitpunkt, an dem eine Aktieninvestition die Haltezeit von einem Jahr überschreitet, denn ab dann gilt der niedrigere Bundes-Kapitalertragsteuersatz von 15 Prozent. Wenn man eine Aktie schon ein Jahr lang hat, fällt es einem leichter, eine langfristige Perspektive einzunehmen und sich zu vergewissern, ob sich die ursprüngliche Anlagethese als korrekt erweist. Ich habe mich ein paarmal in Verlegenheit gebracht, als ich dämlicherweise nur eine oder zwei Wochen vor Erreichung der langfristigen Halteperiode, also bevor ein Jahr erreicht wurde, den Abzug für einen Verkauf drückte. Ich hätte den günstigen Steuersatz von 15 niemals opfern dürfen. Im Gegenzug ist jedoch zu raten, dass man es niemals zulassen darf, dass steuerliche Erwägungen grundlegende Anlageentscheidungen außer Kraft setzen oder stark beeinflussen. Ihr Ziel sollte eine solide Langfristanlage sein und nicht das Jonglieren mit Steuerverbindlichkeiten am Jahresende. Der Betrag, den man opfert, wenn man die falsche Investition ins Auge fasst, stellt die magere Steuerersparnis in den Schatten. Sicherlich kann es sich lohnen, eine oder zwei Wochen abzuwarten, um einen Steuervorteil zu gewinnen, wenn es die Umstände zulassen. Aber gewöhnlich ist das ein riskantes Manöver. Wenn Sie einen Entschluss gefasst haben, handeln Sie.

Kurzfristige Tradingpositionen sollten durchgezogen werden

Ab und zu gibt es vielleicht eine kurzfristige Trading-Gelegenheit, zum Beispiel wenn eine Aktie als Überreaktion auf schlechte Nachrichten abgestürzt ist und ein „letzter Hüpfer" oder ein Rebound zu erwarten ist; oder wenn es offensichtlich sofort positiv wirksame Nachrichten gibt oder wenn Sie ein negatives Ereignis voraussehen. Wenn es um einen Trade geht, halten Sie sich an den kurzfristigen Plan, beseitigen Sie die Position innerhalb eines begrenzten Zeitrahmens, egal ob die Idee Gewinn gebracht hat oder ob nichts passiert ist. Lassen Sie die Aktie nicht liegen und Ihr Portfolio mit einem bescheidenen Gewinn in Unordnung bringen. Wenn es eine Tradingposition ist, lassen Sie sich nicht über ein paar kurze Monate hinaus beruhigen oder einlullen.

Verkaufen Sie nicht am Tag einer dramatischen Senkung der Empfehlung

Wenn ein Broker-Analyst öffentlich seine Meinung über eine Aktie senkt, ist der größte Schaden schon nach einer Stunde angerichtet. Lassen Sie sich nicht in den emotionalen Sturm auf die Ausgänge hineinziehen. Am nächsten Tag oder im Laufe der Woche federt die Aktie unweigerlich wieder zurück. Sparen Sie Ihre Munition für eine bessere Verkaufsgelegenheit auf, nachdem sich der Staub gelegt hat. Und wahrscheinlich sollten Sie in diesem Fall sowieso nicht verkaufen. Tun Sie nicht das, was die Wall Street sagt. Das Gleiche gilt für eine drastische Anhebung der Empfehlung. Warten Sie einen oder zwei Tage, bis sich die Begeisterung gelegt hat und die Aktie nachgibt. Das gilt auch für Aktien, die auf die Empfehlungslisten von Brokerhäusern gesetzt oder davon gestrichen werden. Warten Sie mit der Transaktion, bis der erste Trubel abflaut.

Kaufen oder verkaufen Sie nicht auf Presseartikel oder Medieninformationen hin

Wenn eine Information in Zeitungen, Zeitschriften, im Fernsehen oder den allgemeinen Medien erscheint, hat sie sich schon auf den Aktienkurs ausgewirkt. Die Story hat wahrscheinlich schon am Tag davor oder gar schon Wochen vorher an der Wall Street die Runde gemacht. Wenn solche Informationen bekannt werden, sind die Anleger tendenziell zu emotional, zu irrational und zu reaktiv. Warten Sie ein paar Tage ab, bis sich die Dinge beruhigt haben. Treffen Sie eine leidenschaftslose Entscheidung, nachdem Sie Zeit hatten, alle Faktoren zu betrachten. Es gibt einen alten Spruch über Geldanlage, der sich zu wiederholen lohnt: „Kaufe bei Gerüchten und verkaufe bei Nachrichten." Ich erwähne das, weil die meisten Privatanleger das Gegenteil tun. Sie kaufen auf Nachrichten hin. Presseartikel sollte man eher dafür nutzen, tiefer gehende Hintergrundinformationen und ein tieferes Verständnis eines Unternehmens und seiner Aussichten zu gewinnen. Die Medien können einem zwar Erkenntnisse über Sektoren, Trends, Märkte, Bereiche und langfristige Anlageideen liefern, die vielleicht gutes Gedankenfutter sind, aber Artikel über Aktien sind den meisten Wall-Street-Insidern schon bekannt. Es ist gut zu wissen, was andere denken – zum Beispiel dass ein Unternehmen Bankrott machen könnte oder dass in einer bestimmten Branche die Neubestellungen abrutschen. Brillante Investoren weben ein Netz aus Informationen, eine Steppdecke, die zu Anlageerkenntnissen führen kann. Aber glauben Sie bloß nicht, Sie würden in einer bestimmten Story in den Medien auf einmalige, frühzeitige Einsichten stoßen. Halten Sie das nicht für eine Handlungsgrundlage. Wenn eine Story auf einem Zeitschriftentitel auftaucht, hat der Verfasser schon eine Weile recherchiert und analysiert. Das ist nichts Neues mehr. Eine Studie des *Financial Analysts Journal* von den Professoren Arnot, Earl Jr. und North von der University of Richmond hat ergeben, dass positive Titelstories nach einem gewissen Zeitraum positiver Ergebnisse erschienen sind und dass für negative Titelstories das Gegenteil gilt. Den Ergebnissen zu Folge sind die Meldungen schon dabei, sich umzukehren, wenn die Titelstory veröffentlicht wird. Sogar *Barron's*, eine Publikation, die ich jede Woche verschlinge, muss man richtig benutzen. Sie ist wohl kaum unfehlbar. Nachdem die Aktien, die dort in positiven Artikeln hervorgehoben wurden, vier Jahre lang den Markt übertrafen, fielen sie im Jahr 2007 im Schnitt um 2,3 Prozent. Zwei Drittel liefen schlechter als der S & P 500. Im Jahr 2008 gaben die 108 Aktien, die in positiven Artikeln vorgestellt wurden, um 29 Prozent nach.

Achten Sie auf gegenteilige Indizien

Wenn man sich einmal auf eine Investition eingelassen hat, neigt man dazu, vor allem das Positive, Stützende zu sehen, das die Entscheidung verstärkt. Die menschliche Natur treibt einen, alle gegenteiligen, negativen Dinge zu missachten, die einen widerlegen könnten. Die Falle besteht darin, dass man sich in seinen Standpunkt verliebt und immer Beweise sucht, die diese Position stärken. Als Anleger muss man brutal objektiv und skeptisch sein und alles in Frage stellen. Auch wenn Sie anfangs Recht haben, können sich die Dinge mit der Zeit ändern, und die Umstände erfordern es vielleicht, dass Sie an einem gewissen Punkt die ursprüngliche Einstellung überdenken. Bewahren Sie einen offenen Geist. Machen Sie immer wieder die Probe auf negative Entwicklungen. John Bogle, der Gründer von The Vanguard Group und ein brillanter Investor, empfiehlt: „Anstatt nach Bestätigung unserer Ansichten und Ideen zu suchen, wozu wir ja neigen, sollten wir lieber nach dem Gegenteil suchen – nach der Beobachtung, die uns widerlegen könnte." Ähnlich ist es, wenn Sie eine Aktie wegen düsterer Aussichten gemieden haben; dann kann der Punkt kommen, an dem es richtig ist, eine positivere Haltung einzunehmen.

134

Räumen Sie Ihr Portfolio regelmäßig auf und überdenken Sie Ihre Strategie

Die besten Zeiten, Ihre Investments zu überprüfen, sind am Jahresende und im Urlaub. Besonders wichtig ist es, die Investments im Dezember diszipliniert zu beurteilen und zu überprüfen, damit man am Jahresende Veränderungen an den Investments vornehmen kann, die steuerliche Konsequenzen haben. Durchdenken Sie noch einmal Ihre Strategie oder Ihre Themen und schütteln Sie alle emotionalen Lähmungen ab, die Sie an bestimmte Aktienpositionen gefesselt haben. Ein Börsenanalyst, den ich achte, namens Ray DeVoe, bezeichnet das als „Befreiung aus dem Gefängnis früherer Entscheidungen". Vielleicht ist die Gewichtung mancher Aktien zu groß für Ihren Seelenfrieden geworden. Allerdings bin ich anderer Meinung als die meisten „Experten", die einen regelmäßigen Gewichtungsausgleich – „Rebalancing" – durch Zurechtstutzen übergroßer Positionen empfehlen. Die größten Gewinner, die zu übergroßen Positionen werden, sind wahrscheinlich das Letzte, über dessen Verkauf Sie nachdenken sollten. Gewichten Sie Ihre besten Investments lieber überdurchschnittlich als normal. Wenn Sie glauben, dass die Aussichten für eine Ihrer großen Aktienpositionen nach wie vor günstig sind, dann kaufen Sie eher nach, als sie zurechtzustutzen.

Andere Aktien, die Sie besitzen, laufen vielleicht schon so lange schlecht, dass es Zeit ist, sie aufzugeben. Wie weit reicht Ihr Wohlfühlbereich für jede einzelne Aktie in Ihrem Portfolio noch? Vielleicht ist Ihr Thema verbraucht. Gibt es neue Trends, in die Sie vielleicht anfangen sollten zu investieren? Bei der Gewinnmitnahme muss man die steuerlichen Konsequenzen bedenken; vielleicht gibt es Verlierer, die Sie als Ausgleich benutzen können. Dass es einem widerstrebt, Aktien zu verkaufen, mit denen es nicht funktioniert hat – also Fehler einzugestehen – ist normal. Aber wenn Sie nicht Ihre Verlierer verkaufen und zu etwas anderem übergehen, machen Sie einen weiteren Fehler. Akzeptieren Sie Ihre Fehlschläge, schreiten Sie zur Tat und stoßen

Sie Ihren Schrott ab, damit Sie neu anfangen können. Es tut nur kurz weh, und dann fühlen Sie sich befreit.

Ein entspannender Ortswechsel, zum Beispiel ein Strandurlaub, bei dem einen keine alltäglichen Ablenkungen überschwemmen, ist die perfekte Gelegenheit, seine Positionen zu überdenken. Nehmen Sie die monatliche Aufstellung von Ihrem Broker und brüten Sie am Pool bei einer Piña Colada darüber. Machen Sie das mehrmals im Jahr. Je mehr Rumpunsch, umso besser meine Investmentstrategien ... naja, halt irgendwie. Dazu eine Anmerkung: Wenn Sie weg waren und über den Aktienmarkt, die Finanznachrichten und die Kursänderungen Ihres Portfolios nicht auf dem Laufenden sind, führen Sie am ersten Tag nach Ihrer Rückkehr keine Transaktionen durch. Machen Sie sich erst wieder fit und machen Sie sich mit den Investmentnachrichten vertraut, die Sie verpasst haben.

Achten Sie auf den Januareffekt

Ja, liebe Investoren, es gibt einen Januareffekt. Es heißt, so wie der Januar läuft, so läuft das ganze Jahr. Dafür scheint es keinen logischen oder allgemein anerkannten Grund zu geben. Also versuchen Sie das nicht zu analysieren. Die Professoren Cooper, McConnell und Outchinnikov haben im CFA Digest folgendes Ergebnis veröffentlicht: Wenn der Januar einen positiven Markt_ ertrag bringt, beträgt der durchschnittliche Gewinn in den restlichen elf Monaten 14,8 Prozent. Wenn der Aktienmarkt im ersten Monat des Jahres fällt, ist der durchschnittliche Jahresertrag laut den Beobachtungen der CXO Advisory Group über die Jahre 1946 bis 2006 etwa gleich null. S & P behauptet, dass der Januar in 60 der vergangenen 80 Jahre zutreffende Prognosen über die Entwicklungsrichtung des Marktes im Gesamtjahr gegeben habe. Extrem ausgedrückt ist der Börsentrend in der ersten Januarwoche ein aufschlussreicher Indikator für das gesamte Jahr. Beobachten Sie den Januar genau, damit Sie auf das bevorstehende Jahr schließen können.

136

Tauschen Sie mit informierten Bekannten Ideen aus

Suchen Sie ähnlich denkende Anleger, keine Trader, die eine gewisse Investment-Reife, Erfahrung und Wissen besitzen. Tauschen Sie mit diesen Menschen Meinungen und Ansichten über den Markt, Branchentrends, Investmentideen und andere Erkenntnisse über Aktien aus. Akzeptieren Sie ihre Bemerkungen aber nicht blind; benutzen Sie sie als Ausgangspunkt für weitere Nachforschungen und Research. Bedenken Sie die Informationen, die Qualifikation und die Zuverlässigkeit des Lieferanten und fragen Sie sich, ob er in diesem Zusammenhang irgendwelche konkreten Interessen hat. Ziehen Sie Vorteile aus Ihren Kontakten zu Profis; der Freund eines Freundes gehört zum Management. Golfpartner oder alte Schulfreunde liefern Ideen. Aber revanchieren Sie sich immer für solche Angaben. Am fruchtbarsten sind dauerhafte Beziehungen und regelmäßiger Kontakt, keine einseitigen Einmalschüsse.

Hüten Sie sich vor Amateuren, die ihre Aktien empfehlen; sie lieben die Bestätigung

Von Freunden und Bekannten, die normale Amateur-Anleger sind, bekommen Sie selten objektive Aktienideen. Freunde können höchst subjektive Research-Quellen sein, also seien Sie skeptisch. Sie sind in die Aktien verliebt, die sie besitzen, und sie sind parteiisch. Wenn Sie ihre Empfehlungen annehmen, bestätigen Sie ihre Auswahl; sie fühlen sich dann gut und haben ein Gefühl von Macht und Einfluss. Das ist gefährlich. Das ist eine persönliche Sache. Freunde fühlen ihre Portfolioauswahl bestätigt, wenn andere sie imitieren. Gehen Sie Ideen mit Nachforschungen nach, bevor Sie handeln

Lesen Sie das *Wall Street Journal*, seien Sie aufmerksam und bleiben Sie über Trends auf dem Laufenden

Studieren Sie das *Wall Street Journal*, die *Financial Times*, den Wirtschaftsteil der *New York Times*, *Barron's*, *Forbes*, *Fortune* und andere Finanzpublikationen, um sich Hintergrundwissen zu verschaffen. Halten Sie sich über aktuelle Anlagestrategien, Veränderungen und Verlagerungen, Sektorentrends, Ideen und die Gesamtlage auf dem Laufenden. Wirtschafts-Fernsehsender wie Bloomberg und CNBC – zum Beispiel Lou Dobbs – geben einem eine gute Perspektive auf Aktien, Anleihen, Immobilien, Schatzpapiere, Rohstoffe, Optionen, Renten und alle Arten von Investments. Das Gleiche gilt für eine Fülle von Internetseiten. Aber lassen Sie sich nicht von Details oder konkreten Anlageempfehlungen überwältigen.

Legen Sie nicht zu viel Wert auf die quartalsmäßigen Ergebnisberichte

Wenn die Quartalsergebnisse eines Unternehmens durch die Agenturen gehen, erwarten Sie nicht, dass Sie daraus viel erfahren. Quartalsberichte bringen relativ wenig, vor allem Reklame und verwässerte Kommentare. Die Zahlen sind weit von dem entfernt, was in dem Geschäft wirklich passiert. Die gemeldeten Ergebnisse sind oberflächlich. Die Analysten von der Street finden in wenigen Minuten heraus, was das wirklich bedeutet, springen an die Sprechanlagen ihrer Firmen und der Gehalt des Berichts schlägt sich sofort im Aktienkurs nieder. Interpretieren Sie die Ergebnisse, indem Sie sich den Aktienkurs anschauen. Glauben Sie nicht, Sie müssten sofort auf die Pressemitteilung springen. Schauen Sie sie später in Ruhe durch. Um sich ein vollständigeres Bild von dem Quartal eines Unternehmens und seinen derzeitigen Aussichten zu verschaffen, hören Sie sich die Telefonkonferenz des Unternehmens an.

Hören Sie sich die Ergebnis-Telefonkonferenzen von Unternehmen an

Telefonkonferenzen werden vorab auf der Website des Unternehmens angekündigt; man kann sich telefonisch einwählen oder sie per Webcast im Internet anhören. Normalerweise steht die Konferenz nach der Liveübertragung noch mehrere Tage oder sogar einen Monat lang zur Verfügung. Achten Sie auf den Ton des Managements und hören Sie heraus, ob es vertrauenswürdig ist. Werden Sie mit dem Geschäftsbetrieb vertraut. Sind die Manager bescheiden, konzentriert, detailorientiert und objektiv? Oder machen sie nur Reklame und schwafeln? Sind die Fragen der Wall-Street-Analysten negativ gefärbt oder neutral? Das ist der beste Insiderblick, den Sie bekommen können. Diese eine Stunde Zeit ist eine fabelhafte Investition. Wenn Sie ein paar Telefonkonferenzen gehört haben, bekommen Sie ein Gefühl dafür, wann Ihnen die Manager ein ungutes Gefühl vermitteln. Das ist viel besser als langweilige, unoriginelle, flaue Researchberichte und SEC-Meldungen zu lesen. Das ist der gleiche Unterschied, den es macht, ob man eine Biographie liest oder sich mit der betreffenden Person hinsetzt und ein echtes tiefgründiges Gespräch führt. In Kapitel 7, „Wie Wall-Street-Analysten wirklich arbeiten", werden die Telefonkonferenzen noch genauer untersucht.

Investieren Sie nicht vor Vorstandskonferenzen und Analystenversammlungen

Die jährlich stattfindenden ganztägigen Analystenversammlungen in der Unternehmenszentrale und die größeren Informationssitzungen für Wall-Street-Analysten in New York lassen den Aktienkurs unweigerlich noch am gleichen Tag oder am nächsten Morgen fallen. Selbst wenn die Neuigkeiten positiv sind, sind die Aktien in Erwartung günstiger Verlautbarungen des Managements schon gestiegen. Das Gleiche passiert, wenn sich Vorstände im Rahmen von Informationsveranstaltungen mit mehreren Institutionen unter vier Augen treffen. In den Wochen vor solchen Ereignissen klettern die Kurse, und fast schon mit Beginn der ersten Besprechung beginnen sie nachzugeben. Bei solchen Treffen wird selten etwas frappierend Günstiges verkündet, das den Aktienkurs wesentlich nach oben treibt. Vielmehr sind sie meistens enttäuschend, sie bringen nichts Bullishes, geben keinen Anlass, die Gewinnschätzungen oder die Wachstumsaussichten anzuheben; sie gehen selten über die ohnehin positiven Erwartungen hinaus. Manchmal tauchen gar ein paar negative Elemente oder überraschend vorsichtige Bemerkungen auf, die den Aktienkurs nach unten ziehen. Kaufen Sie keine Aktie vor einer Versammlung, weil Sie erwarten, sie könnte ein positiver Katalysator sein. In den meisten Fällen hat sie die gegenteilige Wirkung.

Setzen Sie Stop-Loss-Orders kritisch ein, um große Gewinne zu schützen

Steile Kurszuwächse Ihrer Aktien in kurzen Zeiträumen von sechs bis zwölf Monaten sind wertvoll. Dann ist man versucht, den Gewinn abzusichern. Aber Anlagen müssen auch langfristig sein und Spielraum für Fluktuationen lassen. Wenn Sie nach einem massiven und hoffentlich langfristigen Gewinn einen Stop-Loss setzen, lassen Sie ausreichend Spielraum nach unten, vielleicht 30 Prozent unter dem aktuellen Kurs. Eine Aktie, die schnell von 15 auf 50 Dollar steigt, kann man mit einem Stop-Loss bei 35 Dollar absichern. Geben Sie einen enormen Gewinn niemals auf – so wie es so viele naive Amateur-„Anleger" taten, nachdem die Blase der 1990er-Jahre geplatzt war, und dann wieder in der Baisse 2008. Gigantische Verluste müssen verhindert werden. Aber setzen Sie Stop-Loss-Orders sparsam ein. Setzen Sie lieber geistige Stoppkurse, um die Kontrolle zu behalten. Legen Sie zwei Verkaufskurse fest, um größere Verluste zu vermeiden. Der erste Auslöser sollte einen Verlust von 20 Prozent darstellen und der Sicherheitsmechanismus, der ein Desaster vermeidet, ist ein Punkt etwa 30 bis 35 Prozent unterhalb des Kaufpreises. Wenn Ihre Position um 20 bis 30 Prozent oder noch mehr fällt, war etwas faul – der Zeitpunkt, der Markt, vielleicht sogar die Fundamentaldaten des Unternehmens. Nehmen Sie den Verlust mit, analysieren Sie, was schief gegangen ist, und fangen Sie neu an. Einige meiner besten Transaktionen gehörten zu diesem Typ – zwar Verluste, aber dem Elend bin ich entkommen.

140

Hedgefonds-Positionen als Quelle
für glaubwürdige Investment-Ideen

Gelegentlich begegnen einem in den Medien die Namen von Aktien, die ein Hedgefonds hält. Sie wissen, dass dies glaubwürdige Aktien sind, weil Hedgefondsmanager damit persönlich etwas einsetzen. Die Partner werden direkt in Abhängigkeit von dem jährlichen Wertzuwachs des Portfolios bezahlt. Ihre Bilanz ist die Performance der Aktien, daher gibt es da keine anderen Einflüsse oder Verzerrungen wie bei Brokerfirmen. Investmentfondsmanager werden im Gegensatz dazu häufig gemäß dem Vermögen oder gemäß dem Mittelzufluss ihres Fonds entlohnt. Und die Performance von Investmentfonds wird im Verhältnis zum Markt oder zu Sektor-Indizes bewertet. Hedgefonds verdienen aber nur Geld, wenn der absolute Wert ihrer Portfolios steigt. Somit steht die persönliche Vergütung auf dem Spiel. Ihre Aktienauswahl ist unparteiisch. Ja schon, Hedgefonds versuchen häufig, Aktien zu manipulieren, wenn sie eine Position aufgebaut haben – ein versteckter Plan, ihre Longpositionen zu fördern –, aber sie bleiben ihren Zielen treu.

Gelegentliche Aktienempfehlungen von Profis
sind problematisch

Hüten Sie sich vor Ideen, die Sie von einem Wall-Street-Insider bekommen, dem Sie im Flugzeug oder bei einem gesellschaftlichen Anlass begegnen. Das Gleiche gilt für die Manager von Unternehmen und für andere Personen, die aus beruflichen Gründen einen gewissen Einblick in die Branche haben. Sie sind bestimmt nicht der erste Mensch, dem dieser exklusive Anlagetipp gewährt wurde. Ihre Empfehlungen können momentan sinnvolle Vorschläge sein, aber sie können sich später abnutzen, wenn sich die Situation ändert. Vielleicht kann Sie der oder die Bekannte in Zukunft nicht mehr beraten. Wenn sich ihre Meinung ändert oder wenn sich die Situation im Laufe eines Jahres wesentlich ändert, erfahren Sie vielleicht erst davon, wenn es schon zu spät ist. Und selbst wenn Sie versuchen, über die Story auf dem Laufenden zu bleiben, weil sie die Aktie besitzen, haben Sie nicht den gleichen Einblick, den Ihre Kontaktperson hatte. Man kann als Privatanleger von genialen Profi-Ideen sofort profitieren, aber am Ende trotzdem Geld verlieren, weil die Aktie aufgrund veränderter Aussichten zusammenbricht. Wenn es bergab geht, hat man als Anleger fast nie die Möglichkeit, rechtzeitig den passenden Rat zu bekommen.

Technologieaktien sind ein enormes Risiko, weil die Branche gereift ist

Die meisten Anleger sehen Technologieaktien als aufregende, wachstumsstarke Welle kommender Namen, mit denen sie vielleicht den Jackpot gewinnen können. In ihrer Fantasie tanzt das Image von Intel, Microsoft, Cisco, Amazon.com und Google herum. Seien Sie äußerst vorsichtig. Die Technologiebranche wird reif. Viele der etablierten Zugpferde verzeichnen im Grunde kein Umsatzwachstum mehr. Die Kurse kleinerer aufstrebender Unternehmen werden von den Institutionen auf überzogene Niveaus hochgetrieben. Die Produktnachfrage kann sich schnell verschieben; die Neuaufträge können in irgendeinem Quartal im Nu verschwinden. Es ist unmöglich, das Geschehen immer vorauszusagen. Aufstieg und Niedergang von Mode-Aktien verlaufen sehr schnell – Elektroautos, Sonnenenergie, Handys, Handheld-Computer. Die Konkurrenz in diesen Sektoren ist heftig. Plötzliche Entwicklungssprünge unterwandern bestehende Produkte und Unternehmen. Märkte werden schnell durchdrungen. Da so viel Wagniskapital in diese Industrie gesteckt wird und da in den letzten Jahrzehnten eine Schwindel erregende Menge neuer Venturekapital-Fonds geschaffen wurde, ist der Einstieg leicht.

Technologieaktien steigen aufgrund von Produktzyklen, von positiven Gewinnüberraschungen und im Herbst – wenn Hoffnungen für das neue Jahr aufkommen. Aber das sind flüchtige

142

Dinge. Der Sektor wird von den Wall-Street-Analysten übertrieben betreut und die ändern ihre Meinung immer wieder, was die Volatilität noch vergrößert. Diese Aktien sind fast immer überteuert. Mein Freund Ray DeVoe formuliert das am besten: „Technologieunternehmen sind lausige Growth-Aktien. Man bezahlt einen hohen Preis für Aufregung und Unterhaltung. Wenn Sie vom Markt-Höhepunkt im Jahre 2000 bis Ende 2008 eines der größeren Technologieunternehmen gehalten haben, die im Dow Jones enthalten sind, wissen Sie, was ich meine. Diese Aktien gehören zu den schlechtesten Performern unter den 30 Dow Jones-Aktien und sind in diesem Zeitraum um bis zu 80 Prozent (Intel) gefallen. Die viel gelobte Microsoft-Aktie hat 63 Prozent abgegeben. Hightech erscheint so verlockend und so schillernd, das ist die Offenbarung der letzten Jahrzehnte, so wie es im 19. Jahrhunderten die Eisenbahn und in der ersten Hälfte des 20. Jahrhunderts das Automobil waren. Aber der Technologiesektor könnte dem Ende schon näher als dem Anfang sein. Man sollte diese Aktien als kurzfristige Tradingvehikel sehen.

Schenken Sie Ihren Kindern Aktien

Es ist unbezahlbar, was man von Kindern lernen kann, die Aktien besitzen. Als meine Kinder Aktien hatten und einen gewissen Gewinn machten, wurden sie sofort zu Kapitalisten. Es dauert nicht lange, dann fangen die Kinder an, Fragen zu stellen – welche Aktien man haben sollte, und die Wahrheit über Gewinne und Verluste, Dividenden, Geldanlage, Unternehmen, Kapitalbildung und Sparen. Wenn Jugendliche schon früh den Ernst des Aktienbesitzes zu spüren bekommen, bekommen sie finanzielle Lehren für das Leben. Ich lasse meine Kinder bei der Auswahl des Themas mitmachen und lasse sie bei der Aktienauswahl sogar Fehler machen. Mein Sohn liebte Modelleisenbahnen und echte Eisenbahnen, und so kaufte ich ihm ein paar Aktien von Union Pacific. Der Lerneffekt wog die Verluste bei Weitem auf. Ich schlug zwar Alternativen vor, aber ich ließ ihnen viel Raum, selbst zu wählen.

Und der Wettbewerb macht sogar Spaß: Meine Aktien gegen ihre. Als meine Tochter in der fünften Klasse war, habe ich der Klasse etwas über Aktien erzählt und die Jahresberichte von The Gap und The Limited gezeigt. Meine Kinder haben jetzt das College schon lange hinter sich, aber Investment betreiben sie immer noch. Meine Tochter ist eine schwungvolle, liberale und kreative Drehbuchautorin und Restaurantköchin, aber sie liebt Kapitalgewinne nach wie vor.

Diese Richtlinien und Anleitungen beruhen auf meinen Beobachtungen aus mehr als 32 Jahren an der Wall Street und mehr als 45 Jahren eigener Aktieninvestitionen. Schneiden Sie meine Prinzipien und Verfahren auf Ihr persönliches Profil zu: Ihr Alter, Ihre Arbeit, Ihre Finanzlage, Ihre Anlageziele, Ihre Risikotoleranz und Ihr Temperament. Je nach Ihren Umständen kommt dann zwar nicht exakt der gleiche Plan wie bei mir heraus, aber Sie müssen Ihrem Investmentprozess eine Richtung und eine gewisse Ordnung geben. Ich sehe, dass die meisten Anleger aufs Geratewohl losstolpern und sich von der Wall Street herumschubsen lassen wie ein treibendes Boot. Was fehlt, ist die richtige Disziplin. Meine empfohlenen Prinzipien, Strategien und Methoden bieten diesen notwendigen Investmentrahmen.

4

Anlagestrategien, mit denen man eine Baisse überlebt

Die Wall Street wird Ihnen nicht sagen, dass wir eine Baisse haben, auch wenn die Indizes um 20 bis 50 Prozent abrutschen, wie es bei dem Börsensturz im Jahr 2008 geschehen ist. Wenn die Aktien innerhalb von sechs bis neun Monaten um 25 Prozent absacken, herrscht eine schwere Baisse. Die Brokerfirmen wollen die Anleger an der Börse halten. Ihnen geht es nicht um die Bewahrung Ihres Kapitals. Die Wall Street will genau wie die Medien täglich Ihre Aufmerksamkeit fesseln; deshalb beschönigt sie die Situation und bringt immer neue Aktienempfehlungen, damit Sie am Ball bleiben. Hüten Sie sich vor dem ewigen Optimismus der Wall Street. Dieses Kapitel bringt Vorschläge, wie man einen schweren Marktrückgang übersteht.

Lesen Sie ein Buch über Baissen und die Große Depression, damit Sie einen Bezugsrahmen haben. Die meisten Anleger kennen keine Baissen und verdrängen sie daher zu lange. Entscheidend ist die Frage, was eine Aktie Ihrer Überzeugung nach künftig erwartet. Auch wenn eine Baisse schon auf halbem Weg ist, kann sie einen noch einmal 15 bis 30 Prozent hinunterziehen. Warten Sie nicht das gesamte Blutbad ab. Halten Sie sich heraus und werfen Sie nach einem Jahr noch einmal einen Blick darauf.

Zunächst erscheint der Schaden an Ihrem Portfolio durch eine Baisse so schlimm wie eine Sportverletzung, eine Scheidung, ein Rausschmiss aus dem College oder ein Arbeitsplatzverlust. Aber es besteht die Möglichkeit, den Rückschlag zu überwinden und später trotzdem zu gedeihen. Die riesigen Verluste, die 401(k)s, IRAs und Pensionsfonds im Jahr 2008 erlitten haben, werden Änderungen der langfristigen Ruhestandsplanung und des Lebensstils erfordern. Für die meisten Anleger ist dies das unglückliche Ergebnis schlechten Risikomanagements in einer großen Baisse. Privatanleger sollten bereit sein, einen Schlussstrich zu ziehen, wenn der finanzielle Schmerz erheblich wird – vielleicht wenn sie 20 bis 25 Prozent ihrer Anlagen verloren haben. Schalten Sie in einer Baisse in den Überlebensmodus um und sorgen Sie dafür, dass Sie in stabileren Zeiten Anlagekapazitäten haben.

Beziehen Sie Stellung und reagieren Sie auf eine Baisse, bevor es zu spät ist, damit Ihr Anlageportfolio keinen irreparablen Schaden erleidet. Dazu gehört es auch, Aktienpositionen zu verkleinern und auf einige Dividendeneinnahmen zu verzichten. Für Privatpersonen kann es sinnvoll sein, die Ausgaben für die Lebenshaltung eine Weile zu senken, um das Anlagekapital zu bewahren. Max, der Onkel meiner Frau, ist ein fantastisches Beispiel dafür, wie man sich als Privatanleger in einer Baisse verhalten sollte. Er ist im Ruhestand und er ist für die Lebenshaltung nicht auf die Portfolio-Einkünfte angewiesen. Seine Aktien sind im Sommer 2008 zusammengeschmolzen, aber als die Börse Mitte September an einem Tag um 500 Punkte einbrach, war er von der Schwere des Börsenelends überzeugt. Er verkaufte sein gesamtes Portfolio und stellte auf Bargeld um. Max bewahrte sein Portfolio vor dem Kursrutsch um 31 Prozent, der zwei Monate später kam. Er fuhr in diesem Jahr mit einer gewissen heiteren Ruhe zum Skilaufen nach Deer Valley.

146

Baissen können Jahrzehnte dauern

Werfen Sie einen Blick auf die langfristige Börsengeschichte, dann bekommen Sie ein Gefühl dafür, wo der Aktienmarkt im Moment vielleicht steht. Von September 1929 bis April 1942 sackte der Dow Jones im Schnitt um mehr als zehn Prozent jährlich ab. Am Ende dieser zwölf Jahre hatte er insgesamt 72 Prozent abgegeben. Allein von 1937 bis 1942 brachen die Aktien um 60 Prozent ein. Im Verlauf des Börsenrückgangs der 1930er-Jahre gab es zwischenzeitlich Erholungen um 20 bis 30 Prozent, aber sie waren nicht von Dauer. Der Dow Jones erreichte den Spitzenwert vom September 1929 erst Ende 1954 wieder, also mehr als 25 Jahre später. Die Große Depression stellt vermutlich den Extremfall einer Baisse dar, aber das Wirtschaftsdebakel 2008-2009 ist das schlimmste, was der Aktienmarkt seit jener Zeit erlebt hat.

Die nächste ausgedehnte Baisse-Periode reichte von Anfang 1966 bis Mitte 1982. Das war eine lange, elende Zeit mit einem durchschnittlichen jährlichen Rückgang um 1,5 Prozent. Lange Baissen sind zermürbend und treiben die Anleger zur Verzweiflung. Es herrscht weithin trübe Stimmung. Die Analysten, die Medien und die herrschende Meinung werden grundsätzlich vorsichtig. Im Jahr 1982 brachte *BusinessWeek* eine Titelgeschichte mit der Überschrift „Der Tod der Aktien". Ich habe in jenen Jahren angefangen, an der Wall Street zu arbeiten, und ich erinnere mich an die diversen zweijährigen Einbrüche, die 27 bis 48 Prozent betrugen und von starken Kursanstiegen unterbrochen wurden, die die Anleger zu dem irrigen Glauben verleiteten, die Baisse sei vorüber. Jene Jahre brachten tiefe Rezessionen hervor, massive Inflation, hohe Ölpreise, zahllose Broker-Pleiten, einen Absturz der Immobilienpreise, staatliche Konjunkturpakete … Kommt Ihnen irgendetwas davon bekannt vor?

Man kann begründet behaupten, dass die Baisse 2008 eigentlich schon im Jahr 2000 angefangen hat. Der S & P 500 stieg im März 2000 auf 1.527 Punkte und stürzte in den zwei folgenden

147

Jahren um 50 Prozent ab (eine Baisse innerhalb der langfristigen Baisse). Die nachfolgende fünfjährige „Hausse", die den gesamten vorangegangenen Rückgang wieder wettmachte, sollte man im Zusammenhang des Neunjahreszeitraums betrachten, in dem der S & P 500 bis Anfang 2009 insgesamt mehr als 40 Prozent abgegeben hat. Beim Eintritt in das Jahr 2009 stand der Aktienmarkt dort, wo er Mitte 1997 gestanden hatte. Das war ein verlorenes Jahrzehnt. Anleger, die zwischen 1997 und 2000 oder zwischen 2003 und 2007 Aktien gekauft haben, befinden sich deutlich unter der Wasserlinie. Die letzte Mega-Hausse lief 18 Jahre lang von 1982 bis 2000 – trotz eines 101-tägigen Börseneinbruchs um 34,5 Prozent (der auch den Sturz um 22,5 Prozent am Schwarzen Montag, dem 19. Oktober 1987, beinhaltet). Somit können Mega-Baissen ein oder zwei Jahrzehnte lang dauern. Die derzeitige Abwärtsdrift des Marktes feiert im Frühjahr 2009 ihren neunten Geburtstag und könnte durchaus noch ein paar Jahre anhalten. Als Anleger muss man langfristig denken und sich klarmachen, dass sich der Aktienmarkt in jahrzehntelangen Zyklen bewegt. Selbst die kürzeren Haussen und Baissen innerhalb dieser Zyklen dauern Jahre und nicht Monate.

Zwischen-Baissen können ein paar Jahre dauern

Die meisten Anleger definieren eine Baisse als Rückgang der Indizes um mindestens 20 Prozent. Seit 1945 hat es elf derartige Markteinbrüche gegeben – wobei der durchschnittliche Kursverfall 37 Prozent in eineinhalb Jahren betrug. Am schlimmsten war der Börsensturz 1973-1974 um 48 Prozent, der fast zwei Jahre lang dauerte. Am Tiefpunkt einer Baisse ist die Liste der Aktien, die 52-Wochen-Tiefs erreichen, lang, während keine Aktie ein Hoch erreicht. Seit 1973 hat es vier Baissen gegeben und wie *Barron's* bemerkt, ist der S & P 500 nach dem anfänglichen Einbruch um 20 Prozent in jedem Fall um weitere neun bis 35 Prozent abgesackt. Im Laufe von Baissen gibt es häufig Rallyes um mehr als fünf Prozent. In der Abwärtsdrift von 2000 bis 2002 gab es ein Dutzend solcher Aufschwünge.

Baissen können trügerisch sein und sich so verhalten, dass der Abwind verborgen bleibt. Auf jeden rapiden Rückgang folgt eine mäßige Erholung. Es geht zwei Schritte abwärts und einen hinauf – das erzeugt ein Gefühl der Hoffnung und hält einen im Unklaren.

Zwischenzeitliche Erholungen um bis zu 20 Prozent verlocken die Anleger und halten sie davon ab, die passenden defensiven Maßnahmen zur Kapitalbewahrung zu treffen. Ich wünschte, mir wäre dieser Aspekt von Baissen bekannt gewesen, als ich im Jahr 1971 an die Wall Street kam. Die erste Aktie, die ich besaß, war Ramada Inns, und ich hatte sie für 35 Dollar das Stück gekauft. Nach dem Börsenkollaps 1973-1974 kostete die Aktie nur fünf Dollar, obwohl das Unternehmen noch existierte. Das war eine Lektion über Baissen – Aktien können tiefer fallen und länger unten bleiben als man erwartet. Später haben die Menschen normalerweise wahnsinnige Angst vor den Aktien, die in der vorigen Hausse führend waren. Am Anfang dieses Jahrzehnts waren Internet- und Technologieaktien ein Gräuel, weil sie in den Jahren 2000-2002 schwer in Mitleidenschaft gezogen worden waren. Diesmal könnten die Finanzwerte dran sein, die 2007 bis 2008 zermalmt wurden.

Die makroökonomische Lage wirkt sich entscheidend auf den Markt aus

Aktienbewegungen sind normalerweise ein guter Indikator für die Gewinnaussichten der Wirtschaft und der Unternehmen. Der Markt reagiert auf aussagekräftige Indikatoren und wichtige Einflüsse auf die Gewinne wie Verbraucherausgaben, Kapitalausgaben, Kreditverfügbarkeit, Zinsen und Inflation. Deshalb steigt die Börse sechs Monate vor konjunkturellen Aufschwüngen.

Die Aktienbewertung – also das KGV – ist eine weitere wichtige Variable, die von einer Anzahl wirtschaftlicher Faktoren bewirkt wird – Verbrauchervertrauen, Zinsen und BIP-Wachstum, um nur einige zu nennen. Das KGV des Marktes sinkt in einer Baisse von dem langfristigen Normalwert von 16 häufig bis auf 10.

Unsicherheit wirkt auf Baissen beschleunigend. In den Jahren 2008-2009 gingen die Verbraucherausgaben zurück, während die Sparquote stieg. Der Rückgang des Kreditaufkommens, die Immobilienpreise, die überzogene Kreditaufnahme des Staates und die Arbeitslosigkeit sind schwierig vorherzusagen. Es ist nicht bekannt, wie schnell diese Trends sich entwickeln werden, wie weit sie reichen oder wie lange sie dauern werden. Tiefe und Dauer der Rezession, die im Jahr 2008 begonnen hat, sind unklar, und das ruft Zweifel und Skepsis hervor. Wenn die wirtschaftlichen Aussichten übel sind und damit gerechnet wird, dass sie sich in drastisch geringeren Unternehmensgewinnen, in vermindertem Cashflow und in Dividendenkürzungen niederschlagen, bewegt sich der gesamte Aktienmarkt im Vorgriff darauf nach unten.

Der erschreckendste Aspekt des Szenarios für 2008-2009 ist die Tatsache, dass niemand das Ausmaß oder die Dauer der finanziellen und wirtschaftlichen Verheerung wirklich kennt. Das ist für große Baissen typisch. Der GMO-Vorsitzende Jeremy Grantham sagte in *Barron's*: „Ich hoffe, dass das jemand anders begreift, denn ich begreife es nicht. Und ich habe wirklich keine Ahnung, was dabei herauskommen wird. Aufgrund meiner Instinkte und meiner Lektüre von Geschichtsbüchern kann ich nur eines sagen: Es wird länger, härter und komplizierter, als wir erwarten." Er ist einer der wenigen Profis, die die Wahrheit sagen.

Die Wirtschaftskrise 2008-2009 entstand aufgrund von Schulden. Banken und Investmentfirmen hatten mit Schuldinstrumenten wie Collateralized Debt Obligations (CDOs, besicherte Schuldpapiere), Eigenheim-Hypotheken, Kreditkartenschulden und Geschäftskrediten eine überdimensionale Schuldenpyramide

150

errichtet. In den 1970er-Jahren durfte der Fremdfinanzierungsgrad von Brokerfirmen nicht höher als 10:1 sein. Zu Beginn unseres Jahrzehnts hatten Investmentbanken eine Leverage von 30:1. Zu dem Zeitpunkt, als Fannie Mae vom Bund übernommen wurde, hatte es einen Verschuldungsgrad von 50:1. Da ist es kein Wunder, dass sich Fannie Mae und andere Firmen wie zum Beispiel Bear Stearns und sogar Merrill Lynch nach Ausbruch des Crashs nicht mehr erholen konnten. Die beiden einzigen großen Überlebenden – Morgan Stanley und Goldman Sachs – verwandelten sich in regulierte Banken.

Der Schuldenabbau ist eine notwendige Neuanpassung, die der Konjunktur und den Unternehmensgewinnen einen Dämpfer versetzt. Dieser Prozess wird für Unternehmen wie Verbraucher schmerzhaft werden. Ein enorm großer Anteil des Wohlstands, der von den 1990er-Jahren bis in das Jahr 2007 reichte, wurde durch das Financial Engineering von Finanz- und Investment-Institutionen erreicht, dadurch dass auf Häuser aufgenommene Schulden für Verbraucherausgaben verwendet wurden, durch den Kreditkartenrausch, durch Aktienrückkäufe und dadurch dass Private-Equity-Firmen die Übernahme von Unternehmen mit Schulden finanzierten. Dieses Verhalten wurde durch die Kreditblase ermöglicht. Mitte 2005 handelten die Verbraucher genauso mit Eigentumswohnungen und Häusern wie sie Ende der 1990er-Jahre mit Internetaktien gehandelt hatten. Die Schrumpfungsphase der meisten Blasen wird normalerweise von der vorangegangenen Phase der Aufblähung bestimmt. Der Entschuldungsprozess, der 2008-2009 begonnen hat, könnte sich jahrelang als Bremse erweisen.

Baissen beginnen häufig mit einer geplatzten Blase. Die Goldenen Zwanziger sind als Phase der Euphorie legendär. Die damalige Blase platzte mit dem historischen Crash im Oktober 1929. Japan erlebte seine Blase in den 1980er-Jahren, als die KGVs deutlich über 100 stiegen. Der Grund, auf dem der Kaiserpalast von Tokio steht, war damals mehr wert als alle Immobilien

Kaliforniens. Der Nikkei-Index stieg auf fast 39.000 Punkte. In den 1990er-Jahren platzte die Blase und die japanischen Aktien brachen um fast 80 Prozent ein.

In den letzten zehn Jahren gab es rund um die Welt viele Blasen – Technologie- und Internetaktien, Aktien aus China und den Schwellenländern, Schuld-Hebel, Verbraucherausgaben, Immobilienpreise, Öl und Rohstoffe – und die Liste ließe sich noch verlängern. Das Platzen führte zu höchst erstaunlichen Firmenpleiten, zu wachsender Arbeitslosigkeit, absackenden Unternehmensgewinnen, Millionen von zwangsversteigerten Häusern sowie zu gigantischen staatlichen Rettungsmaßnahmen und Konjunkturprogrammen. Die Blasen der gewerblichen Immobilien und der Kreditkartenschulden werden vor allem im Jahr 2009 abschwellen. Geplatzte Blasen bleiben lange Zeit schlaff. Versuche, sie wieder aufzublasen, sind gewöhnlich vergebens. Der Umfang der finanziellen Unterstützung durch den Bund verursacht Defizite in der Größenordnung von einer bis zwei Billionen Dollar. Und dies verursacht neuerliche Sorgen – Inflation, Dollarschwäche und weitere, unvorhergesehene Konsequenzen.

Das Notwendige mag schmerzhaft sein. Die Aktienkurse werden um den Betrag der Dividende angepasst, wenn die Dividende ausgeschüttet wird. Die Baisse 2008-2009 hat die Aktienkurse um die Leverage und um das Financial Engineering angepasst. Überschüsse erfordern schwierige Anpassungen. Bleibt noch die Frage, ob die Maßnahmen der Bundesregierung zur Stützung der Konjunktur die Bühne für eine normale Erholung bereiten oder ob sie neue Probleme verursachen. Staatliche Maßnahmen in Baisse-Zeiten sind größtenteils dafür gedacht, die Wirtschaft anzukurbeln. An die Wall Street gerichtete Reformen und Regulierungen – zum Beispiel das Short-Verbot für Bankaktien – sind vorübergehender Natur und tragen gewiss nicht dazu bei, den Aktienmarkt anzuschieben oder Kursanstiege auszulösen. Es finden große Diskussionen über die Wirksamkeit der

152

staatlichen Anreizpolitik statt. *The Forgotten Man* von Amity Shlaes geht beispielsweise der Frage nach, inwieweit Roosevelts Politik in den 1930er-Jahren die Große Depression möglicherweise verschlimmert hat. Staatliche Maßnahmen können vorübergehend die Aktienkurse heben, aber wenn sich daraus nicht schnell ein spürbarer konjunktureller Aufschwung ergibt, verschlimmern sie nur die Frustration der Anleger und drücken die Preise wieder.

Die Wall Street ist vor Optimismus blind

In Baissen ist die Wall Street dem Privatanleger noch weniger eine Hilfe als in bullishen Zeiten. Investmentbanken sind Verkaufsorganisationen und keine Anlageberatungsfirmen. Und wie wir in den Jahren 2007-2008 gesehen haben, ist ihre Bilanz im Management eigener Risiken kläglich. Im Lichte der Erfolgsbilanz von Brokerhäusern bei dem eigenen Risikomanagement klingen ihre Anlageratschläge hohl und ihnen fehlt die Glaubwürdigkeit. Das Schicksal der Wall Street und des Aktienmarktes sind miteinander gekoppelt. Wenn die Investmentfirmen rote Zahlen, Fusionen, umfangreiche Entlassungen und abstürzende Bonuszahlungen vermelden, geht es dem Markt nie gut.

Die schon in normalen Zeiten schwache Leistung der Street bei der Auswahl von Aktien ist in Baissen noch viel schlechter. Die Gewinnschätzungen der Analysten hinken der Wirklichkeit hinterher und ziehen erst nach unten nach, wenn die Unternehmen ihre Quartalszahlen melden und ihre Prognosen senken. Sogar inmitten tiefer Rezessionen spiegeln die Schätzungen fast immer verblendeten Optimismus wider und sagen für das nächste Jahr Besserung voraus.

Die Aktienempfehlungen sind genauso daneben. Verkaufsempfehlungen sind rar, sie kommen spät und sind kaum von Nutzen. Der rechtzeitige Rat zu verkaufen, eine Cashposition zu halten und sein Kapital zu bewahren, kommt von der Wall Street fast nie. Erst als es im September schreiend offenkundig war, dass Lehman Brothers im Begriff stand zu kapitulieren, und als die Aktie seit dem Vorjahr von mehr als 80 Dollar auf rund sieben Dollar gefallen war, ließen sich die drei größten Firmen der Wall Street dazu herab, ihre Ratings zu senken. Ebenso senkte eine Reihe von Brokerfirmen ihre Empfehlungen für General Motors erst Ende 2008 auf „Verkaufen", als der Aktienkurs von General Motors, der im Vorjahr noch über 40 Dollar gelegen hatte, deutlich in den einstelligen Bereich gerutscht war. Eine dieser Firmen hielt die Kaufempfehlung für GM aufrecht, bis die Aktie auf 24 Dollar geschrumpft war, und änderte die Empfehlung dann auf „Halten".

Die Citibank ändere ihre Empfehlung im Mai 2008 auf „Halten", nachdem die Aktie unter 18 Dollar gefallen war. Als die Aktie unter acht Dollar fiel, warf das Unternehmen das Handtuch und stellte auf „Verkaufen" um. Das war so, als hätten diese Firmen den Untergang der Titanic erst dann vorausgesagt, als sie sahen, dass der Bug steil in die Luft ragte. Sehr wenigen Dank. Man brauchte keine Raketenwissenschaft, um zu sehen, dass die Autoindustrie abstürzen würde, als der Ölpreis gen Himmel stieg, als die Verbraucher kein Geld mehr für Entbehrliches ausgaben und als die Konjunktur einzubrechen begann.

In Baisse-Zeiten verlegen sich die Wall-Street-Optimisten auf das sogenannte „Bottom-Fishing" und empfehlen Aktien, die so weit gefallen sind, dass sie anscheinend gute Werte darstellen. Das läuft darauf hinaus, dass man die Anleger auffordert, einen fallenden Safe aufzufangen – wie im vorigen Kapitel erklärt. Eine ganzseitige Anzeige einer Brokerfirma jubelte neun Monate nach Beginn der Baisse 2008: „Unsere Analysten sehen Unternehmen [aus den Bereichen] Gesundheit, Verbraucher-Grundbedarf und Unternehmen, die auf den Feldern Energie und Landwirtschaft innovative Technologien hervorbringen, bullish." In der Anzeige wurde der Chef-Volkswirt der Firma mit den Worten zitiert: „Der Herstellungssektor der Vereinigten Staaten steht

154

im internationalen Wettbewerb so gut da wie seit 30 Jahren nicht mehr." Nach 15 Monaten – Anfang 2009 – protzte die Anzeige: „Defensive Anlage heißt nicht, dass man sich aus dem Markt heraushält. Halten Sie nach konservativen Gelegenheiten Ausschau." Und sie reizte die Anleger mit den Worten: „Im Jahr 2009 wird die Volatilität der Märkte geringer sein. Wenn die Volatilität abnimmt, neigen die Märkte zur Erholung." Sogar in einer der schlimmsten Baissen seit 1930 will die Wall Street, dass die Anleger Aktien kaufen und nicht, dass sie ihr Kapital schützen.

Die Aktienbewertungen in historischen Baissen als perspektivische Anhaltspunkte

Die Wall Street argumentiert die ganze Baisse hindurch für den Aktienkauf. Wie ein Autohändler, der den Spottpreis überbetont, damit er sofort verkaufen kann, vergisst die Wall Street zu erwähnen, dass der Preis in Zukunft wahrscheinlich noch günstiger wird. Das Kurs-Gewinn-Verhältnis ist für die Aktienbewertung entscheidend. Setzen Sie eine Baisse in die richtige Perspektive, indem Sie das langfristige Bild betrachten. David Leonhardt berichtet in der *New York Times*, dass der 10-Jahres-Durchschnitt des Kurs-Gewinn-Verhältnisses (die Aktienkurse geteilt durch den durchschnittlichen Jahresgewinn des S & P 500 in den zehn vorangegangenen Jahren) seit mehr als 100 Jahren 16 beträgt. In rauschenden Haussen wie zum Beispiel in den 1920er-Jahren, den 1960er-Jahren und den 1990er-Jahren, brach es über 20 hinaus aus. Ende 2007 stieg es auf 27. Es war ein schlechtes Vorzeichen, dass das KGV nach jedem Anstieg über 20 steil abfiel und dass dann mindestens ein Jahrzehnt unterdurchschnittlicher Gewinne folgte. In den Baissen der 1930er- und der 1970er-Jahre bewegte sich das durchschnittliche KGV unter 10. Im Jahr 1932 taumelte das durchschnittliche KGV auf 6 und im Jahr 1982 betrug es auch nur 7. Zu Beginn des Jahres 2009 lag der 10-Jahres-Durchschnitt des KGV bei 16. Bevor dieses langfristige KGV nicht den Bereich von 10 erreicht, ist die Behauptung, der Aktienmarkt sei unterbewertet, an den Haaren herbeigezogen.

Eine andere Möglichkeit, Baissen von kürzerer Dauer zu beurteilen, ist die Verwendung des durchschnittlichen Gewinns des S & P 500 in den fünf Vorjahren. In den letzten 100 Jahren gab es vier größere Phasen der Börseneuphorie, in denen das daraus errechnete KGV über 25 stieg – zum letzten Mal in den Jahren 2004 bis 2007. In sechs Baissen des vergangenen Jahrhunderts fiel dieses KGV auf 4 bis 8. Anfang 2009 stand das 5-Jahres-KGV bei 17. Im Laufe der Jahre 2008 bis 2009 haben sich die Unternehmensgewinne beträchtlich abgenutzt. Sowohl das 5-Jahres-KGV als auch das 10-Jahres-KGV rutschen ab. In ihrem nie endenden Bemühen, die Anleger zu den Aktien zu locken, neigt die Wall Street dazu, die derzeit am Boden liegenden Unternehmensgewinne zu vernachlässigen und die mögliche künftige „Normalisierung" der Gewinne zu betonen. Da die Gewinnprognosen der Street so schwach sind, sollten Sie sich vor dieser Argumentation hüten.

Anlagestrategien, mit denen man eine Baisse überlebt

Am Anfang begegnen Anleger einer Baisse mit Verdrängung. Wenn die Aktien dann lange genug oder tief genug gefallen sind, weicht die Verdrängung einer bullishen Sturheit. Die Anleger klammern sich hartnäckig an eine bereits abgesoffene Position und hoffen, sie würde sich wieder erholen, wenn sie nur lange genug warten. Das ist eine Vogel-Strauß-Taktik. Überlegen Sie einmal, wie lange das Warten dauern könnte. RCA-Aktien, die im Jahr 1928 gekauft wurden, brauchten 40 Jahre, um wieder auf null zu kommen. Es kann ein Jahrzehnt oder noch länger dauern, bis Aktien wie Citigroup, Intel, Microsoft und GE wieder die früheren luftigen Höhen erreichen.

Stellen Sie sich einer Baisse ganz offen. Sie können es sich nicht leisten, dass Ihre Anlagen enorm schrumpfen oder ausgewaschen werden. Dass man die Chancen auf Kapitalgewinne verpasst, wenn der Markt zurückfedert, wird nicht annähernd so schmerzhaft sein wie schwere Verluste. Die Vermeidung massiver Verluste ist das Geheimnis der überlegenen Geldanlage. Fassen Sie Mut, machen Sie sich bärenfest oder zumindest bärenhemmend. Wenn möglich, meiden Sie alle Aktien. Schätzen Sie das Verlustrisiko aller Anlagen in Ihrem Portfolio ein und gehen Sie davon aus, dass der Gesamtmarkt noch einmal um 20 oder gar 40 Prozent absackt. Entscheiden Sie, welche Ihrer Aktienpositionen verzichtbar sind und für den Aufbau einer Cashposition verkauft werden können. Denken Sie an einen Geldstapel oder einen liquiden Geldmarktfonds, der sich auf 25 bis 30 Prozent Ihrer Positionen belaufen könnte. Bedenken Sie, dass Ihr Brokerhaus Ihr Geld nur in einen Geldmarktfonds investiert, wenn Sie das verlangen. Den Brokern ist es lieber, wenn Sie das Geld auf ihrer eigenen Bank liegen haben, wo Sie so gut wie keine Zinsen dafür bekommen.

Wenn Sie schon nicht ganz aus dem Markt aussteigen, beseitigen Sie wenigstens Growth-Aktien und sämtliche Aktien mit saftigen KGVs. Achten Sie darauf, dass Ihre Aktien Dividenden abwerfen und daher zuverlässige Einkünfte bringen, und darauf, dass sie in Form geringer KGVs als Value-Aktien gepreist sind. Value-Aktien mit hoher Rendite knicken nicht so schlimm ein wie Growth-Aktien mit hohem KGV. Anleihen und festverzinsliche Wertpapiere sind immer ein solider Anker. Ein oder zwei Shortpositionen als Hedge wären sinnvoll. Eine gute Methode gegen Baissen ist der Besitz eines börsennotierten Fonds (ETF), der den Markt shortet. Angesichts der wirtschaftlich gefahrvollen, düsteren Zeiten dürfte auch Gold in Form eines ETF eine geeignete Anlage sein.

Es ist nie zu spät, sich vorzubereiten. Bewahren, schützen, horten. Wenn Sie wahrhaft langfristige Positionen in Value-Aktien besitzen, die Dividenden ausschütten, machen Sie sich auf Schmerzen und Angst gefasst, wenn Sie vorhaben, die Baisse auszusitzen. In solchen Zeiten sind Sie auf sich allein gestellt.

Die Broker, die Wall-Street-Analysten und die Medien werden Ihnen nie helfen, Ihr Kapital zu schützen. In Baisse-Zeiten geht es nur um die Er*haltung* Ihrer Anlagen, und nicht um ihren Er*trag*. Sie werden noch reichlich Zeit haben, das Portfolio auf einen steigenden Markt einzustellen. Verlieren Sie nicht durch noch eine Sinkphase noch mehr Geld. Überlassen Sie es den Insidern, den „Experten", wild um sich zu schlagen und durch Trading während der Baisse Geld zu verlieren. Sie wird der Staat im Gegensatz zu Finanzinstituten und anderen Mega-Unternehmen nicht retten. Risikomanagement ist alles. Bleiben Sie auf dem Laufenden. Seien Sie realistisch. Und seien Sie vorsichtig.

5

Die Beurteilung von Investmentkandidaten

Die Unternehmen als Investmentkandidaten selbst zu bewerten, dürfte eine eher unkomplizierte Angelegenheit sein. Man braucht dafür kein Raumfahrtexperte zu sein. Seien Sie scharfsinnig. Bekommen Sie ein Gefühl für Charakter und Profil des Unternehmens und seines Geschäftsbetriebs. Lassen Sie die Fühler immer ausgestreckt. Gelegenheiten, Informationen und Eindrücke von einem Unternehmen zu bekommen, tauchen dauernd auf. Fangen Sie mit dem Positiven an. Es gibt eine Anzahl Ideal-Eigenschaften von Unternehmen, die auf wahrscheinliche künftige Erfolge hindeuten – Einmaligkeit, Fokus, Führungsstärke, gesunde Finanzen, Blue-Chip-Kunden, konservative Rechnungslegung und Beständigkeit. Das perfekte Unternehmen, das alle diese Attribute vorweisen kann, gibt es nicht. Doch je mehr davon ein Unternehmen aufweist, umso wahrscheinlicher ist es eine gute Anlage. Sie müssen bei der Beurteilung der künftigen Aussichten auch die negativen Punkte des Unternehmens bewerten, die Fehler und Mängel: Unternehmen übertreiben es, Größeneinsparungen funktionieren nicht, sie vernachlässigen die aktuellen Kunden, sie zentralisieren sich übermäßig und probieren hoffnungslose

Turnarounds. In vielen Fällen sollten diese Anzeichen Sie von schlechten Investitionen abbringen.

Wenn Sie Aktien durchsehen, achten Sie immer auf Gelegenheiten, Informationen über ein Unternehmen zu bekommen. Ich erinnere ich mich noch, wie ich mir einmal ein Kissen hinter den Rücken geschoben habe, damit ich auf einem Flug in der Business Class von Phoenix nach Philadelphia bequem sitzen konnte, als ich die lärmenden Gespräche kameradschaftlicher Manager mithörte, die sich um Krankenhäuser und medizinische Geräte drehten. Auf einer ihrer Reisetaschen sah ich die Buchstaben SMS. Mir dämmerte, dass sie wahrscheinlich bei Shared Medical Systems arbeiteten, einem Unternehmen in der Vorstadt Philadelphias. Ich berichtete über diese Aktie. Die Beobachtung von SMS war frustrierend, weil ich kaum Zugang zu Managern bekam und weil wenig offenbart wurde. Als die geschwätzigen, kollegialen SMS-Manager einen Umtrunk machten, wurde mir klar, dass das die Top-Verkäufer des Jahres waren, die gerade von der Club-Orgie des Vorsitzenden zurückkehrten. Ich hielt meinen Mund, nahm ein Blatt Papier und drehte im Geiste mein imaginäres Hörgerät lauter.

In den nächsten Stunden erfuhr ich etwas über die problematischen Verträge des Unternehmens, über Krankenhäuser, die voraussichtlich Kunden würden, über finanzielle Engpässe, Probleme mit Produkten und Dienstleistungen, über die eingesetzten Verkaufsmethoden, die das Management täuschen sollten, über schlechte Meinungen von höheren Führungskräften und andere faszinierende Enthüllungen. Ich gab mich als Systemberater aus, den das höchstens am Rande interessierte, damit ich ein paar Fragen stellten konnte. Ich kannte das Unternehmen außerordentlich gut, und deshalb kleidete ich meine Nachfragen bewusst in allgemeine, verbindliche Begriffe, um keinen Verdacht zu erregen. Und die Notizen machte ich heimlich. Außerhalb des Büros haben Manager oft eine lockere Zunge. Analysten lassen sich die Chance nie entgehen, in solchen Situationen mit ihnen zu schwatzen, um herauszufinden, was da wirklich vor sich geht. Der glückliche Zufall mit SMS verbesserte mein Verständnis des Unternehmens immens.

Spezialisten machen das besser

Die besten Unternehmen konzentrieren sich auf einen engen Markt. Achten Sie bei der Suche nach Investmentkandidaten auf Unternehmen, die sich ihren eigenen Markt geschaffen haben und die ihren Vorsprung halten. Wenn das Unternehmen als zweites oder drittes den jeweiligen Markt betreten hat, seien Sie vorsichtig – es sei denn, es ist in einem bestimmten engen Segment führend. Das Unternehmen sollte auf eine definierbare Nische konzentriert sein. Die Einmaligkeit kann im Kundenstamm liegen, in der Verkaufsmethode, in der Herstellung, im Markt-Timing oder in einem beliebigen anderen Aspekt. Aber Sie müssen erkennen können, inwiefern es anders oder besonders ist.

Ich liebe disziplinierte Unternehmen, die keine Abstecher auf andere Märkte machen. Diana Shipping ist ein griechisches Unternehmen, das mit Hochseeschiffen trockene Massengüter transportiert. Als die Unternehmensleitung bei der Quartals-Telefonkonferenz gefragt wurde, weshalb sie ihre Ergebnisse nicht durch Swapgeschäfte mit den Schiffen und anderen Vermögenswerten verbessert, antwortete sie, sie seien eine Frachtgesellschaft und wollten sich auch so verhalten. Das nennt man die Konzentration beibehalten. Als ich anfing, Concord EFS zu betreuen, war es zwar nur der viertgrößte Zahlungsabwickler für Kreditkarten, aber es war führend in dem aufkommenden Einsatz von Bezahlkarten in Supermärkten und an Tankstellen. Dadurch hatte es einen einmaligen Vorsprung und nahm dem Marktführer First Data effektiv Marktanteile ab. Das Gleiche gilt für Paychex in der Marktnische Lohnbuchhaltung.

Egal wie sehr der Markt auch blüht, meiden Sie Unternehmen unter „ferner liefen". Suchen Sie Unternehmen, die auf ihrem

Feld vorpreschen, auch wenn das ein eng begrenzter Sektor ist. Die Größe ist kein Thema – mir sind kleinere Unternehmen sogar lieber –, aber ein Unternehmen muss entweder der größte Player in seiner Nische sein oder belegbar der Konkurrenz voraus sein. Es sollte eine Führungsposition haben oder den Markt kontrollieren. Wenn es sich um einen breiten Markt handelt, kann nur ein Unternehmen mit langem Arm den größten Marktanteil bekommen. Kleinere Unternehmen können kleinere oder relativ neue Sektoren beherrschen. Automatic Data Processing beherrscht zwar den Sektor Lohn-Dienstleistungen insgesamt, aber Paychex ist trotzdem ein großartiges Unternehmen, denn es bedient Unternehmen mit weniger als 15 Beschäftigten. Es liegt im Bereich Lohnbuchhaltung hinsichtlich der Größe zwar nur auf Platz 3, aber es konzentriert sich auf das untere Ende des Marktes und hat dort definitiv eine starke Position.

Kleinere Spezialisten stehen vor der Herausforderung, sich zu verwandeln und zu entwickeln, wenn sie aus ihrer anfänglichen Nische herauswachsen. Häufig versuchen sie dann, in benachbarte Märkte einzubrechen, an denen schon andere Teilnehmer führend sind, anstatt sich originellere, jungfäuliche Gebiete zu suchen. Achten Sie immer aufmerksam darauf, wann ein Unternehmen seinem Sektor entwächst. Es kann sein, dass es sich dann breiter aufstellen muss und somit nicht mehr so spezialisiert ist. Genau das passierte mit Starbucks, als es expandierte und zu einem riesigen Unternehmen wurde. Das *Wall Street Journal* beschrieb seine Zwangslage so: „In seinem Eifer, das Expansionsziel von weltweit 40.000 Standorten zu erreichen, wählte das Unternehmen neue Standorte schlecht aus, verzettelte sich mit Ausflügen in die Bereiche Film und Musik, überlud seine Geschäfte mit zu vielen Waren und verlor die Konzentration auf Kaffee."

Unternehmen mit klarem Schwerpunkt können effektiver konkurrieren als Generalisten. Diejenigen, die sich auf einen breiteren Markt einstellen, mögen Wirtschaftskraft und Größe besitzen, aber sie verlieren langsam die Flexibilität und es fällt ihnen schwerer, gegen kleinere, gezielt arbeitende Unternehmen zu konkurrieren. Das ist wie bei einem Neunachser und einem Sportwagen – der Sattelschlepper ist wohl stark, aber nicht so schnell und so wendig. Affiliated Computer Services konnte in den Bereichen Datacenter-Outsourcing und Beratung nicht direkt gegen EDS oder Accenture antreten. Deshalb steckte es sein Revier in einem spezialisierten Bereich der geschäftlichen Datenverarbeitung ab, nämlich in dem papierintensiven Backoffice-Bereich. In diesem speziellen, originellen und aufstrebenden Bereich konnte es zum Hauptvertreter werden. Inzwischen sind IBM und andere in diesen neuen Bereich vorgedrungen, aber als Spezialist steht Affiliated an vorderster Front. Große Generalisten sind gewöhnlich träge und reif. Überlassen Sie die den mittelmäßigen Investmentfonds. Sie können das besser.

Suchen Sie Stabilität und Beständigkeit

Ein Unternehmen mit regelmäßigen Einnahmen kann sein Wachstum berechenbarer aufrecht erhalten. Es ist leichter, gesundes Wachstum beizubehalten, wenn die Kunden nicht durch neue Kunden ersetzt werden müssen. Die Computerdienstleister, die ich beobachtete, hatten langfristige Verträge und konnten sich daher im laufenden Quartal und im kommenden Jahr auf ihren Umsatz verlassen. Hardware- und Software-Unternehmen müssen hingegen in jedem Quartal neue Aufträge bekommen, damit sie etwas einnehmen; aus diesem Grund lässt sich der Einnahmenstrom sogar von Quartal zu Quartal nur schwer abschätzen. Betreiber von Erdölpipelines bekommen von allen Nutzern stetige Einnahmen. Aussichten auf beträchtliches Neugeschäft, Anschlussaufträge oder -Verträge mit bestehenden Kunden, die Erschließung neuer Märkte, wachsende Nachfrage nach neuen Produkten oder Dienstleistungen – das alles bietet ein gewisses Maß an Vorhersagbarkeit. Vermeiden Sie es, dass Sie in jedem Quartal den Atem anhalten müssen und hoffen

163

müssen, dass ein Unternehmen genügend Aufträge oder Bestellungen bekommen hat, sodass es den erwarteten Gewinn schafft. Stabilität und Klarheit beseitigen die Achterbahn-Schwankungen von Gewinn und Wachstum, die für Investoren ein Albtraum sind.

Unternehmen mit vernünftigen regelmäßigen Einnahmen und mit Gewinnwachstum sind gewöhnlich gut geführt, sind an gesunden Märkten aktiv und haben eine robuste Wettbewerbsposition. Das Management sollte eine langfristige Sichtweise haben, das Unternehmen fast so betreiben, als wäre es ein Privatunternehmen, Samen für die Zukunft legen und sich nicht auf das Spiel mit den kurzfristigen Quartalsberichten einlassen. Ich möchte verlässliche Performance sehen. Sie sollte aber auch nicht schnurgerade verlaufen, denn das wäre höchst suspekt. Die Berichte sollten ehrlich sein, im Stil von Warren Buffett. Er sagt: „Wir glätten keine Quartals- oder Jahresergebnisse; wenn lumpige Gewinnzahlen bei der Unternehmenszentrale ankommen, dann kommen sie auch bei Ihnen lumpig an." Das Wichtigste ist nicht das absolute Niveau der Gewinne oder die konkrete Wachstumsrate. Es zählen vielmehr Dauerhaftigkeit und Verlässlichkeit des Unternehmenswachstums.

Es ist wichtig, die vergangenen Ergebnisse zu überprüfen, damit man die Finanzleistung des Unternehmens in guten und in schlechten Zeiten beurteilen kann. Ein gewisses Maß an Stetigkeit ist zwar von entscheidender Bedeutung, aber betrachten Sie Perfektion mit Misstrauen; sie ist gewöhnlich vorgetäuscht. Eine makellose, geradlinige Gewinnbilanz deutet darauf hin, dass unangemessene Maßnahmen Umsatz und Gewinn übertrieben geschönt und verzerrt haben. So etwas macht mich nervös. Derart gleichmäßige Quartalszahlen offenbaren nicht den wahren Gesundheitszustand des Unternehmens. Der Geschäftsverlauf und die Entwicklung sind niemals vollkommen glatt. In Wirklichkeit verlaufen die Geschäfte schwankend. Unternehmen haben einen großen Spielraum, innerhalb dessen sie die

Zahlen hindrehen, klittern oder frisieren können, und bis zu einem gewissen Grad ist das auch in Ordnung, aber die Ergebnisse sollten den tatsächlichen Zustand der Geschäfte wiedergeben. Ich traue Wachstumszahlen, die mäßig fluktuieren, sagen wir zwischen zehn Prozent in schwierigen Zeiten und über 20 Prozent unter günstigen Umständen. Größere Schwankungen bedeuten, dass das Unternehmen zyklisch ist – dass es also in Abhängigkeit von der Konjunktur steil auf und ab geht. Die Geschäfte fließen nie vollkommen glatt vor sich hin. Sie ändern sich. Wenn die berichteten Ergebnisse glaubwürdig sind, geben sie diese Abweichungen wieder. Nur Manipulation bringt perfekte, glatte Zahlen hervor.

Das Umsatzwachstum ist der eigentliche Motor und ohne Umsatzwachstum sind die Gewinne nicht über längere Zeiträume zu halten. Ich sehe sehr gerne zweistelliges Umsatzwachstum, aber es soll nicht so überzogen sein, dass es der Unternehmensleitung schwer fallen dürfte, die Kontrolle zu behalten, und dass es für das nächste Jahr eine schwierige Messlatte darstellt. Die Ertragsmarge vor Steuern sollte ebenfalls zweistellig sein – so hoch, dass sie solide Profitabilität anzeigt, aber nicht so abgehoben, dass sie ausgereizt und nicht haltbar ist. Ideal sind langsam steigende Margen, die als betrieblicher Hebel dafür sorgen, dass die Gewinne noch schneller steigen. Der Steuersatz sollte mit über 30 Prozent ausgeschöpft sein. Gewinnzuwächse, die auf steuerlichen Erleichterungen beruhen, sind oberflächlich. Die Gewinn-und-Verlustrechnung muss sauber sein, ohne Sondergewinne wie zum Beispiel zurückgeflossene Abschreibungsrücklagen oder sonstige nichtbetriebliche Beiträge.

Von ähnlich entscheidender Bedeutung ist der operative Cashflow. Das ist der Nettoüberschuss plus Abschreibungen materieller und immaterieller Vermögenswerte minus Kapitalaufwendungen und Dividenden. Das Niveau sollte positiv sein. Achten Sie in der Kapitalflussrechnung auch auf andere, weniger wichtige Posten, wenn sie beträchtlich sind. Gesunde Unternehmen

165

sollten Geld generieren. Sie können über ihre inneren Finanzka-
pazitäten nicht hinauswachsen. Erfolgsrechnung und Kapitalflussrechnung sollten einfach und konservativ sein.

Gute Gewinne und konservative Buchhaltung sind vorrangige Kriterien

Reden wir über ein Thema, das dieser Tage heiß diskutiert
wird. Die Handhabung der Buchhaltung steht hinter unzähli-
gen Unternehmensdebakeln der letzten Jahre. Wenn es in den
Abschlüssen zu viele Fußnoten gibt, sollten Sie Ihre Antennen
ausfahren. Mit Proforma-Abschlüssen muss man äußerst vorsichtig sein. Gewinn-und-Verlustrechnungen mit zu vielen „außerordentlichen" Posten, die herausgerechnet werden müssen,
sind verdächtig. Achten Sie auf Fußnoten zu Börsengeschäften
und unvorhergesehenen Ausgaben. Der Gewinn soll rein sein
und keine sogenannten einmaligen Faktoren enthalten. Damit
Sie wissen, was wirklich passiert, sehen Sie sich den operativen
Gewinn an. Gibt das Unternehmen in den Abschlüssen für die
Aktionäre wesentlich mehr Gewinn an als in den Abschlüssen
für das Finanzamt? Obwohl die Vorschriften inzwischen strenger sind, bleibt noch Raum für die vorzeitige Buchung von Einnahmen und für die zu niedrige Angabe laufender Kosten. Verträge können auf verschiedene Arten gebucht werden. Achten
Sie darauf, dass Einnahmen konservativ gebucht werden. Manche Unternehmen versuchen, die Entwicklung gleichmäßiger
erscheinen zu lassen, indem sie noch nicht eingegangene Einnahmen buchen und schwammig mit Forderungen umgehen.

Durch große Rücklagen, die bei einer Übernahme gebildet
werden, erzeugen Unternehmen einen Schmierfonds, mit dem
sie spätere Gewinne manipulieren können. Außerbilanzielle Finanzierungen sind ein praktisches Mittel, die wahre Verschuldung oder gewisse Verbindlichkeiten zu verbergen. Lesen Sie
auch hier die entsprechenden Fußnoten; rechnen Sie die Schulden

dazu. Lesen Sie das kleingedruckte Abrechnungsunheil – die Bewertung der Bestände, die Abrechnung von Pensionsfonds, aufgeschobene Steuern und Rücklagen. Die Ausgabe von Bezugsrechten, die eigentlich eine Verbindlichkeit darstellt, regt mich auch auf. Bezugsrechte sollten in Maßen eingesetzt werden. Sie können den künftigen Einnahmenstrom verwässern. Wenn Sie so etwas sehen, ist eine genauere Prüfung unabdingbar.

Irreführende Proforma-Ergebnisse, Anpassung und Glättung der Gewinne – auf diese Art verändern Unternehmenslenker die Wirklichkeit. Angepasste, normalisierte, neu geordnete oder oberflächliche Gewinne stören mich. „Proforma" ist eine große Fiktion für eine perfekte Welt. Auf diese Art liefert das Management den Investoren trotz unzähliger Gegenströmungen und Rückschläge die erwarteten Ergebnisse. Jedes entgleiste Unternehmen kann dank irreführender Pro-Forma-Gewinne schöne Zahlen vorweisen. Einmalige Rückschläge und Abschreibungen sind inzwischen derart üblich, dass sie in KGVs und Aktienbewertungen eingerechnet werden müssen. Obwohl die Unternehmen heute verpflichtet sind, nach GAAP abzurechnen, geben die meisten zusätzlich die frisierten, verdächtigen „Proforma"-Zahlen heraus und beseitigen damit Belege für negative (und manchmal sogar positive) Einflüsse. Korrigierte Gewinnangaben sind ebenfalls ein Warnsignal. Das ist, wie wenn man die Geschichte neu schreibt, und es hat buchhalterische Konsequenzen. Im Jahr 2005 gab es etwa 1.200 solche korrigierten Angaben.

Im Verkaufsprospekt für den Börsengang von Google stand die Absicht, in den laufenden Ergebnisberichten die aktuelle Wirklichkeit wiederzugeben – ein erfrischend ehrlicher Ansatz. In Googles IPO-Anleitung für potenzielle IPO-Zeichner hieß es, dass „der äußere Druck die Unternehmen allzu oft in Versuchung führt, langfristige Chancen zu opfern, um die Quartalserwartungen zu erfüllen. Dieser Druck bringt manche Unternehmen dazu, die Finanzergebnisse zu manipulieren, damit sie ‚das

Quartal schaffen'." Weiter hieß es: „Wir können unsere Geschäfte im Quartal nicht in einem engen Bereich voraussagen. Eine Führungsmannschaft, die sich von einer Menge kurzfristiger Ziele ablenken lässt, verhält sich so sinnvoll wie jemand, der eine Diät macht und sich jede halbe Stunde auf die Waage stellt."

Google gibt keine Gewinnprognosen ab. Die Strategie des Unternehmens besteht darin, sich auf langfristige Ziele zu konzentrieren, selbst wenn das kurzfristig nachteilige finanzielle Auswirkungen hat. Die Google-Gründer schrieben in dem Prospekt, sie wollten „weiterhin Risiken eingehen und sind bereit, Einsätze zu bringen, die nur mit zehnprozentiger Wahrscheinlichkeit über längere Zeit eine Milliarde Dollar einbringen". Unterm Srich versucht Google, die irrsinnige künstliche Glättung der ganzen legitimen Unregelmäßigkeiten in den Quartalsberichten zu vermeiden, mit denen die meisten Unternehmen ihre Zahlen manipulieren und Perfektion vortäuschen.

Unternehmensleitungen verwenden noch andere subtile Methoden, um Negatives herunterzuspielen und die positiven Faktoren zu betonen. Die Erklärung entscheidender finanzieller Posten wird gewöhnlich in noch schwebenden SEC-Meldungen vergraben. Die entsprechenden Details werden normalerweise in langwierigen, langweiligen, verspäteten 10-Q und 10-K-Berichten an die SEC offenbart, die manchmal einen oder zwei Monate nach dem Berichtsdatum veröffentlicht werden. Bis dahin sind sie verloren und vergessen. Eine einfache, ausgewogene und klare Darstellung wichtiger Posten der Bilanz und der Kapitalflussrechnung findet man in den Ergebnisberichten selten, was der Information der Investoren schadet. Solche Klärungen sollten vor allem für diejenigen Zahlen verpflichtend sein, die sich seit dem letzten Berichtszeitraum wesentlich geändert haben. Ich habe einmal über ein Unternehmen berichtet, dessen Finanzen immer mehr abgerutscht sind. Das Ausmaß des Schadens und die wahre Ursache – ein massiver Vertrag, der aus dem Ruder lief und kippte – wurde ein paar Jahre lang nicht vollständig offenbart. Das war aber wesentlich und hätte rechtzeitig offengelegt werden müssen.

Eine gesunde, solide Bilanz ist Pflicht

Eine Bilanz sollte sowohl Stärke als auch die Flexibilität zur Finanzierung künftiger Aktivitäten demonstrieren. Nichts sollte schwammig oder aus dem Gleichgewicht sein. Werfen Sie zuerst einen Blick auf das Geld; ein massiver Bestand ist entscheidend. Dann betrachten Sie die Schulden – am besten gibt es gar keine, aber insgesamt sollten sie höchstens 20 Prozent der Kapitalisierung betragen. Das ist der Verschuldungsgrad, die Gesamtschuld im Verhältnis zum Aktionärskapital. Je nach Art des Geschäfts können auch bis zu 50 Prozent akzeptabel sein. Wenn zu viele Schulden mit belastenden Zinszahlungen bedient werden, drückt das auf den Gewinn. Die Forderungen sollten streng unter Kontrolle sein, höchstens etwa 60 bis 90 Tage ab Verkauf, und es sollte keine ungünstige steigende Tendenz in der jüngeren Vergangenheit vorhanden sein. Die Bestände sollten ebenfalls unter Kontrolle sein. Und dann suchen Sie nach außerordentlichen Posten, die Warnzeichen darstellen, wie unverrechnete Einnahmen, aufgeschobene Kosten, massive Verbindlichkeiten aus Warenlieferungen und verschiedene Klassen von Stammaktien. Wenn solche Faktoren existieren, müssen sie genau geprüft und verstanden werden.

Achten Sie auf die dunkle Seite

Angenommen, ein Unternehmen weist stabiles, beständiges Wachstum sowie saubere Finanzen auf, dann müssen Sie noch die dunkle Seite beurteilen, die gewöhnlich undurchsichtiger und subtiler ist. Die positiven Merkmale sind leichter zu erkennen, weil die Manager und ihre gedopten Marketing- und Werbe-Abteilungen Überstunden machen, um die positiven Seiten

169

öffentlich zu machen. Und das tendenziell günstig verzerrte Research der Wall Street betont ebenfalls ständig die erfreulichen Aspekte. Ich habe schon hunderte von Unternehmen überprüft, und ich habe gewisse Mängel beobachtet, die offenbar Jahrzehnt für Jahrzehnt immer wieder aufkommen, während die Unternehmen kommen und gehen. Wenn diese Fehler in meinem Begutachtungsprozess auftauchen, bin ich auf der Hut. Normalerweise sind sie nicht offensichtlich und die Unternehmensleitung kleidet sie immer in ein positives Licht, indem sie sie oberflächlich gutartig darstellt. Als Anleger sollte man wachsam sein, wenn ein Unternehmen solche Unvollkommenheiten aufweist.

Generalisten machen es schlechter

Das ist der Umkehrschluss zu „Spezialisten machen es besser". In diesen Zeiten der Spezialisierung, der engen Fokussierung und der Nischen verlieren Unternehmen einen Vorteil, wenn sie expandieren und ihr Sortiment, ihre Dienstleistungen und ihren Markt verbreitern. Die Größe führt häufig dazu, dass ein Unternehmen zum Generalisten und somit verwundbar durch aufstrebende Nischenfirmen wird, die Marktanteile abgraben und neue Bereiche erschließen. Die allgemein aufgestellten Giganten kämpfen eine Verteidigungsschlacht, um ihren etablierten Marktanteil und ihren Kundenstamm zu schützen. Sie haben Angst, ihre bestehenden Produkte oder Dienstleistungen zu zerstören und überflüssig zu werden; deshalb werden sie schwerfällig und sorgen selbst dafür, dass der Wandel der Märkte und der Technologien sie ins Wanken bringt. Sie werden langweilig. Sie verlieren ihren Vorsprung und ihre kreativen, risikobereiten Mitarbeiter gehen. Sie können noch lange weiter machen und den Anschein von Marktführung und Stabilität erwecken, aber Konkurrenten, die sich auf einen Punkt konzentrieren, bugsieren den Generalisten schließlich in die Vergessenheit. Neue Wellen werden von Spezialisten angeführt. Fast alle neuen

170

Märkte und Entwicklungen werden von neuen, aufstrebenden und Pionierarbeit leistenden Unternehmen erschlossen, die sich in eine einzige Richtung bewegen. Diese Gewinner werden irgendwann auch zu groß, werden zu Generalisten und erleiden am nächsten größeren Wendepunkt des Marktes eine Niederlage. Wenn die Beschreibung der geschäftlichen Aktivitäten eines Unternehmens lange Erklärungen erfordert, ist es ein Generalist. Dann können Sie davon ausgehen, dass seine Aussichten nicht gerade glänzend sind.

In mehr als drei Jahrzehnten Berichterstattung über die Technologiebranche habe ich die Erfahrung gemacht, dass Firmen stagnieren, sobald sie zu groß werden; Entscheidungen werden von Ausschüssen getroffen und durch die erforderliche Übereinstimmung behindert, sie verlieren den Boden unter den Füßen und sind ständig mit Plänen und Strategien beschäftigt, anstatt mit Umsetzen und Handeln. Ihnen geht ganz einfach der Dampf aus. Kreative und begeisterte Mitarbeiter lassen sich nur schwer in eine massive Bürokratie locken. Die guten Mitarbeiter gehen und nur die schwächeren bleiben. Solche Supertanker brauchen zu lange, um die Richtung zu wechseln, sie verlegen sich gewöhnlich zu spät auf andere Märkte und sind leichte Angriffsziele.

Ich denke bei Größe an Dinosaurier (außer wenn das Unternehmen einen engen Schwerpunkt hat), abgesehen von wenigen Ausnahmen wie zum Beispiel General Electric und Wal-Mart. Doch selbst GE kann nicht schneller wachsen als die Wirtschaft. General Motors kam zum Stillstand, als Toyota wie der Hurrikan Katrina daherfegte. Toyota ist groß, aber konzentriert. Whole Foods lässt die etablierten Supermarktketten dank seiner Konzentration wie plumpe Riesen aussehen. Größe hemmt das Wachstum und bringt Größennachteile mit sich. Die meisten Großunternehmen sind träge und warten auf das Aussterben. Uns Analysten erzählen sie immer von Größenvorteilen, Marktanteilen, Marktmacht und Dominanz. In Wirklichkeit ist eher

171

das Gegenteil der Fall. Kleinere Unternehmen haben die Kosten besser im Griff, sind flexibler und tendenziell mehr auf Nischen konzentriert. Sie führen die neuen Entwicklungen und Veränderungen des Marktes an. Und kleinere Unternehmen mit mehr dynamischem Wachstum ziehen die besten Mitarbeiter an. Man sollte sich als Anleger nicht von Unternehmen in die Irre führen lassen, die behaupten, ihre Mammutgröße sei eine günstige Eigenschaft. Die Sperrigkeit von Großunternehmen ist gewöhnlich von Nachteil.

Zentralisierte Kontrolle kann über Nacht außer Kontrolle geraten

Hüten Sie sich vor einer herrschsüchtigen, durchgreifenden, übermäßig kontrollierenden Unternehmensleitung. Sie fördert unterhalb der Chefetage schwache Jasager-Führungskräfte. Bei ganz kleinen Unternehmen ist eine stark zentralisierte Managementstruktur durchaus in Ordnung, aber die meisten Unternehmen, die groß genug sind, dass sie an der Börse notieren, sollten relativ dezentral organisiert sein. Unternehmen und Märkte werden schnell so groß, dass das Topmanagement nicht mehr in der Lage ist, alle Entscheidungen zu treffen. Die Gruppe, die im Elfenbeinturm sitzt, verliert schnell den Kontakt zu den unteren Ebenen. Die Unternehmen haben Probleme damit, den Entscheidungsprozess, der anfänglich im Kern des Topmanagements stattfindet, anderen Managern anzuvertrauen, die Abteilungen leiten und in vorteilhafte neue Richtungen steuern. Fast unmöglich ist dieser Übergang, wenn der Gründer noch präsent ist. Unternehmensgründer geben die Kontrolle selten ab, bevor es zu spät ist.

Zentrale Kontrolle ist reibungslos und effektiv und lullt die Investoren in den Glauben ein, das sei gute Unternehmensführung – bis über Nacht die Probleme wie eine Sturmflut hereinbrechen. Die Führungskräfte an der Spitze, die gedacht hatten, nur sie seien in der Lage, die meisten Aspekte des Unternehmens

172

durch Mikromanagement zu regeln, stellen dann fest, dass sie massive Probleme oder Bedrohungen nicht wahrgenommen hatten, bis sie sich manifestieren. Die zentralisierte Kontrolle scheint nach außen hin so lange zu funktionieren, bis sie es eben nicht mehr tut. Das ist wie in einer Diktatur – sie scheint glatter und praktischer zu sein als eine chaotische Demokratie. Doch es kann schnell zum Zusammenbruch kommen, wenn die Spitze stark, aber die stützenden Strukturen schwach sind.

Eine dramatische Übernahme in schwierigen Zeiten ist ein Ablenkungsmanöver

Wenn die Führungsmannschaft erkennt, dass das Unternehmen in Schwierigkeiten ist, dass es lethargisch ist, Marktanteile verliert, dass es gereift ist, dass das Wachstum zurückgeht und die Aussichten trübe sind, versucht sie manchmal, einen unpassenden Sprung zu vollführen: Sie führt eine dramatische größere Übernahme durch, die den Zustand des Unternehmens verschleiern soll. Das ist ein sicheres Warnzeichen, dass dem Unternehmen der Sprit ausgeht. Die Spannweite der Brücke ist zu groß. Unter solchen Umständen haben Monster-Übernahmen den Zweck, die finanzielle Lage und die Erfolgsrechnungen in die Komplexität zu stürzen, die operativen Zahlen zu verdunkeln und für die Zukunft eine strategische Story heraufzubeschwören. Dann kann das Unternehmen versprechen, dass der phänomenale Deal die Ergebnisse verbessert. Bis der Gewinn dank Synergien und der Einsparung doppelter Kosten steigt, dauert es mindestens ein Jahr, aber die Investoren werden zur Geduld aufgerufen. Mithilfe einer titanischen, Aufsehen erregenden Fusion können die Manager der Notwendigkeit sofortiger Gewinne zuvorkommen und akute Gewinnausfälle verschleiern. Solche Maßnahmen schießen über das Ziel hinaus und dienen nur der Maskierung.

Die Übernahme von Chrysler durch Daimler im Jahr 1998 ist ein gutes Beispiel für das, was passieren kann, wenn die Spitzenmanager einen gigantischen Kraftakt vollführen wollen, um die Flaute der sonstigen Geschäfte auszugleichen. Daimler hatte zu kämpfen und deshalb machte es 36 Milliarden Dollar locker, um ein mittelmäßiges US-Unternehmen aufzukaufen, mit dem es bergab ging. Neun Jahre später schnitt sich Daimler eine halbe Milliarde für eine Private-Equity-Gesellschaft aus den Rippen, die es ihm wieder abnahm. Am Ende war das bloß ein 37-Milliarden-Fehler. Die Aktie von Sprint krachte von rund 75 Dollar im Jahr 1999 bis zum Jahr 2005 auf Mitte der 20er ein und dann versuchte das Unternehmen fieberhaft, Nextel zu übernehmen. Ende 2007 schrieb es die gesamte Marktkapitalisierung von Nextel in Höhe von 29,7 Milliarden ab, strich die Dividende und machte gut 20 Milliarden Dollar Schulden. Die Aktie fiel unter sechs Dollar.

Carly Fiorinas hektische Turnaround-Bemühungen bei Hewlett-Packard passen auch in dieses Bild. Im Jahr 2002 übernahm sie den lahmenden PC-Hersteller Compaq. Aufgrund der schwachen Finanzen und der erodierenden Marktanteile von Compaq sah das nach der Rettung eines kränkelnden Marktteilnehmers aus. Fiorina geriet aus mehreren Richtungen unter Beschuss, unter anderem von der Hewlett Foundation, und bekam kaum ausreichend Aktionärsstimmen zusammen. Noch ein mieses Geschäft draufzusetzen erschien nicht gerade sinnvoll. Ein paar Jahre später erwies sich das definitiv als Irrtum. Warren Buffett erklärte in einem *Fortune*-Artikel über den Compaq-Deal: „Wenn eine Unternehmensleitung, die einen glänzenden Ruf genießt, ein Unternehmen anpackt, das einen schlechten wirtschaftlichen Ruf genießt, bleibt gewöhnlich der Ruf dieses Unternehmens intakt." Als im Jahr 2008 große Banken Bankrott gingen, tätigten einige der größten ebenfalls Übernahmen als Ablenkungsmanöver. JP Morgan griff sich die kollabierenden Häuser Bear Stearns und Washington Mutual. Die Bank of America kaufte Countrywide Financial, das unter dem Debakel der Subprime-Hypotheken ächzte, und gegen Ende des Jahres schluckte sie auch noch Merrill Lynch. Es dauerte nicht lange, bis diese

Verzweiflungstaten die Bank of America heimsuchten. Das Unternehmen hatte mehr abgebissen, als es kauen konnte und bewarb sich Anfang 2009 um weitere zig Milliarden an staatlichen Rettungsmitteln, während seine Aktie auf fünf Dollar einbrach.

In den 1980er-Jahren tat AT&T einen ähnlichen Fehlgriff. Die Idee war, sich als Ergänzung zur Telekombranche noch in die Computerbranche zu stürzen. Ein reguliertes Fernleitungsnetz in der umkämpften Hightech-Industrie? Wie weit diese Farce ging, wurde mir klar, als ich bei einer Konferenz hörte, wie ein Technikspezialist von AT&T den Suchprozess erklärte. Der umfangreiche Bewertungsprozess berücksichtigte elf mögliche Computerunternehmen, vom besten bis zum schlechtesten. Ganz unten auf der Liste stand NCR. Aber der Vorsitzende entschied sich anders, und zwar für die feindliche Übernahme von NCR. AT&T bezahlte dafür letztlich zu viel, die Verschmelzung misslang, der Vorsitzende von AT&T wurde ausgetauscht, NCR wurde später abgeschrieben und mit riesigem Verlust wieder ausgegliedert. Ein Debakel. Und zwar ein vorhersehbares. Das war wieder nur ein Versuch, sich mit einer gründlichen Ablenkungstaktik aus den Problemen herauszuwühlen.

Manchmal ist das Ablenkungsmanöver keine Übernahme. Es kann auch in dem frappierenden Eintritt in einen radikal neuen Markt bestehen, zum Beispiel wenn ein Hersteller von PC-Software für Verbraucher auf den Markt für Unternehmenskunden vordringt. Der Sprung kann auch in Form einer auffallenden Änderung des Geschäftsmodells stattfinden, zum Beispiel dass ein Computerdienstleister beschließt, Software zu verkaufen. Spektakuläre Aktionen sind häufig willkommene Deckungsmanöver für kurzfristig schwache finanzielle Performance. Die Manager bezeichnen die Kosten für den Wandel als vorübergehend. Analysten und Investoren werden aufgefordert, sich in Geduld zu üben und den großen Zahltag abzuwarten, der aber selten kommt. Wer so naiv ist und an den ruhmreichen Ausgang glaubt, wird am Ende enttäuscht.

175

Führungsmannschaften und Boards lieben Übernahmen, denn je größer das Unternehmen, desto wichtiger kommen sie sich vor; sie bekommen mehr Einfluss und mehr Geld. Meistens rechtfertigen sie die Expansion mit falschen Gründen wie Synergien oder Größenvorteilen. Die Losung heißt, je größer desto besser. Aber wenn ein großes Unternehmen durch eine Übernahme noch größer wird, läutet die Totenglocke. Eigentlich sollten solche Unternehmen desinvestieren und dadurch kleiner und schnittiger werden.

Die Kundenbasis sollte robust und vital sein

Die besten Unternehmen haben blühende, vitale Unternehmen als Kundschaft, die selbst expandieren, profitabel sind und Geld haben, das sie ausgeben können. Lukrative Branchen wie Bankwesen, Energie und Pharma sind bessere Kunden als notleidende Sektoren wie Bankwesen und Einzelhandel. Kommerzielle Märkte bringen größere Gewinnspannen und schnelleres Wachstum als der Staat oder stark regulierte Branchen. Wenn die Kunden Verbraucher sind, sollte der Absatzmarkt zahlreich und gut bei Kasse sein. Ich vergewissere mich immer hinsichtlich der Qualität der Kundenbasis. Gibt es größere Verträge mit Kunden, die am Rande des Bankrotts stehen? Besteht eine große Abhängigkeit von wenigen Großkunden, die ins Schwimmen geraten sind? Oder besteht der Kundenstamm aus Unternehmen wie GE, Coca-Cola, Merck oder Citicorp?

Ein Element, das Vorstände immer überbetonen, ist die Anbahnung von Geschäften. Für die Unternehmensleitung ist es aufregend, neue Verträge anzupeilen und abzuschließen, aber manchmal werden dafür die bestehenden Kunden vernachlässigt. Die bestehenden Verträge zu erfüllen und die aktuellen Kunden zufrieden zu stellen ist allerdings das Herz und die Seele des Aufbaus eines blühenden Unternehmens, das bringt

Empfehlungen, Anschlussaufträge, steigende Gewinne wenn Verträge fällig werden, und Folge-Einnahmen. Aber das ist nicht sexy und bringt wenig unternehmerische Ehre. Die großmächtige Anerkennung geht an Verkäufer und Teams, die neue Deals bringen, vor allem wenn es Mega-Aufträge oder Fortune-100-Unternehmen sind. Aktien steigen, wenn brandheiße Pressemitteilungen beeindruckende neue Kunden und Verträge versprechen. Die Unternehmensleitung bezeichnet das Neugeschäft als Baustein für künftiges Wachstum. Das Problem ist nur, dass die Kunden, sobald man sie hat, vielleicht als selbstverständlich betrachtet werden, dass sie schlecht bedient und an Manager weitergegeben werden, die an dem anfänglichen Verkauf nicht beteiligt waren.

Wenn Analysten mit der Berichterstattung über ein Unternehmen anfangen, überprüfen sie zwar die Kundenzufriedenheit, aber häufig beobachten sie sie nicht weiter. Das ist jedoch entscheidend. Die Unzufriedenheit der Kunden kann sich stillschweigend ausbreiten und lange Zeit übersehen werden. Wenn sie ans Licht kommt, kann sie das Unternehmen in die Knie zwingen – so wie General Motors und Ford. Ich erinnere mich noch, dass IBM Mitte der 1990er-Jahre das „Jahr des Kunden" als großes Thema in den Mittelpunkt stellte. Bei der großen viertägigen User-Konferenz in jenem Jahr trat der Vorsitzende jedoch nicht auf, um sich bei den Kunden einzuschmeicheln. Das sagte mir alles. Sein Nachfolger, der von außen kam, widmete der bestehenden Kundenbasis sofort echte Aufmerksamkeit. Neue Deals sind cool und können als Katalysatoren wirken. Die Investoren sind von neuen Umsätzen schwer beeindruckt, aber die Versorgung der bestehenden Kunden ist schwerer zu beurteilen. Die Pflege der bestehenden Kunden ist echte Arbeit. Unternehmen, die diese betrieblichen Aspekte durchführen, mögen etwas dumpf erscheinen, aber sie sind solide und ausdauernd.

Hüten Sie sich vor etablierten, fest eingeführten Unternehmen, die still stehen

Manager wollen auf jeden Fall Neugeschäfte abschließen, sind aber selten zu dem Risiko bereit, neue Produkte und Dienstleistungen zu entwickeln, die Sprünge darstellen und ihr momentanes Marktangebot überflüssig machen. Üblich ist die Einstellung, die Basis zu bewahren und Beeinträchtigungen des bestehenden Geschäfts oder die Veraltung der installierten Anlagen der Kunden zu verhindern. Erfolgreiche Unternehmen werden defensiv und fürchten sich vor Veränderungen. Das ist oft so, wenn die Gründer noch im Unternehmen sind oder wenn Unternehmen mit ihrem ersten konzentrierten Schub gleich spektakuläre Höhen erreicht haben. Unternehmen sollten etwas ändern und kreative neue Dinge tun, sie sollten nie still stehen, auch wenn das laufende Geschäft vielleicht solide ist.

Firmen neigen von Natur aus dazu, still zu stehen, nur kleinere Anpassungen und Verbesserungen vorzunehmen und die Basis zu schützen. Ein klassisches Beispiel dafür war Xerox in den 1970er-Jahren mit seinen Kopierern. Ein anderer Fall war Digital Equipment mit seinen Minicomputern. EDS hielt sich an seine Kernkompetenz, nämlich Datacenter-Outsourcing, und musste leiden, als dieser Sektor das Reifestadium erreichte. Inzwischen hatten neue Konkurrenten mit dem Outsourcing von Backoffice-Funktionen einen Vorstoß gewagt. Die Supermarktketten haben den Übergang zu gesünderen Lebensmitteln verpasst. Die Detroiter Autohersteller haben den Trend zu Hybrid-Autos übersehen. Unternehmen verpassen häufig Wendepunkte von Märkten. Fest eingeführten Unternehmen fällt es schwer zuzugeben, dass ein Markt oder eine technologische Verschiebung stattfindet, die ihr bestehendes Geschäft gefährden könnte. Sie nehmen eine vorsichtige Haltung ein und wie eine NFL-Footballmannschaft, die eine späte Führung zu verteidigen hat, spielen sie dann defensiv; sie geben pro Spielzug zehn Yards auf und warten darauf, dass die Zeit abläuft. Normalerweise verhindern sie damit den Sieg.

Turnarounds funktionieren selten

Sobald ein Unternehmen seinen Vorsprung verloren hat, sobald es bergab geht und die Gewinne nachzulassen beginnen, reagiert das Board normalerweise mit einem Austausch der Führungsmannschaft. Das neue Team nimmt einen Turnaround in Angriff, der normalerweise finanzielle Restrukturierungen, Kostensenkungen, Verkleinerung, Desinvestitionen und eine neue Strategie nach sich zieht. Neue Führungsmannschaften stürmen normalerweise in ein Unternehmen, stellen frische Führungskräfte ein, versprechen massive Veränderungen, machen schmerzhafte Abschreibungen und bilden Rücklagen, kürzen Kosten und verbessern häufig die Kommunikation mit den Investoren. Diese ganze Begeisterung über den Wandel bekommt von der Presse und den Analysten viel Aufmerksamkeit. Diese scheinbar gewagten Schritte muntern die Investoren auf. Aber leider wandelt sich das Unternehmen nie wirklich und übernimmt wieder eine blühende Führungsrolle.

Carly Fiorinas Bemühungen, Hewlett-Packard einer Generalüberholung zu unterziehen, scheiterten, vor allem als sie die Mega-Übernahme von Compaq durchdrückte. Das Board dachte, dass ihre Anstrengungen nichts bringen würden, und sie wurde einfach abgelöst. Als die Geschäfte des alten Original-AT&T verkümmerten, stellte das Unternehmen mehrere neue Vorstandsvorsitzende ein, die Turnarounds in Angriff nehmen sollten, aber schließlich wurde es selbst übernommen. Xerox hat in den vergangenen 25 Jahren ein halbes Dutzend Mal versucht, sich zu verwandeln und wieder Energie aufzubringen.

Nachdem EDS Anfang 2005 nach zwei Jahren, in denen der Turnaround kaum vorangekommen war, wenig vorzuweisen hatte und noch ein Jahr des Kampfes vor sich hatte, welche Mohrrübe konnte es da wohl vor den Analysten baumeln lassen? Es versprach ein paar rennwagenmäßige Aufträge. Es trumpfte mit voraussichtlichen Aufträgen für das Jahr 2007 in Höhe von 23 Milliarden Dollar auf und hoffte, die Analysten

179

würden die miserablen 15 Millionen des Jahres 2004 vergessen, von der reifenden Branche, der Konkurrenz aus dem Ausland und den ganzen anderen widrigen Umständen ganz zu schweigen. Das Jahr 2007 reichte aus, die Wachsamkeit längere Zeit einzuschläfern. Es ist schon hart genug, das nächste Quartal vorauszusagen, geschweige denn drei Jahre in die Zukunft zu sehen. Ungeheuerliche ferne Versprechungen sind ein eindeutiges Signal, dass die Aussichten des Turnarounds schlecht sind. Unter zwei Turnaround-Führungen erlangte EDS seine prominente Stellung nicht mehr und wurde im Jahr 2008 schließlich an Hewlett-Packard verkauft.

Turnaround-Versprechungen bringen es immer mit sich, dass die Investoren ein paar Jahre oder noch länger warten müssen. Manchmal ist der beste Fall der, dass das neue Management die Finanzlage rettet, den Sieg verkündet und das Unternehmen fusioniert. Sinkende Schiffe tauchen nicht als Flugzeugträger in Angriffsposition wieder auf. Erwarten Sie von derartigen Veränderungen keine dramatische Metamorphose oder wiedererstarktes Wachstum. Turnarounds äußern sich nie in solchen Ergebnissen.

Protzerei und Luxus lassen die Alarmglocken schrillen

Hüten Sie sich als Anleger immer vor Unternehmen, die unnötigen Luxus zur Schau stellen. Unternehmen mit außerordentlich luxuriösen Büros sollten den Anleger abstoßen: hochflorige Teppiche, Antiquitäten, Kunstwerke und Luxusmöbel. Zu viel Pracht deutet darauf hin, dass die Manager in erster Linie an sich selbst denken. Wenn ein Unternehmen einen protzigen neuen Campus als Unternehmenszentrale einrichtet, ist der Fall fast mit Sicherheit vorprogrammiert. Als Begründung wird immer die Nähe zu den Mitarbeitern angeführt, oder gar Einsparungen. In Wirklichkeit ist das aber nur eine Steigerung auf der Luxusskala. Manchmal fällt so etwas im Jahresbericht auf.

180

Meine erste Lektion in Sachen Abschreckung von Unternehmen, die sich prächtige neue Büros einrichten, bekam ich in den 1970er-Jahren bei Xerox. Der Vorsitzende und Gründer Peter McCullough führte eine große Analystengruppe stolz durch das ganze neue Gebäude in Stamford, Connecticut, und hob die tollen Parkettböden, den Fitnessraum sowie diverse Dinge aus Marmor, Messing und Mahagoni hervor. Wir gingen wie betäubt durch das Gebäude. Die neue Zentrale mag zwar nicht der Auslöser gewesen sein, dass Xerox geschäftliche Schwierigkeiten bekam, aber diese Zurschaustellung oberflächlichen finanziellen Wohlstands erwies sich als gutes Warnzeichen für die höchst durchwachsene Bilanz des Unternehmens in den folgenden Jahrzehnten.

Weitere Zeichen für die Großartigkeit sind vielleicht die Automobilflotte der Manager, die übertriebene Anzahl und Nutzung der Firmenflugzeuge, die Mitgliedschaften in Country Clubs, die Lounges in Sportstadien, Stadien, die den Namen des Unternehmens tragen, Erster-Klasse-Flüge, Zimmer in Four Seasons Hotels, Designeranzüge, exklusive Managerkantinen, kostspielige Ausflüge für Kunden und Mitarbeiter und sogar der luxuriöse Ort, an dem Analystenkonferenzen stattfinden. Mich stört es, wenn die alljährliche Analystenversammlung in einem noblen Hotel oder Country Club abgehalten wird.

Die Büros von Unternehmen und der Führungsstil sollten sich idealerweise an John Chambers orientieren, dem Vorstandsvorsitzenden von Cisco Systems, eines Verfechters des Egalitarismus mit einem bescheidenen Ansatz. Er hat kein schickes Eckbüro, sondern einen vier mal vier Meter großen Raum mitten im Stockwerk ohne Aussicht. Die äußeren Büros mit Fenstern sind rangniedrigeren Mitarbeitern vorbehalten, das Management sitzt in der Mitte. Diese Atmosphäre signalisiert den Mitarbeitern, dass sie wichtig sind, und das fördert die Kommunikation. Die Konferenztische sind rund und vermitteln eher Gleichheit als Hierarchie. Der Schreibtisch von Chambers hat eine Kunststoffplatte, die Stühle haben Plastik-Armlehnen: Seine bescheidene Herkunft aus West Virginia schlägt durch. Das ist schon ein Kontrast dazu, dass John Thain, der Vorstandsvorsitzende von Merrill Lynch, vor dem Verkauf der Firma an die Bank of America sein Büro für eine Million Dollar umgestalten ließ. Bei Cisco gibt es keine reservierten Parkplätze und keine spezielle Hackordnung unter den Managern.

Vorsicht bei übertriebener Reklame

Manche Unternehmen haben eine riesige Marketingmaschinerie, die täglich Pressemitteilungen über die unwichtigsten, nebensächlichsten Angelegenheiten veröffentlicht. Die Investor Relations-Abteilung könnte genauso gut einer Werbeagentur gehören, bietet nur magere Informationen über den Betrieb oder die Aussichten des Unternehmens und liefert den Investoren vergnügt allgemein gehaltene Kommentare. Wir Analysten kommen dann aus einer Besprechung oder Versammlung heraus als hätten wir gerade ein schlechtes chinesisches Essen verzehrt und hätten immer noch Hunger. Diese Art von Marketing, Pressemitteilungen und Werbung ist Verschleierung. Achten Sie auf übertrieben bunte, teuere Hochglanz-Jahresberichte, das ist zu viel Glamour. Suchen Sie lieber zurückhaltend dargestellte Inhalte und bedeutungsvolle Diskussionen. Unternehmen mit Tiefgang brauchen nicht überzogen zu prahlen. Die Überfülle von Bekanntmachungen führt dazu, dass Analysten und Investoren dicht machen, und wenn wirklich eine wichtige Botschaft kommt, ist sie geschwächt. Wenn ich sehe, dass Topmanager zu viel öffentlich auftreten, Interviews geben und in den Medien erscheinen, frage ich mich, wer auf den Laden aufpasst. Ich frage mich dann auch, was sie eigentlich wollen. Managen sie das Unternehmen oder die Aktie? Versucht das Management, durch Manipulation eine positive Wahrnehmung zu erzeugen, weil es befürchtet, Außenstehende könnten die Wahr-

182

heit erkennen? Unternehmen mit hyperaktiver Öffentlichkeits-
arbeit fehlt es an Substanz.

Ein ehemaliger Direktor der Investor-Relations-Abteilung
von Tyco International sagte in den Tagen von Dennis Kozlows-
kis irregeleitetem persönlichen Ausgabenwahn vor Gericht zu
diesem öffentlichkeitswirksamen Verhalten aus. Laut seinen Be-
hauptungen wurde seine Investor-Relations-Gruppe gedrängt,
zur „Marketing-Abteilung für die Aktie des Unternehmens" zu
werden. In dem Wissen, dass „die Funktion von Investor Relations darin besteht, wahre und zutreffende Informationen zu
liefern", wollte Tyco Analysten und Investoren gegenüber jedoch
stattdessen „das Positive hervorheben und betonen und das Negative abschwächen".

Hüten Sie sich vor Vorständen, die vage und zweideutig sind.
Bei einer Analystenversammlung sagte der Vorsitzende eines
bedohten Unternehmens: „Wachstum ist sowohl unsere Herausforderung als auch unser größtes Ziel." Dann sagte er noch: „Wir
können für Wachstum sorgen, indem wir die laufenden Kosten
senken." Ein solcher Kommunikationsstil trübt die Glaubwürdigkeit und erzeugt Misstrauen. Kostensenkungen unterstützen
zwar die Profitabilität, aber damit die Einnahmen wachsen,
braucht man neue Aufträge und Verkäufe.

Unternehmen können das Bild noch weiter verzerren, indem
sie verdrehte und verzerrte Ergebnisse präsentieren. Eine typische Pressemitteilung, die sich auf einen erschreckenden Gewinneinbruch bezieht, trägt vielleicht eine Überschrift wie diese: „Erlös um X% gestiegen. Ermutigende Aussichten für Auf-
tragslage." Da gibt es keinen Hinweis auf den massiven, enttäuschenden Rückgang des Überschusses oder auf die Gründe für
den Absacker. Wenn es negative Neuigkeiten gibt, sollten sie
auch so dargestellt und ausführlich erklärt werden. Es ist üblich,
dass Manager der Anlegeröffentlichkeit mit zugeknöpften, ma-
nipulativen Mitteilungen Sand in die Augen streuen. Pressemitteilungen erklären selten die Unsicherheiten und Risiken, wenn

183

sie positive Nachrichten wie beispielsweise einen neuen Vertrag vermelden. Bei formellen Telefonkonferenzen und Pressekonferenzen wird Herausforderungen und Problemen nie die angemessene Zeit gewidmet. Es ist fast überall gängige Praxis, positive Nachrichten bereitwillig detailliert zu besprechen, aber das Nachbohren nach enttäuschenden Rückschlägen zu verhindern. Eine andere Masche sind Telefonkonferenzen, die schlechte Nachrichten erst spät am Tag bekannt geben – in der Hoffnung, dass die Wall Street schon heimgegangen ist und dass die Presseberichterstattung nur begrenzt ausfällt, weil der Redaktionsschluss naht. Im Gegensatz dazu werden bei Konferenzen zur Hauptgeschäftszeit nur erfreuliche Nachrichten bis zum Erbrechen dargelegt.

Hüten Sie sich vor Aktienrückkäufen und verwässernden Bezugsrechten

Aktienrückkaufpläne – also dass ein Unternehmen seine Aktien am freien Markt zurückkauft – sind ein jämmerlicher Versuch, den Unternehmensgewinn und den Aktienkurs künstlich anzuheizen. Unternehmensleitungen kündigen solche Deals selten an, wenn das Geschäft brummt, die Aussichten glänzend sind und die Aktie gut läuft. Rückkäufe finden gewöhnlich statt, wenn der Gewinn ins Stocken gerät oder wenn sich der Aktienkurs schleppend entwickelt. Solche Finanzmanöver sind nicht das Gleiche wie echtes Wachstum oder echte fundamentale Fortschritte wie beispielsweise der Zugewinn von Marktanteilen. Laut Standard & Poor's gab es im Jahr 2007 Aktienrückkäufe im Wert von 589 Milliarden Dollar und damit doppelt so viel wie die 246 Milliarden Dollar, die die Unternehmen an Bardividenden ausgeschüttet haben. Vom ersten Quartal 2004 bis 2007 haben die Unternehmen, die im S & P 500 enthalten sind, 1,4 Billionen Dollar für Aktienrückkäufe ausgegeben, aber unter 1,6 Billionen für Kapitalaufwendungen und nur 721 Milliarden Dollar für Dividenden. Das ist absurd. Und sicher haben diese Firmen ihren Kapitalschwund bedauert, als die Baisse im Jahr 2008 voll im Gange war. Eine Studie von S & P, die in *Barron's* veröffentlicht wurde, weist darauf hin, dass Rückkäufe gewöhnlich Geldverschwendung sind. Weniger als 25 Prozent der Aktien der 423 S & P 500-Unternehmen, die von 2006 bis Mitte 2007 Aktien zurückkauften, übertrafen bis Ende September 2007 den Index. Das heißt, dass rund 76 Prozent besser bedient gewesen wären, wenn sie nichts getan hätten. Ein Drittel von ihnen hat beim Rückkauf einen höheren Preis als den Aktienkurs im Herbst 2007 bezahlt, geschweige denn als während der Baisse 2008, und haben somit einen schweren Buchwertverlust erlitten. Darüberhinaus fand S & P heraus, dass diejenigen Unternehmen, die die größten Rückkäufe tätigten, die schlechteste Aktienperformance verzeichneten. Bis zu der Baisse 2008 haben Unternehmen sogar Kredite aufgenommen, Schuldpapiere ausgegeben und die Bilanz belastet, um Aktien zurückzukaufen. Das war kurzsichtig und machte mich misstrauisch.

Ein typisches Beispiel ist Home Depot, dessen Geschäfte durch den Absturz des Häusermarktes beeinträchtigt wurden. Das Unternehmen gab Anleihen aus und kaufte im Juni 2007 die kolossale Menge von 25 Prozent seiner Aktien zu Preisen zwischen 37 und 39 Dollar zurück. Ende 2008 stand die Aktie bei Mitte 20. Mehrere Wohnungsbauunternehmen wünschten jetzt, sie hätten das ganze Geld behalten, das sie in den letzten paar Jahren an Aktienrückkäufe verschwendet haben. Ebenso absurd verhielt sich Sally Mae (SLM Corporation), als es Derivate – Aktien-Forwards – für den Rückkauf seiner Aktien einsetzte. Als die Aktien stiegen, ging das in Ordnung, aber als sie zu rutschen begannen, wurde es zum Debakel. Dieser Fehler kostete mehrere Milliarden Dollar. Citigroup kaufte im Jahr 2006 für sieben Milliarden Dollar Aktien zum Durchschnittskurs von fast 50 Dollar pro Stück zurück. Ende 2008 brauchte das Unternehmen Kapital und nahm zig Milliarden an staatlichen Rettungsgeldern.

Anfang 2009 stand die Aktie unter drei Dollar. Ich nehme an, das Unternehmen hat zu viel bezahlt.

General Electric hat von 2005 bis Mitte 2008 Aktien im Wert von 29 Milliarden Dollar zum Durchschnittspreis von 36 Dollar pro Aktie zurückgekauft. Im Oktober 2008 musste es rund zwölf Millionen neue Aktien für mehr als 22 Dollar verkaufen, um sich Kapital zu beschaffen, und einen Monat danach fiel der Preis unter 15 Dollar. Lehman Brothers hatte im ersten Halbjahr 2008 Aktien zurückgekauft, bevor es im September aus Kapitalmangel zusammenbrach. Das *Wall Street Journal* verglich diese Handlungsweise damit, dass „man den Feuerlöscher gerade dann verschenkt, wenn sich das Haus mit Rauch füllt". Im Jahr 2007 kaufte Macy's seine Aktien für rund 39 Dollar zurück; im Herbst stand seine Aktie unter zehn Dollar. Sears kaufte im Jahr 2007 die Menge von 22 Millionen Aktien zum durchschnittlichen Preis von 135 Dollar. Im November 2008 brach die Aktie auf weniger als 30 Dollar ein. Sie verstehen, was ich meine. Seien Sie vorsichtig, wenn ein Unternehmen Schulden macht, Vermögenswerte verkauft und seine Aktien zurückkauft. Um Barron's zu zitieren: „Die meisten Aktienrückkaufprogramme sind wie eine Diät: Sie heben kurzfristig die Hoffnung, aber gewöhnlich bringen sie keinen langfristigen Nutzen." Außerdem deuten sie darauf hin, dass die Manager in Panik geraten, und sind wahrscheinlich Verlegenheitslösungen, wenn das Unternehmen eine Enttäuschung erlebt hat und/oder wenn der Aktienkurs nachgibt.

Ein weiteres negatives Anzeichen ist die Ausgabe von verwässernden Aktienbezugsrechten, die Mitarbeitern und Managern das Recht geben, in ferner Zukunft für einen zum Ausgabedatum festgelegten Preis Aktien zu kaufen. Wenn Millionen von Bezugsrechten ausgegeben werden, wird der Gewinn pro Aktie spürbar verwässert. Die Aktionäre müssen mehr auf diese Auswirkungen achten. Die Pflicht, die vollständigen Auswirkungen auf den Gewinn pro Aktie zu berechnen und zu berichten, ist ein Schritt in Richtung der Meldung von legitimen,

186

echten Ergebnissen. Das ist ein Dämpfer für diese lukrativen Geschenke, die bis vor Kurzem vollständig auf Kosten der Aktionäre gingen. Wenn der Aktienkurs abstürzt und die Bezugsrechte abtauchen, umgehen Manager und Mitarbeiter den persönlichen Verlust, indem sie neue Optionen zu günstigeren Preisen ausgeben. Zu schade, dass die Aktionäre ihren Kaufpreis nach dem Kurseinbruch nicht mehr korrigieren können. Die im Grunde illegale Rückdatierung von Aktienbezugsrechten brauche ich wohl überhaupt nicht zu erwähnen. Das ist noch so eine List der Manager, sich auf Kosten der Anleger zu bereichern.

Mit Bezugsrechten wird so freizügig umgegangen, weil sie bisher buchhalterisch als kostenlose „Geschenke" behandelt wurden. Broadcom ist nur eines von vielen Beispielen für massive Mitarbeiteroptionen. Obwohl das Unternehmen Ende 2003 mit einer Milliarde Dollar in den roten Zahlen stand und am Ende des Jahres einen Verlustvortrag von fast sieben Milliarden hatte, entsprach der Anfang 2004 vorgeschlagende Bezugsrechtsplan zwölf Prozent des Unternehmenswertes und verwässerte die Aktionäre um vier Prozent. Und davor hatte das Unternehmen preiswertere Bezugsrechte nachgelegt, nachdem die zuerst ausgegebenen in den Jahren 2001 und 2003 in den Keller gefallen waren.

Brocade Communications ist ein weiteres plakatives Beispiel für die exzessive Verteilung von Bezugsrechten. Die Aktie kam im Jahr 1999 mit 4,75 Dollar an die Börse. Im Oktober 2000 hatte sie sie 133 Dollar erreicht, und jetzt wird sie wieder im einstelligen Bereich gehandelt. Anfang 2005 korrigierte das Unternehmen seine Abschlüsse der letzten sechs Jahre – aller Jahre, in denen es an der Börse gehandelt wurde –, weil es Fehler in der Abrechnung von Bezugsrechten gegeben hatte. Es stellte sich heraus, dass sich der Nettoverlust im Jahr 2004 auf 32 Millionen Dollar und nicht auf die ursprünglich gemeldeten zwei Millionen Dollar belaufen hatte. Mitte 2007 wurde der ehemalige Vorstandsvorsitzende von Brocade wegen Aktionärsbetrug in

187

Form der illegalen zeitlichen Gestaltung der Ausgabe von Bezugsrechten von den Bundesbehörden vor Gericht gebracht und zu einer Haftstrafe von 21 Monaten sowie einer Geldstrafe von 15 Millionen Dollar verurteilt. Der Bundes-Bezirksrichter stellte bezüglich der Rückdatierung fest: „Das ist ein Vergehen gegen die Ehrlichkeit […] er [Vorstandsvorsitzende] hat im Zeitraum von drei Jahren wiederholt gelogen."

Es gibt noch Myriaden weiterer Beispiele. Die Aktionäre von Hewlett-Packard stimmten im Jahr 2004 mehrheitlich dafür, alle Bezugsrechte als Ausgaben zu buchen, aber die Unternehmensleitung hörte nicht darauf und führte die Auswirkungen auf die Finanzberichte weiter, bis im Jahr 2007 die Vorschriften geändert wurden. Als die Aktie von Countrywide von Anfang bis Ende des Jahres 2007 von 45 auf zwölf Dollar einbrach, verlängerte das Unternehmen die Fälligkeit der Bezugsrechte für gehobene Manager um ein oder zwei Jahre. Ich wette, die normalen Aktionäre wünschten, sie bekämen auch eine solche Verlängerung. Auch Google änderte den Preis seiner Bezugsrechte Anfang 2009, als die Baisse dazu führte, dass die Optionen von 85 Prozent der Mitarbeiter im Minus standen. Es ist schon seltsam, wie die Unternehmen die Verluste, aber nicht die Gewinne begrenzen, und zwar immer auf Kosten der Aktionäre. Der ehemalige Vorstandsvorsitzende der UnitedHealth Group erklärte sich Ende 2007 bereit, dem Unternehmen mehr als 600 Millionen Dollar an Bezugsrechten zurückzuzahlen, nachdem ein Rückdatierungsskandal enthüllt worden war. Andere Manager mussten aufgrund von Ermittlungen des Justizministeriums 300 Millionen Dollar aufgeben. Bloomberg News zitierte die Reaktion eines Analysten von der Wall Street: „Jetzt können wir die Überheblichkeit in Dollar beziffern." UnitedHealth ragt unter der Entlarvung von mehr als 200 Unternehmen heraus, die ähnliche Rückdatierungen von Aktienbezugsrechten vorgenommen haben; die Hälfte dieser Unternehmen musste die Finanzergebnisse für die Jahre 2006 und 2007 korrigieren. Rund 90 Vorstände

188

und Direktoren haben ihre Stellung verloren und es wurden 400 Gerichtsverfahren wegen Rückdatierung angestrengt. Hüten Sie sich vor Unternehmen, die sich an eklatant eigennützigen Handlungen beteiligen.

Ich bevorzuge die Methode von Berkshire Hathaway. Das Unternehmen hat noch nie Bezugsrechte ausgegeben. Warren Buffett, der hochkarätige Leiter des Unternehmens, ist ein Verfechter der Behandlung von Bezugsrechten als Ausgaben. Er ist außerdem der Meinung, dass die Manager die Aktien nach Ausübung ihrer Bezugsrechte während eines Zeitraums von vernünftiger Dauer nicht verkaufen dürfen sollten. Microsoft hat sich im Jahr 2007 auf den Weg zur Abschaffung der Ausgabe von Bezugsrechten gemacht. Das Financial Accounting Standards Board verlangt seit Frühjahr 2006, dass von Unternehmen ausgegebene Bezugsrechte in der Gewinn-und-Verlustrechnung vollständig als Aufwendungen abgerechnet werden. Die Menge dieser Geschenke geht schnell zurück – na so eine Überraschung! Ja, es mag schon sein, dass die Aktienkurse die künftige Verwässerung durch Bezugsrechte zu einem gewissen Grad einpreisen, wenn ein Unternehmen damit besonders großzügig oder besonders geizig umgeht. Aber dieses Argument erinnert mich an den Fall, dass ein Unternehmen eine riesige Übernahme durchführt, was enorme Einnahmen, enorme Gewinne und massive Abschreibungskosten bringt. Ich habe schon so oft das Argument gehört, wir Analysten und die Investoren sollten die Abschreibungskosten übersehen, die den Berichtsgewinn beeinträchtigen, und uns stattdessen auf den operativen Gewinn konzentrieren – einschließlich der Beiträge von dem übernommenen Unternehmen. Die Unternehmenslenker wollten eben beides haben. Den gleichen Wunsch nehme ich wahr, wenn sich Manager bemühen so zu tun, als würden Bezugsrechte nichts kosten.

Als Anleger sollten Sie immer skeptisch sein und die wunden Punkte eines Unternehmens suchen. Die Brillanz und Exzellenz eines Unternehmens ist leicht auszumachen. Die Wall Street, die

Manager des Unternehmens und sogar die Presse verströmen ständig Superlative. Die Mängel sind jedoch verborgen und es gibt eine Fülle von Parteien, die großes Interesse daran haben, sie unter Verschluss zu halten. Die Herausforderung besteht also darin, die verborgenen Schwächen zu erkennen, die für den Anleger ein Ausschlusskriterium sein könnten.

6

Die Eigenschaften der Führungsmannschaft sind ein aufschlussreicher Investment-Maßstab

Ein entscheidender Teil der Beurteilung von Investments und der Bewertung von Unternehmen ist die Einschätzung der Effektivität, des Charakters und der Werte des Managements. Überraschenderweise missachtet die Wall Street häufig diese Qualitätsunterschiede zwischen den Unternehmen, die sie abdeckt. In entscheidenden Momenten, wenn Ereignisse die Investoren in Panik versetzen und wenn Aktien abstürzen, sind die Unternehmenslenker gewöhnlich vorübergehend von der Außenwelt abgeschottet. Unter solchen Umständen müssen die Anleger wissen, ob sie dem Management trauen können. Das gilt aber auch langfristig. Würden Sie lieber in vertrauenswürdige oder in verschlossene Manager investieren? Man muss irgendwie die Werte der Manager zu fassen bekommen, wenn man in ein Unternehmen investiert.

Ich hatte manchmal die Gelegenheit, Vorstände bei einer Runde Golf zu begutachten. Indem ich sie 18 Löcher lang beobachtete und mit ihnen plauderte, gewann ich mehr Erkenntnisse als ich je in einer Besprechung hätte bekommen können. Einmal kündigte ein in Schwierigkeiten geratener Anbieter von Lohnbuchhaltung einen Tag vor Beginn meiner jährlichen Investorenkonferenz in Miami an, dass die Gewinne enttäuschend niedrig ausfallen würden. Die Aktie brach ein und die Manager wurden von den Investoren scharf kritisiert. Im nächsten Jahr passierte das Gleiche wieder. Da der Vorstandsvorsitzende aus dem Mittelwesten stammte und da es Januar war, spielte er nach der Konferenz mit mir auf dem Blue Monster des Doral, in dem meine Konferenz stattfand, eine Runde Golf. Der Portfoliomanager des Fonds mit der größten Aktienposition war auch mit von der Partie. Zweieinhalb Stunden lang quälte er den unglücklichen Manager mit bösartigen Sticheleien. Nach neun Löchern fing ich an, die Schläger des Vorstandsvorsitzenden von meinem Cart auf den Karren des Investors umzuräumen. Der Vorstandsvorsitzende unterbrach mich und flehte mich an: „Tun Sie mir das nicht an, meine Runde ist eh schon ruiniert!" Das zeigte mir, dass er bescheiden, gutmütig und echt war; er war ein guter Mann, dem ich trauen konnte.

Wall-Street-Analysten haben mit einer derartigen Menge von Unternehmensleitern zu tun, dass wir in fast jedem, den wir neu kennen lernen, irgendeinen Stil oder Typ wiedererkennen. Wir beobachten Manager und können aufgrund unserer Erfahrungen mit ähnlichen Managern in anderen Firmen fast schon die Zukunft eines Unternehmens voraussagen. Auch Investoren können bei der Suche nach potenziellen Investmentchancen und bei der Verfolgung ihrer aktuellen Positionen manchmal gewisse aussagekräftige Charakterzüge und Verhaltensweisen ausmachen.

Es gibt eine Reihe von Stilen, die immer wiederkehren – manche sind konstruktiv, andere eher abträglich. In vielen Fällen lügen die Vorstände gar nicht; sie sind nur schlecht informiert, naiv oder übertrieben optimistisch. Sie können ständig untertreiben, immer übertreiben, schweigsame Typen oder wilde Geschichtenerzähler sein. Manager machen gängige Fehler, wenn Probleme auftauchen. Als Investor muss man gute und unerwünschte Charakterzüge unterscheiden können.

Hören Sie sich Vorstände bei Telefonkonferenzen an

Privatanleger haben weniger Zugang zu Vorständen als viele Street-Insider. So ziemlich die einzige Möglichkeit, das Management aus erster Hand zu erleben, besteht darin, sich die Quartals-Telefonkonferenz anzuhören. Man kann sich die vorbereiteten Bemerkungen der Manager und ihre Antworten auf Fragen live als Webcast oder am Telefon anhören. Diese Telefonkonferenzen werden etwa eine Woche vor Bekanntgabe der Geschäftszahlen anberaumt und in einer Pressemitteilung des Unternehmens öffentlich angekündigt. Wenn Sie weitere Einzelheiten wissen wollen, zum Beispiel die Einwahlnummern, rufen Sie die Investor-Relations-Abteilung des Unternehmens an. Normalerweise steht nach dem Telefonat noch eine Woche lang eine Aufzeichnung zur Verfügung. Als reiner Zuhörer kann jedermann an diesen Sitzungen teilnehmen, aber nur Street-Analysten und institutionelle Investoren können den Vorständen direkt Fragen stellen.

Eine Telefonkonferenz ist so viel wert wie tausend Berichte. Dabei bekommt man ein Gefühl für den Führungsstil und den Charakter des Managements. Das ist, wie wenn man eine Pressekonferenz beobachtet. Beurteilen Sie das Maß an Zuversicht und Überzeugung, Arroganz oder Bescheidenheit, Aufrichtigkeit und Konservatismus. Achten Sie auf die Laune der Manager. Manchmal klingen sie zögerlich oder wenig überzeugend. Hören Sie sorgfältig darauf, wie die Manager die Fragen der Analysten beantworten, die sich oft wie die Piranhas benehmen. Man kann bei solchen Telefonkonferenzen aber nicht nur den

Charakter der Unternehmensleitung beobachten, sondern sie bieten auch unschätzbar wertvolle Einblicke in die Geschäfte eines Unternehmens, in aktuelle Trends und Aussichten. Daraus kann man besser als aus Researchberichten die Haltung der dagegen haltenden Analysten, die Bedenken und Ungewissheiten der Wall Street ablesen. Lesen Sie zwischen den Zeilen, um die eigentliche Botschaft zu erkennen. Und achten Sie auf subtilere Aspekte solcher Gespräche. Aus den Nuancen der Vortragsweise kann man genauso viel herauslesen wie aus den konkreten Bemerkungen. Achten Sie auf den Ton und auf die Dauer der Äußerungen der Manager. Es kann sein, dass sie 45 Minuten lang ihre Kommentare herunterleiern und dass dann nur noch kurze 15 Minuten für Fragen und Antworten bleiben. Diese Zeitschinderei kann bedeuten, dass sie sich vor bohrenden Fragen und einem Kreuzverhör schützen wollen. Verschaffen Sie sich einen Gesamteindruck. Ist das Bild klar und günstig oder trübe und unsicher? Diese Telefonate sind der nächste Blick, den Sie je auf ein Unternehmen bekommen.

Der visionäre Führer oder Gründer, der sich anpasst

Unternehmenslenker, die sich anpassen wollen, sind selten und relativ leicht zu erkennen. Solche Persönlichkeiten prägen jede unternehmerische Ära. Analysten fühlen sich geehrt, wenn sie das Privileg haben, solche Führungspersönlichkeiten zu kennen und den Aufstieg solcher außergewöhnlicher Unternehmen aus erster Hand mitzuerleben. Bill Gates von Microsoft, Robert Noyce von Intel, Ross Perot von EDS und vielleicht Larry Ellison von Oracle sind Beispiele für solche Exemplare, mit denen ich im Laufe meiner Karriere persönlichen Kontakt hatte. Sie können der Liste noch Warren Buffett, Jack Welch, Steve Jobs, John Chambers (von Cisco) und Manager von Unternehmen wie FedEx und Wal-Mart hinzufügen. Bill Hewlett war auch ein Beispiel.

194

Ich werde die Analystenversammlungen nie vergessen, die Hewlett-Packard in den 1970er-Jahren zweimal jährlich in New York veranstaltete. Bill Hewlett, der HP mit David Packard in einer Garage gegründet hat, präsidierte vier Stunden lang über die Versammlung und sprach frei von der Leber weg. Er scheute sich nicht vor Besorgnissen oder negativen Aspekten. Das waren gründliche, absolut ernsthafte Arbeitssitzungen. Er besaß Glaubwürdigkeit.

Das Besondere an solchen Gründern oder Führern ist, dass sie sich verwandeln und anpassen, wenn ihre aufstrebenden Startups zu weltweit beherrschenden Titanen werden. Manchmal veranlasst sie das, ihre gigantischen Firmen in neue Richtungen zu steuern, die ihnen Kraft geben. Bill Gates hat Microsoft von PC-Betriebssystemen über PC-Anwendungen und Business-Software in das Internet und jetzt in die Bereiche Spiele und Unterhaltung geführt. Er verwandelt sich weiterhin mit den Märkten und stellt sich breiter auf. Visionäre erkennen einen neuen Markt, schaffen ihn, führen ihn und ändern dann die Richtung ihres Unternehmens, wenn der alte Sektor reift. Solche Führungspersönlichkeiten stellen hohe Leistungsanforderungen und ihre Mitarbeiter erheben sich ebenfalls auf diese Ebene. Sie treiben ständig Verbesserungen voran, sie hören ihren Endkunden zu, versuchen sie zu verstehen und sich in sie hineinzuversetzen. Sie sind charismatische Führungspersönlichkeiten, vielseitig, offen, getrieben, kreativ, aggressiv, furchtlos und selbstbewusst.

Es ist fesselnd, solchen Managern zuzuhören. Wenn ich Bill Gates in den Kaffeepausen bei Versammlungen Fragen stellte, wippte er vor und zurück, murmelte mehrere Sekunden lang Fragen vor sich hin und formulierte dann brillante, abgewogene Antworten. Je unprätentiöser und echter der Manager – wie Gates und Noyce – umso überzeugender die Bemerkungen. Aber trotzdem darf man sich nicht verzaubern lassen und die Texte dieser Manager blind und kritiklos glauben. Für Analysten und Investoren ist es eine Herausforderung, nicht in

195

Heldenverehrung zu verfallen. Wenn ein Unternehmenslenker arrogant und eingebildet ist, zeigen Analysten von Natur aus eine gesunde Skepsis.

Gründer stehen manchmal für den schnellen Aufstieg und Fall

Führungspersönlichkeiten für Aufstieg und Fall können inspirierte, erfinderische Schöpfer dynamischer, siegreicher Unternehmen sein, aber sie überleben sich mit der Zeit. Wenn sich Märkte verschieben und das Unternehmen reift, steckt dieser Einmal-Pionier in seinem ursprünglichen Geschäft fest. Die frühzeitige Vision, die das Unternehmen in große Höhen geführt hat, hat den Höhepunkt überschritten, aber der große Geist ist blind und verteidigt das etablierte Geschäft anstatt neue Richtungen einzuschlagen. Die Unternehmensgeschichte ist mit solchen Beispielen übersät. Zu denjenigen, mit denen ich als Analyst zu tun hatte, gehören Peter McCullough von Xerox, Scott McNealy von Sun Microsystems, Ken Olsen von Digital Equipment, Charles Wang von Computer Associates, William Norris von Control Data und Jim Sprague von National Semiconductor.

Die Herausforderung für Anleger besteht darin, schon in der Boom-Phase Gründer-Leiter zu erkennen, die vielleicht irgendwann in diese Kategorie fallen. Achten Sie auf aufstrebende Unternehmen mit innovativem Ansatz, die eine potenzielle Bedrohung für etablierte Marktführer darstellen könnten. Auf Aufstieg und Fall programmierte Gründer tun die Warnungen vor Konkurrenz ab, sind übertrieben defensiv und in der bestehenden Strategie verwurzelt, und sie sind nicht bereit, das aktuelle Geschäft zu kannibalisieren, damit sie an vorderster Front bleiben können. Gründer ändern sich selten, aber Märkte und Technologien schreiten immer fort. Als Anfang der 1980er-Jahre der Personal Computer seinen Aufstieg begann, verkündete Ken Olsen von Digital Equipment schneidend, seine Firma

196

werde sich an diesem Geschäft nicht beteiligen – der PC sei „nur ein Spielzeug"! Er baue nur „ernsthafte" Computer. Nachdem sein Unternehmen zerbröckelt war, wurde es ironischerweise von Compaq geschluckt, einem frühen PC-Pionier. Die Zukunft wird Geschichte und solche Unternehmen bleiben auf ihre anfängliche dominante Führung konzentriert. Sie wollen nicht anerkennen, dass ihr ursprüngliches Produkt oder ihre ursprüngliche Dienstleistung reif oder überflüssig wird. Nachdem Gründer ihren eigenen Untergang verwaltet haben, werden sie durch Turnaround-Manager ersetzt, was aber normalerweise nichts mehr nützt.

Gründer können kein zweites Mal zaubern

Hüten Sie sich vor Gründern, die einen Sieger geschaffen haben und dann in einem anderen Bereich ein weiteres Startup abschießen wollen. Man könnte ja annehmen, aufgrund ihrer ersten Leistung und ihres Rufs könnten sie einen zweiten großen Gewinner aufbauen. Doch bedenken Sie, dass ihr erster Durchbruch aus dem Zusammentreffen der richtigen Marktbedingungen resultierte. Es ist nicht möglich, die gleichen Katalysatoren für eine Zugabe noch einmal perfekt zusammen zu bringen. Glückliche Zufälle kann man weder planen noch ein zweites Mal schaffen. Analysten und Investoren lassen sich von dem Ruf eines Gründers häufig an der Nase herumführen und sich zu dem Glauben verführen, der Blitz könnte ein zweites Mal einschlagen. Mir wurde das in den 1980er-Jahren deutlich klar, als Gene Amdahl, der bei IBM für Generationen von Mainframe-Computern verantwortlich gewesen war, ein sensationelles Startup-Unternehmen namens Amdahl gegründet hatte und dort wesentlich günstigere und bessere Computer als IBM baute. Nachdem er so viel erreicht hatte, versuchte er diesen Triumph zu wiederholen, und gründete ein neues Unternehmen namens Trilogy Systems. Aus seinem Labor tauchte jedoch keine neue Comutertechnologie auf und es geriet schnell wieder in Vergessenheit. Manchmal kann man in der zweiten Runde bescheidene Erfolge erzielen, aber rechnen Sie nie damit, dass Gipfel wie beim ersten Mal erreicht werden. Seien Sie vorsichtig, wenn sich solche Gründer von ihrem Ego zu dem Versuch verleiten lassen, die Magie zu wiederholen.

Eine Variation dieses Themas ist die Rückkehr des Gründers und sie führt genauso selten dazu, dass ein taumelndes Unternehmen den Turnaround schafft. Nach der Startup-Phase, der Phase der Erstfinanzierung und des explosiven Wachstums, sind andere Management-Fähigkeiten gefordert. Meistens erweist es sich als ineffektiv, wenn ein Wunderknabe zurückgeholt wird, um das Geschäft neu zu entzünden.

Im Jahr 2007 geriet Yahoo! ins Trudeln und holte seinen Mitgründer Jerry Yang zurück. Er schlug ein Übernahmeangebot von Microsoft über 33 Dollar pro Aktie aus, die Turnaround-Bemühungen scheiterten, die Aktie fiel Ende 2008 unter zehn Dollar und er wurde Anfang 2009 durch Carol Bartz ersetzt. Michael Dell übernahm im Februar 2007 wieder den Vorstandsvorsitz von Dell und konnte den einstigen Ruhm nicht mehr erlangen. Ab dem Tag seiner Rückkehr fiel die Aktie von 23 Dollar innerhalb von gut 21 Monaten auf weniger als zehn Dollar. Starbucks hoffte im Jahr 2008, dass die Rückkehr seiner Gründer die guten Zeiten zurückbringen könnte.

Der klassische betriebsorientierte Realist und ernsthafte Motor

Der Realist ist ebenfalls ein günstiger Management-Stil. Solche Menschen sind normalerweise leitende Geschäftsführer. Manchmal folgen sie dem Gründer auf den Vorstandssessel, managen das Unternehmen aber weiterhin eher wie betriebliche Geschäftsführer und nicht wie magnetisierende, fantasievolle Führungsgestalten. Sie sind knallhart, organisiert, detailorientiert, lernen schnell, sind entscheidungsfreudig, ernsthaft, fleißig und haben keine Angst vor der Konfrontation mit anderen Topmanagern. Vertreter dieses Typs sind auf jeden Fall Steve Ballmer von Microsoft, früher Lou Gerstner von IBM, Ray Lane von Oracle und Josh Weston von Automatic Data Processing. Als Weston ADP leitete, führte er ein straffes Regiment. Ich erinnere mich daran, als ich mich mit anderen Managern in der Unternehmenszentrale traf, bat er mich um eine fünfminütige Unterredung. Als ich in sein Büro kam, erklärte er, für seine Frage brauche er eine Minute, ich hätte zwei Minuten für die Antwort und dann würden noch zwei Minuten für eine Gegenfrage und eine Antwort bleiben. Als ich wieder ging, zeigte ein Blick auf die Uhr, dass ich exakt fünf Minuten bei ihm gewesen war. Weston und seine Manager zerschnitten Mainframe-Ausdrucke zu Notizpapier, um Geld zu sparen, und sie schrieben Antworten von Hand direkt auf eingehende Briefe und Memos, um Zeit und Papier zu sparen. So betrieb er das Unternehmen.

Solche Manager sind über alle Aspekte ihres Unternehmens informiert. Aber sie haben wenig Geduld mit Analysten und Investoren, weil sie sich so intensiv auf den Betrieb der Firma konzentrieren. Der Vorsitzende von Fiserv beeindruckte mich einmal damit, dass er alle Mitarbeiter mit Namen kannte, bis hinunter zur Laderampe. Ein Angehöriger des gehobenen Managements von EDS hob in der Herrentoilette Papierhandtücher vom Boden auf und warf sie in den Abfallkorb. Das ist peinlich strenge Genauigkeit. Das sind im Allgemeinen „innere" Manager, die sehr wenig öffentlich in Erscheinung treten. Sie können Köpfe waschen, Dinge in Bewegung bringen, Organisationen aufbauen und den geschäftlichen Betrieb überwachen, überprüfen, finanziell kontrollieren, beobachten und leiten. Sie sind nicht gerade vergnüglich, haben eine kurze Aufmerksamkeitsspanne und geben sich nicht mit Spaßvögeln ab, aber wenn ein solcher Manager am Ruder ist, brauchen die Investoren kaum zu befürchten, dass dem Unternehmen etwas zustößt.

Schwarzseher verbergen Erfolg
unter einem Deckmantel der Furcht

Der Schwarzseher ist höchst kompetent, selbstbewusst oder gar laut. Nur ein siegreiches Unternehmen spielt seinen Erfolg ständig herunter. Solche Manager heben immer die schwarzen Wolken und Bedrohungen hervor: Konkurrenz, Preise, die Ungewissheit mit neuen Produkten, Veränderungen der Branche und die unvorhersehbaren Vorlieben der Kunden. Außerdem geben sie die Aussichten auf Gewinnwachstum gering an und machen vorsichtige Prognosen. Das Paradebeispiel für diesen Stil sind die Topmanager von Microsoft. Sie versäumen es nie, bei Analystenversammlungen in jeder Präsentation auf die negativen Aspekte hinzuweisen, auch wenn sie üblicherweise marginal und manchmal an den Haaren herbeigezogen sind. Sie geben jedes Jahr konservative Gewinnschätzungen ab. Als Analyst gewöhnt man sich an diese Art von Berichten und achtet kaum auf solche Warnungen. Der IBM-Vorstand verhielt sich in der glücklichen Zeit der 1970er- und 1980er-Jahre auch so. Wenn ein Unternehmen derart dominant und erfolgreich ist, fühlt es sich vielleicht verpflichtet, seine Geschicke herunterzuspielen, weil ihm das erreichte Niveau irgendwie peinlich ist; so geht es heute den großen Ölgesellschaften. Den Investoren muss klar sein, dass ein übertrieben konservatives Management normalerweise ein beruhigendes Zeichen ist.

Gute Kumpels verzaubern einen
und schwächen die Wachsamkeit

Begegnen Sie Charme mit Vorsicht. Die meisten Analysten und institutionellen Anleger sind solches Verhalten nicht gewohnt und lassen sich leicht übertölpeln. Solche Schönredner sind humorvoll und unterhaltsam. Es macht Spaß, mit ihnen Golf zu spielen, Wein zu trinken, zu Footballspielen oder anderen Veranstaltungen zu gehen, aber das ist ihre Art, sich zu verkaufen.

200

Als Analyst oder Investor muss man objektiv bleiben. Solche guten Kumpels mögen intensive Untersuchungen und Skepsis nicht besonders. Bohrende Fragen tun sie gewöhnlich mit einer lustigen Geschichte oder einer witzigen Bemerkung ab. Ihre Haltung sagt: „Vertrau mir." Solche Manager wollen als Freunde erscheinen, sind es aber nicht wirklich.

Der coole, mächtige, machohafte, Tabak kauende Vorstandsvorsitzende eines Unternehmens aus Atlanta bot mir einmal ein Bier an, als ich für eine Routinebesprechung unter vier Augen in sein Büro kam. Er war mein bester Freund, wenn meine Investmentempfehlung bullish war, aber er machte mich bei den Investoren schlecht, wenn ich eine vorsichtigere Haltung vertrat. Anfangs lässt man sich leicht verführen. Solches Verhalten ist anziehend und kann zunächst Vertrauen erzeugen. Aber sehen Sie sich vor – das ist gefährlich. Man kann als Investor den „Guten" auf den Leim gehen, die sich bloß bei der Wall Street einschmeicheln wollen.

Vorsicht mit Technik-Freaks, die sich auskennen

Hüten Sie sich vor den Überredungskünsten von Freaks, die normalerweise die Gründer des Unternehmens sind. Man findet sie in den Bereichen Biotechnologie, Pharmazie und auf anderen Sektoren, die mit Naturwissenschaften zu tun haben. Ihre Kenntnisse der technischen Produkte – Software und Geräte – reicht so tief, dass sie unwiderstehlich sind, wenn sie über Technologien sprechen. Solche Manager verwirren einen mit technischen Themen, die einen völlig überfordern. Analysten und Investoren können selten die richtigen Fragen stellen. Wenn Spitzen-Führungskräfte nicht in der Lage sind, ihre komplexen Produkte in verständlicher Form zu erklären, sehen Sie sich vor. Halten Sie sich an das Prinzip von Warren Buffett: Man sollte sich als Anleger nicht an Unternehmen beteiligen, die man nicht begreift.

Freakige Vorstandsvorsitzende können Investoren einschüchtern und dazu bringen, dass sie ihre verheißungsvollen Erklärungen akzeptieren. Solche Manager brüsten sich mit der führenden Sachkompetenz ihres Unternehmens und versuchen, den Investoren mit technischen Begriffen und Bemerkungen Sand in die Augen zu streuen. Solche Freaks sind selbstbewusst, aber auf einen derart engen Bereich fixiert, dass ihnen breiter angelegte Probleme, Herausforderungen, Trends und Konkurrenzverschiebungen entgehen. Entweder meiden Sie diesen Unternehmenstyp, oder Sie schätzen die Aussichten auf breiter Basis ein und verlassen sich nicht auf die Werbung des freakigen Vorstands.

Turnaround-Künstler kämpfen gegen Windmühlen

Seien Sie misstrauisch, wenn ein Vorstand mit einem Turnaround-Plan daherkommt. Die Manager sind in diesem Fall beeindruckende, eloquente Sprecher, bringen frischen Wind, sind professionell und geschäftsmäßig und sie erscheinen wie Retter, die einen Plan haben. Sie sind fesselnd, sie wirken normalerweise recht überzeugend und bieten in Zeiten unternehmerischer Turbulenzen Führungsstabilität. Manager, die mit dem Fallschirm zur Rettung scheiternder Unternehmen einspringen, bekommen Publicity, werden von der Wall Street intensiv überwacht und bemühen sich darum verzweifelt, stetige messbare Fortschritte zu erzielen. Die Erwartungen sind hoch gesteckt. Analysten und Investoren sind ewig optimistisch. Aber Verwandlungskünstler haben normalerweise nicht viel, womit sie arbeiten können, denn das wieder erweckte Unternehmen ist normalerweise ein Fall für den Papierkorb. Michael Blumenthal (ehemaliger US-Finanzminister) bei Burroughs, Richard Brown bei EDS und Carly Fiorina bei Hewlett-Packard sind bemerkenswerte Turnaround-Künstler, die ich kennengelernt habe. Ihre Bemühungen sind weitgehend gescheitert.

202

Dieser Managertyp wird als Retter präsentiert, der gerade zur rechten Zeit kommt. Die Versuchung ist groß, sich von seiner Begeisterung und Zuversicht anstecken zu lassen. Sein Spiel heißt normalerweise finanzielle Restrukturierung, und das ist einfach. Die Strategie besteht in Kostendämpfung und Aktienrückkäufen. Aber mit solchen Maßnahmen erkauft man nur Zeit. Das Beste, was solche Manager schaffen, ist die Verschlankung des Betriebsablaufs und die Vorbereitung des Unternehmens für den Verkauf. Leider fangen sie in dem Eifer, der Welt zu beweisen, dass sie die Erlöser sind, an zu glauben, sie könnten die Firma wirklich wieder beleben, aber das ist eine unrealistische Einstellung. Normalerweise sind sie nicht daran interessiert, das Unternehmen schnell zu verkaufen. Sie wollen vor allem ihre Turnaround-Kunst beweisen. Nach gegebener Zeit scheitert der Turnaround und es findet sich kein bereitwilliger Käufer, der viel Kohle hinlegen will.

Substanzlose Reklamefritzen

Reklamefritzen kommen normalerweise aus dem Vertrieb und sind Marketingexperten. Sie meinen fälschlicherweise, ihr Job bestehe im Wesentlichen aus Verkaufen. Wir Analysten sitzen dann in der Versammlung und hören uns ihre aufregenden, peppigen Präsentationen an. Nach 45 Minuten schauen wir auf unsere gelben Notizblöcke und sehen, dass wir nichts aufgeschrieben haben – es wurde nichts Wesentliches gesagt, nur Gequatsche. Manchmal machen sie geschmacklose Bemerkungen, zum Beispiel indem sie über die Konkurrenz herziehen. Ein bisschen Werbung ist ein guter Deckmantel für die mangelnde Substanz eines Unternehmens. Solche Vorstände gehen mit Analysten und Investoren um wie mit Kunden und der Presse; sie bringen immer einen positiven Touch an, suchen immer eine bejahende Antwort und greifen manchmal auf werbewirksame Taschenspielertricks zurück. Das Merkwürdige daran ist, dass sie an ihre eigenen Flunkereien glauben. Ihre Pressemitteilungen sind voll von Begriffen wie führend, verbessert, einmalig, signifikant, integriert, kraftvoll, innovativ, hoch entwickelt, hochleistungs- und ausgefeilt. Ihr Jargon besteht aus auftragsentscheidend, strategischer Fokus, Zukunftsplan, proaktiv, zielorientiert und vielen anderen Schlagwörtern.

Solche Manager sind Missionare. Sie geben den Versuch nie auf, einen zu bekehren. Larry Ellison von Oracle neigt dazu. Der Vorsitzende von Burroughs in den 1970er-Jahren war ein glänzender Verkäufer. Aus seinem Munde war der Ausblick immer bullish, der Trend stets vielversprechend und das Unternehmen konnte gar nichts falsch machen. Wir konnten gar keine tiefer gehenden Fragen stellen. Er fasste sie als Beleidigung auf und machte einfach weiter im Text. Später entgleiste das Unternehmen und zerschellte. Die meisten prominenten Führungsgestalten der Internetblase in den 1990er-Jahren passen in dieses Schema. Bekehrend deklarierten sie ihren profitlosen neuen Marktansatz des eBusiness als Wendepunkt und Wandlung. Einige von ihnen waren etablierte Titanen, die aus Großunternehmen kamen. Sie hätten es eigentlich besser wissen müssen, als auf den Internet-Werbezug aufzuspringen. Diese Zeloten waren überzeugend, charismatisch und cool, aber aus den meisten ihrer Versprechungen wurde nichts. Investoren sollten sich vor überzeugenden Verkäufern mit hohlen Geschichten hüten.

Aufregende, glatte Herzensbrecher, die auf das schnelle Geld aus sind

Dieser Typ Vorsitzender oder Geschäftsführer ist glatt wie Seide, der perfekte Gastgeber für eine Dinnerparty. Er ist bezaubernd, fesselnd, verbindlich, ein begabter Plauderer, er spricht mit dem Selbstbewusstsein eines Flugkapitäns und ist ein guter Geschichtenerzähler, der Argumente mit farbenfrohem

Humor unterstreicht. Wie der Pilot im Sturm scheint er immer alles im Griff zu haben. Jedenfalls vermittelt er diesen Eindruck. Dieses Benehmen kann naive Analysten und Investoren in die Irre führen. So gleichmäßig und sicher ist das Geschäft nämlich nie.

Geschmeidige, schlagfertige Manager machen sich auf der Bühne gut und sind für das Publikum ein Genuss. Sie ergötzen Kunden, Mitarbeiter, Branchenverbände, die Presse und – was noch gefährlicher ist – Analysten und Investoren. Antworten auf Fragen werden in glühenden Farben gesponnen und negative Themen werden gedämpft oder abgetan. Investoren werden genauso behandelt wie alle anderen Beteiligten, ihnen wird geschmeichelt, sie werden unterhalten, umworben und ihnen wird ein gutes Gefühl vermittelt. Das läuft subtil, aber stetig. Die Wall Street wird beworben wie ein besonderer Typ Kunde. Dieser Manager ist zu selbstbewusst, zu arrogant und verhält sich Analysten gegenüber gewissermaßen herablassend, aber diese Eigenschaften können von dem Verhalten verborgen werden. Wenn die Geschäfte kippen und die Ergebnisse in den Keller fallen, ist das deshalb immer ein Schock, denn vorher hat es nie einen Hinweis auf entstehende Probleme gegeben. Als Investor muss man dieser geschliffenen Art mit großem Misstrauen begegnen, denn von einem solchen Manager bekommt man unmöglich eine objektive oder informative Sichtweise.

Manager, die nur schnell zuschlagen wollen, sind schnell am Ende

Halsbrecherische Opportunisten betreten typischerweise ohne die Branchenerfahrung die Bühne, die zu dem aktuellen Unternehmen passen würde. Sie wittern die flüchtige Chance, reich zu werden, deshalb gründen oder kaufen sie Unternehmen, um eine Beteiligung zusammenzubekommen, und drängen sich dann als frischer Manager aus einer aufstrebenden Nische auf. Da sie im betreffenden Sektor kaum eine oder gar keine Vorgeschichte haben, gibt es keine nachprüfbare Erfolgsbilanz. Der Manager nutzt das zu seinem Vorteil und gibt sich als Original aus. Seine Handlungen zielen auf sofortige Resultate ab, große Verträge, bemerkenswerte hochkarätige Einstellungen, Übernahmen, Vorabgeschäfte – alles was den Aktienkurs in die Höhe treibt. Beobachten Sie an seinem Verhalten die Anzeichen für seine Absichten. Seine Äußerungen sind immer gemäßigt, geschäftsmäßig und rational. Aber dahinter steht ein ehrgeiziges, hektisches, strebendes und opportunistisches Element. Durch seine Kommentare klingt eine gewisse Prahlerei durch. Er erniedrigt die Konkurrenten und ihre Manager.

Vor Investoren geben sich solche Manager schneidig, selbstbewusst und arrogant. Man kann sich von der Freude eines neuen Gesichts leicht mitreißen lassen, das ein neuartiges Unternehmen leitet und vorhat, gleich großmächtig zuzuschlagen. Übertrieben hohe Wachstumsprognosen sind wahrscheinlich unhaltbar. Dieser Manager ist anfangs häufig ein Gewinner, was dafür sorgt, dass Analysten und Investoren den Griff zu den Sternen mitmachen. Aber das hält nicht lange. Ein solches Management baut nichts Langfristiges auf – es ist wie eine laue Brise – und deshalb stürzt der Unterbau bald ein. Die versuchte Aufstiegsstrategie endet in einer Niederlage. Es ist unmöglich, Hyperwachstum lange zu managen und zu kontrollieren.

Der Vogel Strauß hinkt immer hinterher

Vogel Strauße haben einen wenig markanten, schüchternen Managementstil der alten Linie, der die Kirche im Dorf lässt. Solche Manager handeln auf die altmodische Art; sie bewegen sich nur langsam in neue Richtungen. Wahrscheinlich sind sie Maschinenstürmer und verwenden weder Email noch Laptops. Das Management erfasst neue Trends spät, ist allem Neuen gegenüber skeptisch, findet neue Formen des Wettbewerbs verdächtig und ist mit dem Status Quo zufrieden. Sie sind wie die staatliche Bürokratie, ihnen fehlt es an Enthusiasmus, Kreativität, Gespür und Originalität. Solche Manager sind zwar nicht anfällig für die Fehler vorpreschender Pioniere oder aggressiver, ehrgeiziger Vorkämpfer, aber dieser Stil lässt Unternehmen irgendwann in einer hinteren Position innerhalb der Branche verharren. Die Begründung dafür ist, man sei konservativ, konzentriere sich auf die derzeitigen Kunden, das Unternehmen sei stabil, wenig riskant und die Finanzen solide. Dieser Ansatz hat zwar seine Vorzüge, vor allem in Zeiten des Abschwungs oder der Abschwächung, aber dieses Verhalten kann auch dazu führen, dass Gewinnspannen und Wachstum geringer sind als bei der Konkurrenz. Durch das dumpfe Verhalten der Unternehmensleitung bekommt auch das Unternehmen einen reizlosen Charakter, eben den eines Nachzüglers.

Wenn Analysten oder Investoren mit solchen Managern zusammentreffen, schlafen sie ein. Analystenkonferenzen und Telefonkonferenzen sind dann langweilige Angelegenheiten. Solche Manager sind medienscheu. Ihre Aktien haben niedrige KGVs. Die Anleger dürfen nie hohe Erwartungen haben. Die Wall Street macht hier den Fehler, dass sie solchen Unternehmen gegenüber entweder übertrieben skeptisch ist oder dass sie aus Wunschdenken einen Ausbruch erwartet. Aber im Allgemeinen ist der glanzlose Mittelweg die richtige Aussicht.

Lügner, Betrüger und Manipulierer lauern überall

Trotz der rasenden Regulierung, des gesetzlichen Drucks, der staatlichen Aufsicht und der Auswirkungen der Blasenära der 1990er-Jahre lauern immer noch Unternehmenslenker, die die Investoren irreführen. Manchmal ist die Irreführung Absicht, aber das kann auch vor der Nase eines naiven Vorstandsvorsitzenden passieren, der vielleicht lieber nicht fragt, wie seine Top-Führungskräfte die Zahlen schaffen. Solche Schummler lassen sich nie träumen, dass sie erwischt werden. Manche von ihnen sind charismatisch, gewöhnlich sind sie sehr überzeugend und es kann sein, dass Analysten und Investoren die stets beeindruckenden Zahlen nur schwer diskreditieren können. Ein blühender Computerdienstleister im Gesundheitsbereich, für den ich zuständig war, hat sich einen dynamischen, beeindruckenden Vorstandsvorsitzenden geholt, der das Ruder herumreißen sollte. Mehrere Jahre lang brachte er eine astronomische Performance. Das Unternehmen wurde regelrecht süchtig nach dem sofortigen Vorauszahlungsanreiz, der durch die Vergabe von Softwarelizenzen entsteht. Es stellte sich heraus, dass die Bücher frisiert waren. Die perfekten, glatten Ergebnisse waren gefälscht gewesen.

Ein anderer Internet-Dienstleister und Software-Shootingstar ließ angesagte Technologie-Gurus seine führende Branchenkompetenz darlegen. Bei meiner Konferenz sollten sie drei separate Sitzungen abhalten, aber nach der ersten machten sie sich zum Golfplatz davon und ließen die Investoren in einem leeren Raum auf die zweite Präsentation warten. Zwei Tage später wurde der Unternehmensschwindel aufgedeckt und die Aktie brach fast auf null zusammen. Letztlich hatten die Schwindelkünstler, die meine institutionellen Anleger an jenem Tag sitzen ließen, ihnen damit vielleicht einen großen Gefallen getan, denn viele dieser Investoren verloren danach den Glauben an das Unternehmen. Der Vorstandsvorsitzende einer Datenbankfirma, die ich betreute, trug eine goldene Halskette zur Schau und machte auf mich immer einen anrüchigen Eindruck. Ich traute ihm nie und empfahl seine Aktie nicht. Im Jahr 2004 gestand er einen Wertpapierbetrug; er hatte bei der SEC gefälschte Unterlagen mit aufgeblähten Einnahmen eingereicht und wurde in einem Strafverfahren zu einem Jahr Gefängnis verurteilt. Bernard Madoffs Verhaftung wegen Betrugs mit seiner Brokerfirma und seiner Investmentfirma bekommt den Oscar 2009. Wachsamkeit und genaue Prüfung der Erfolgsrechnung auf Richtigkeit reichen nicht aus, um solchen Schurken auszuweichen. Um den Charakter richtig zu beurteilen, braucht man Erfahrung. Wem soll man trauen? Die Unehrlichkeit lauert in vielen Verkleidungen.

Günstige Manager-Eigenschaften

Jetzt, wo Sie mit gewissen Managertypen vertraut sind, gebe ich eine Reihe von guten Eigenschaften an, die auf die Qualität des Managements hinweisen. Wenn mehrere beruhigende Eigenschaften vorliegen, deutet das darauf hin, dass das Unternehmen eine vielversprechende Investition ist. Hier nun ein paar Manager-Attribute, auf die man bei der Prüfung von Investmentkandidaten achten sollte:

Charisma, Führungsqualitäten, Mut

Gute Führungspersönlichkeiten haben ein gewisses Charisma, das die Mitarbeiter inspiriert und den Kunden Vertrauen einflößt. Solche Manager können Unternehmen mit ihrer Überzeugungskraft wirkungsvoll nach vorn bringen. Mich beeindruckt es, wenn Mitarbeiter großen Respekt und Liebe für ihren Chef empfinden. Das demonstriert, dass die Manager den Mut haben, trotz Kritik, Ärger und kurzfristiger Beeinträchtigung des Aktienkurses das Richtige zu tun.

Anderen Managern Macht geben

Effektive Führungspersönlichkeiten ziehen andere Angehörige der Unternehmensleitung an, ermuntern sie und geben ihnen Macht. Unsichere, machthungrige Tyrannen tun das nicht. Bill Gates vertraut Steve Ballmer und Larry Ellison hat sich bei Oracle auf Jeff Henley verlassen. Die besten Führungspersönlichkeiten tolerieren bei den Führungskräften ihrer Mannschaft Unabhängigkeit und Stärke.

Aufrichtigkeit und Zugänglichkeit

Manager gewinnen Glaubwürdigkeit, wenn sie geradlinig sind und wenn sie negative Strömungen und Herausforderungen offen besprechen. Zugänglichkeit ist von entscheidender Bedeutung, die Unternehmensleitung muss für die Wall Street und für Investoren offen, verfügbar und reaktiv sein, nicht ausweichend und geheimnistuerisch.

Bescheiden und echt

Unternehmensführer sollten nicht arrogant sein. Achten Sie auf fehlende Einbildung und Egoismus, minimale Übertreibung und wenig Reklamewirbel. So scheinen beispielsweise Firmen im Mittelwesten tendenziell „echter" zu sein. Topmanager sollten Fehler bereitwillig eingestehen. Niemand ist vollkommen oder unbesiegbar. Rafael Nadal schlug diesen Ton an, als er in Wimbledon 2008 den Top-Favoriten Roger Federer stürzte: „Ich habe nicht das Gefühl, dass ich die Nummer 1 bin. Das bin ich nicht. Ich will mich nicht wie jemand fühlen, der ich nicht bin."

Vertrauen, Qualität und Klasse

Das Management muss ehrenwert sein, seine Äußerungen müssen verlässlich und seine Taten geradlinig sein. Es sollte mit Klasse handeln, nicht streitsüchtig oder rachsüchtig sein und nichts Zweifelhaftes oder Anrüchiges tun. Die Investoren müssen den Managern bis ins Mark vertrauen können.

Immer auf dem Laufenden und stets am Mann

Topmanager sollten wissen, was auf allen Ebenen des Unternehmens vor sich geht, und sie sollten mit den kleinen Angestellten Kontakt haben; die vielen Management-Ebenen sollten nicht als Puffer dienen. Ross Perot war Meister darin, er plauderte stets im Aufzug und in der Cafeteria mit den untersten Mitarbeitern. John Chambers von Cisco beschäftigt sich mit Mitarbeitern aller Ebenen.

210

Extrovertiert, aggressiv und selbstsicher

Ich sehe diese Elemente gern, und ja, sie lassen sich mit Bescheidenheit vereinbaren. Führungskräfte sollten nicht schüchtern, in sich gekehrt oder beschränkt sein. Sie sollten eine gewisse Härte, Selbstbehauptung und Überzeugung besitzen, aber ihnen muss auch bewusst sein, dass sie verwundbar sind.

Kreativität und neue Ideen

Führungspersönlichkeiten sollten fantasievoll sein, häufig neue Strategien, Richtungen und Methoden vorbringen. Sie müssen flexibel, findig und einfallsreich sein und dürfen keine Angst davor haben, Änderungen vorzunehmen. Wandel steigert die Wettbewerbsfähigkeit.

Altmodische unternehmerische Werte

Die Unternehmensleitung sollte langfristig orientiert sein, keine Schnellschuss-Strategien einsetzen, um sofort den Gewinn zu erhöhen, und sie sollte für Übernahmen nicht zu viel bezahlen. Sie sollte eine gewisse Disziplin besitzen, weder einen prächtigen Unternehmenssitz noch zu viele Privilegien haben und sich auch um niedrige Beschäftigte und kleine Kunden kümmern.

Erfahrung, breiter Werdegang

Topmanager sollten Erfahrung in verschiedenen Disziplinen haben, zum Beispiel Herstellung und Betrieb, sowie einen Werdegang in anderen Unternehmen und Sektoren. Zu viele Manager haben nur im Vertrieb oder im Finanzbereich Karriere gemacht.

Konservativ, Understatement

Topmanager sollten nicht Geschäft mit gesellschaftlichem Status und übertrieben nobler Kleidung verwechseln. Ich ärgere mich über auffälliges Gebaren, extravagante Veranstaltungen oder Versammlungen und über alles, was Substanz durch oberflächliche Zurschaustellung ersetzt, Goldschmuck, Manschetten mit Monogramm, edle Designerschuhe und todschicke Mode.

Fleißig und engagiert

Das Management sollte genauso getrieben und fleißig sein wie die Analysten, es sollte vor 7:30 Uhr auf der Arbeit sein und nicht vor 18:00 Uhr gehen. Reisen sollte es am Wochenende und an Abenden, und essen sollte es im Büro. Das Golfspiel sollte besser eine Nebenrolle spielen. Ich kenne einen Vorsitzenden, der keine Frühstücksbesprechungen machte, weil ihm das zu früh war. Kein gutes Zeichen.

Ungehöriges Benehmen

Gewisse ungehörige Verhaltensweisen lassen Warnlampen aufleuchten und sollten Sie in Alarmbereitschaft versetzen. Solches Verhalten ist schädlich und deutet normalerweise darauf hin, dass die Aussichten des Unternehmens problematisch sind. Investoren sollten sich von Managern abwenden, die derartiges Benehmen an den Tag legen.

Der von Jasagern umgebene Diktator

Vorstandsvorsitzende oder Boardvorsitzende, die tyrannische Diktatoren sind, ihre Nase in alle Details stecken und von schwachen, wackligen Jasagern umgeben sind, fahren wahrscheinlich irgendwann gegen eine Mauer. Niemand ist perfekt, weiß alles und trifft immer die richtigen Entscheidungen. Sie vertreiben echte Begabungen und effektive Führungspersönlichkeiten. Das Unternehmen wächst über sie hinaus. Übertrieben dominante Autokraten erzeugen in den Reihen der Führungskräfte ein Vakuum.

Macht zu viel, keine Konzentration

Führungspersönlichkeiten sollten sich nicht verzetteln, nicht zu viel reisen, nicht zu viele Reden halten oder öffentlich auftreten. Unterwegs können sie nicht effektiv arbeiten. Viel Gerede und protzige Prahlereien vor Mitarbeitern und Kunden klingen hohl; das ist häufig ein Ersatz für die harte Arbeit der Unternehmensleitung. Manager müssen sich auf einen oder zwei große Aspekte konzentrieren und nicht versuchen, zig Aufgaben zu bewältigen.

Kindergarten, New-Age-Kommune, Wir haben uns alle lieb

Gewisse jugendliche Unternehmensgründer und Manager, die in der Blasenära der 1990er-Jahre gang und gäbe waren, sind extrem überschwänglich und spirituell. Sie ergötzen sich an der Gemeinschaft und glorifizieren das Geschäft zu einem großen „Love In". Sie sprechen einander in Koseformen an: Bobby, Billy und Johnny. Das Umfeld mag durchaus kreativ sein, aber das ist wie in der Pause auf dem Schulhof, wie wenn man nur Unternehmen spielt. Keine solide Situation.

Anmaßung, Egoismus, Selbstüberschätzung

Manager sollten nicht von sich selbst eingenommen sein. Zu viel Einbildung, und der Fall ist vorprogrammiert. Zu viel Ego macht blind. Roger Lowenstein von der *New York Times* hat das optimal ausgedrückt: „Selbstüberschätzung ist nicht das schlimmste Verbrechen – nur dasjenige, das die sicherste Vergeltung garantiert." Long-Term Capital Management, ein Hedgefonds, der berüchtigt im Gedächtnis bleibt, hatte, um es mit den Worten von Ray DeVoe zu sagen, im Jahr 1998 „einen akuten Anfall von Überheblichkeit […] in Form einer unfehlbaren mathematischen Investmentstrategie. Nun ja, nicht ganz unfehlbar, aber [nur] etwas, das nur einmal in 7.000 Jahren passiert, konnte es zum Scheitern bringen. LTCM hielt weniger als zehn Jahre und wurde von der teilweisen Zahlungsunfähigkeit Russlands in den Untergang getrieben, der seine Strategie platzen ließ." Überhebliches, pfauenhaftes Gebaren zieht gefährliche

213

Einstellungen nach sich, zum Beispiel dass man eine Strategie für todsicher hält, dass man die Konkurrenz übersieht oder Kunden nicht zuhört. Das bringt garantiert überraschende Rückschläge.

Hype, Marketing, pure Show

Seien Sie vorsichtig, wenn Topmanager in den Werbekampagnen ihres Unternehmens einen herausragenden Platz einnehmen. Ganzseitige Anzeigen und auffallende Werbetafeln an Flughäfen stören mich. EDS hat einmal eine massive Werbekampagne mit Super-Bowl-Reklame gemacht und diesen Blitzangriff als „Luftsicherung" für die Vertriebsmannschaft gerechtfertigt. Der Vorsitzende wurde dann ausgetauscht, als es abwärts ging. Ich nehme an, der Luftangriff hat nicht gereicht. Carly Fiorina hat sich in Hewlett-Packard-Anzeigen selbst dargestellt und wurde später vom Board abgesetzt. Hüten Sie sich vor übertriebener Reklame und auf Manager konzentrierter Werbung.

Protzige Bauten, Privilegien und Pakete

Lesen Sie in der Stimmrechtsvollmacht und in den Fußnoten des Jahresberichts überzogene Vergütungspakete und Anreize für Manager nach. SARs (Stock Appreciation Rights), massenhaft Bezugsrechte und ein Gehalt von 100 Millionen Dollar sind eine Warnung. Achten Sie auch auf die Flugzeugflotte des Unternehmens, auf Skihütten und prächtige Unternehmenszentralen.

Aktienkursfixierung

Wenn der Aktienkurs am Empfang in der Eingangshalle des Unternehmens, in der Mitarbeitercafeteria und bei Analystenkonferenzen angezeigt wird, verrät das eine kurzfristige Einstellung der Unternehmensleitung. Es ist widerlich, wenn Manager über Aktienbewertungen sprechen. Sie managen den Aktienkurs statt den des Unternehmens. Es ist schon komisch – wenn der Aktienkurs wie eine Rakete in die Höhe schießt, schreiben die Manager das ausschließlich ihrer brillanten Vision, Strategie und Umsetzung zu – eine Hausse oder die günstige Entwicklung der Branche machen sie nie dafür verantwortlich. Aber wenn der Aktienkurs purzelt, verstummt das Aktiengeplapper aus irgendeinem Grund wieder und der Aktienkurs wird nicht mehr überall im Haus angezeigt.

Verhalten im Privatleben, schlechter Ruf

Es stößt mich ab, wenn Manager eine Latte von Exfrauen haben, sich schmutzig öffentlich scheiden lassen, jemanden heiraten, der nur hinter dem Geld her ist, Striptease-Lokale besuchen, zu viel trinken, aktiv außerhalb ihres Unternehmens beispielsweise in Immobilien oder Privatunternehmen investieren, wenn sie repräsentative Villen, Parties und Sportwagen zur Schau stellen und übermäßig um die Welt jetten. Eine Studie von zwei Professoren, die im *Wall Street Journal* zitiert wurde, hat ergeben: „Je größer oder kostspieliger das Haus eines Vorstandsvorsitzenden, umso größer die Gefahr schwacher Aktienperformance." Das Gleiche gilt für das Golfspielen. Ich darf das sagen, weil mein Handicap schon immer bei 17 liegt. Vorstandsvorsitzende, die gute Golfer sind und vielleicht ein Handicap um die 10 haben, spielen gewöhnlich zu viel und verbringen wahrscheinlich zu viel Zeit außerhalb des Büros. Protzige Segeljachten, Autos, Zweithäuser und Sexbomben in den Armen sind ein Zeichen für falsch gesetzte Prioritäten. Solche Manager amüsieren sich zu viel und widmen ihrem Unternehmen nicht genug Aufmerksamkeit. Nun gut, vielleicht sind ja die Analysten von der Wall Street total eifersüchtig auf einen derartigen Lebensstil, vor allem wenn Vorstände zu viel Golf spielen.

Designeranzüge, Nagellack, auffallende Kleidung

Hüten Sie sich vor Managern, die übertrieben frisiert sind, mit lackierten Fingernägeln, Monogrammen, dicken Ringen und edlen Designeranzügen, als kämen direkt aus dem Schönheitssalon. Übertriebene Betonung der äußeren Erscheinung

215

ist abstoßend. Solchen Menschen fehlen Substanz und Echtheit. Auch sonstige Affektiertheiten oder neckische persönliche Markenzeichen wie Pferdeschwänze bei Männern stören mich. Ich sehe es lieber, dass sich Erfolg in Taten äußert als in künstlichen Accessoires.

Böse Worte und Lieblinge

Die Verunglimpfung von Analysten oder von Konkurrenzunternehmen und ihren Produkten ist ein Deckmantel für innere Unzulänglichkeiten des Unternehmens. Jede Form von Verunglimpfung ist unterstes Niveau und das Gleiche gilt für die Begünstigung von Analysten mit positiver Meinung, während man gleichzeitig diejenigen mit negativer Einstufung kalt stellt. Wenn Manager eine negative Researchmeinung kritisieren, zeigt das eine Verteidigungshaltung. Wahrscheinlich trifft die Erkenntnis des Analysten zu sehr ins Schwarze.

Übergewicht und Genusssucht

Dicke Vorstände können einen gewissen Mangel an persönlicher Disziplin verraten, die sich auch in Form mangelnder Kontrolle des Unternehmens äußern kann. Ich sehe gern Manager, die rank und schlank und gesund sind. Übergewicht geht häufig mit hohen laufenden Kosten einher und kann einen gleichgültigen Führungsstil anzeigen. Ähnlich vorsichtig bin ich bei starken Rauchern, Trinkern und Schürzenjägern.

Das Handeln von Managern unter Druck ist aufschlussreich

Wenn man die Manager beurteilt hat, ist es hilfreich zu beobachten, wie sie in Krisensituationen handeln, vor allem wenn das Unternehmen nach einem ernsten Rückschlag unter Beschuss steht. In diesen Momenten kann man den Charakter der Unternehmensleitung beurteilen, ihre Reaktionen prüfen und sehen, ob sie überlegt, rational und ruhig vorgeht, um die Situation wieder ins Lot zu bringen. Häufig verfallen Manager in Panik, verhalten sich auf vielerlei mögliche Arten schädlich und machen Fehler, die ihre Probleme noch verschlimmern. In schwierigen Zeiten wirken solche Schritte, wie wenn man Öl in die Flammen gießt.

Ewige, blinde Optimisten, auch in Krisenzeiten

Topmanager sind häufig zu nahe an dem Feuersturm. Eine Aktie, die ich früher betreut habe, ein frühzeitig führendes Unternehmen der Computerbranche, meldete einmal einen schockierenden Geschäftsausfall. Die Aktie stürzte in den Abgrund. Aber die Manager taten so, als wären die Probleme vorübergehend und als sei alles unter Kontrolle. Die Trader und die institutionellen Investoren akzeptierten diese Haltung der minimalen Besorgnis. Das war ein großer Fehler. Die Katastrophe verschlimmerte sich, das Unternehmen brach zusammen und verschwand. Das hat mich gelehrt, einen Schritt zurückzutreten und solche geschäftlichen Rückschläge aus meiner eigene Branchen- und Unternehmenserfahrung heraus zu beurteilen und in Krisenzeiten den Äußerungen der Unternehmensleitung nur knappe Aufmerksamkeit zu schenken. Inmitten von Katastrophen lässt man sich von Unternehmensleitungen leicht dazu verleiten, die Situation nicht so schlimm zu sehen wie sie oberflächlich erscheint. Die Zeitungsenten fliegen ungehindert. Die Manager können eine unbesorgte, irreführende Haltung einnehmen. Das Problem kann durchaus ausgedehntere Konsequenzen haben als die Unternehmensleitung mitteilt, weil es ist noch zu früh ist, als dass sie alle Nachwirkungen begreifen könnte.

In anderen Fällen treibt ein Rückschlag die Manager zur Schadensbegrenzung. Sie werden defensiv. In so einer panischen Situation, wenn eine Aktie böse bröckelt, kann man als Anleger

217

die Aussichten möglicherweise besser beurteilen als die Anzugträger. Sogar erfahrene Analysten haben häufig selbst eine positive Neigung und handfeste Interessen. Als Privatanleger kann man sich mit größerem Abstand ein Bild machen und wird nicht so leicht in den Strudel hineingezogen. Vertrauen Sie in einem solchen Fall auf Ihre eigene Beurteilung des panischen Unternehmens.

Die Street mit Nachrichten-Knüllern überraschen

Günstige Sensationsmeldungen sind in Ordnung, aber negative Meldungen aus heiterem Himmel beeinträchtigen die Glaubwürdigkeit des Unternehmens und die Investoren fragen sich dann, was wohl noch alles faul sein mag. Gute Topmanager diskutieren Probleme, Herausforderungen, Bedrohungen und andere wunde Punkte offen, damit die Investoren zumindest ein wenig vor der Möglichkeit gewarnt sind.

Annehmen, das sei nur ein vorübergehender Rückschlag

Das Management will immer glauben, das aktuelle Problem sei kurzfristig und würde nur ein oder zwei Quartale lang anhalten. Aber schlechte Nachrichten werden gewöhnlich noch schlimmer. Ob das Problem nun in einem Auftragsrückgang besteht, einem Gewinneinbruch, einer Umsatzeinbuße, einem entgangenen Vertrag oder in einem widrigen gesetzlichen/regulatorischen Beschluss – man kann es als vorübergehend oder banal abtun und flaue Korrekturmaßnahmen treffen.

Äußeren, nicht kontrollierbaren Faktoren die Schuld geben

Um die Verantwortung abzuwälzen, schiebt das Management äußeren Faktoren die Schuld zu – der Konjunktur, den Kreditbedingungen, einem Krieg, den Devisenkursen, dem Staat, der irrationalen Preisgestaltung der Konkurrenz oder der

218

Tatsache, dass ein Rivale einen Vertrag „gekauft" hat. Rückschläge und enttäuschende Ergebnisse können auch nicht-betrieblichen Faktoren wie schlechten Prognose-, Abrechnungs- oder Berichtssystemen anstatt mangelnder Wettbewerbsfähigkeit, schwachen Märkten, dem Verlust von Marktanteilen oder sonstigem fundamentaleren Versagen zugeschrieben werden. Manchmal machen Unternehmen sogar Analysten und die Presse dafür verantwortlich. Als Krispy Kreme Doughnuts seine Gewinnprognosen senkte und meldete, dass SEC-Ermittlungen im Gange waren, schrieb es die Umsatzschwäche dem Fieber der kohlenhydratarmen Diät zu. Doch seltsamerweise brach Dunkin' Donuts nicht zusammen. Im Jahr 2008 wurde die Subprime-Kreditkrise als Ausrede für alle möglichen Defizite benutzt. Sogar die Schokoladenfirma Hershey tischte sie als Erklärung auf. Wenn die Manager versuchen, die Anleger zum Narren zu halten, veräppeln sie nur sich selbst.

Unzugänglich, Isolation, kein Kontakt

Im Auge des Wirbelsturms mauern sich die Unternehmenslenker ein und werden unzugänglich. Die Manager tauschen sich vielleicht untereinander aus, aber sie haben keinen Kontakt zur Außenwelt. Im Inneren ist es ruhig, während die Kunden, die Zulieferer, die Mitarbeiter und die Investoren aufgewühlt sind. Der Vorstandsvorsitzende von Sally Mae reagierte im Jahr 2007 bei einer Analysten-Telefonkonferenz ausweichend auf die alarmierte Besorgnis der Investoren über den schlechten finanziellen Zustand des Unternehmens. Als Antwort auf die Frage, wie das Unternehmen sein früheres Bonitätsrating wieder bekommen wollte, schnappte er: „Sie fragen den falschen Mann, ich weiß darauf keine Antwort." Am Ende des Gesprächs ließ er die Bombe platzen. Es ist ein schwerer Fehler, sich vor den Analysten, den Investoren und der Presse zu verstecken. Streitlust, Arroganz und Kraftausdrücke sagen einem so ziemlich alles, was man über ein Unternehmen wissen muss.

219

Unangebrachte Zuversicht

Manchmal ärgert sich ein Unternehmen, weil seine Aktie abstürzt, und es nimmt den Kursverfall persönlich. Ein umfangreiches Aktienrückkaufprogramm wird in Gang gesetzt; es soll die Zuversicht demonstrieren, dass sich das Unternehmen wieder erholt. Dieses Gefühl der Sicherheit ist normalerweise fehl am Platz, die Aktie bricht weiter ein und am Ende bezahlt das Unternehmen zu viel dafür. Glauben Sie nicht eine Minute lang, ein Rückkauf sei ein deutliches Indiz für den Glauben der Unternehmensleitung an das Unternehmen oder dafür, dass die Aktie preiswert ist. Das ist vielmehr der verzweifelte Versuch, in einer Zeit der Not Überzeugung zu heucheln.

Der Finanzvorstand oder die mittlere Führungsebene wird entlassen, die unfähigen Spitzenmanager bleiben

Die Großen lässt man laufen. Aber wenn Unternehmen einen größeren Umschwung erleben, eine geschäftliche Enttäuschung, feuern sie als Sündenbock den Finanzvorstand. Und verantwortliche Manager auf niedrigerer Ebene werden ebenfalls gefeuert. Aber wenn ein Unternehmen ernstliche Schritte unternehmen und nicht nur ein paar Stühle rücken will, müsste eigentlich auch das Topmanagement entlassen werden. Höhere Führungskräfte werden selten zur Verantwortung gezogen. Der Krebs breitet sich aus, weil die Führungsspitze leugnet oder weil es an aufgeklärter Leitung mangelt.

Hektische Sprünge und seltsame Manöver

Unternehmen agieren in Krisenzeiten manchmal fieberhaft, sie unternehmen todesmutige Anstrengungen, sich aus dem Schlamassel zu ziehen – zum Beispiel Mega-Übernahmen. Das lenkt die Aufmerksamkeit der Analysten und der Investoren ab, bringt ein kompliziertes „strategisches" Element in die Mischung und schindet Zeit. Sie krallen sich um jeden Preis einen gigantischen Vertrag oder sie bieten lockere Zahlungsbedingungen, damit sie jemandem ein Geschäft abjagen – alles, was sofort den Umsatz erhöht. Dramatische Aktionen in problematischen Zeiten funktionieren nie.

Gewinn steigernde Finanztricks

Die vorläufige Steigerung des Gewinns erfolgt durch Aktienrückkäufe, durch den Verkauf von Vermögenswerten, durch Kapitalerträge aus Wertpapieren, durch Abschreibungen, negativen Cashflow und andere bilanzielle Taktiken. Aktienrückkaufpläne sind pure Finanzmanipulation. Sie stützen vorübergehend den Gewinn und den Aktienkurs, sind aber ein schwacher Ersatz für echtes Wachstum. Finanzielle Transaktionen sind Tricks, die das betriebliche Problem ausgleichen oder verschleiern sollen. Sie unterstreichen bloß die Verzweiflung des Managements und vermeiden, dass die Notlage angepackt wird oder Lösungen geliefert werden.

Darauf bestehen, die Überreaktion der Aktien sei ungerechtfertigt

Wenn Aktien heftig einbrechen, beharrt das Management als erste Reaktion darauf, dass der Preis eigentlich nicht so niedrig sein sollte. Wenn die Manager mit den Investoren reden, sprechen sie eher den Aktienkurs als das betriebliche Dilemma an und sie kritisieren die Überreaktion der Wall Street. Normalerweise sind Aktienkurse ein guter Indikator für die Aussichten und sie können ein besseres Signal sein als die meisten Vorstände bereit sind zuzugeben.

Für die Bestimmung der Aussichten eines Unternehmens ist es unerlässlich, das Management zu beurteilen. Schließlich sind das ja die Leute, die über Erfolg und Misserfolg Ihrer Anlage entscheiden. Sie verlassen sich darauf, dass sie das Richtige tun, und deshalb müssen Sie die Fähigkeiten der Topmanager gut beurteilen können. Gewisse wiederkehrende Persönlichkeitstypen und Führungsstile kann man ohne weiteres identifizieren. In anderen Fällen muss man genauer herausfinden, was einen Manager treibt. Der Charakter ist von entscheidender Bedeutung. Wenn man ein Unternehmen beurteilt, muss man zuerst und vor allem das Management einschätzen. Wägen Sie die Qualität und Effektivität der Vorstände eines Unternehmens sorgfältig ab, bevor Sie beschließen, in die Aktien des Unternehmens zu investieren.

7

Wie Wall-Street-Analysten wirklich arbeiten

Das Wall-Street-Research hat im Jahr 1934 mit dem Erscheinen des epochalen Investment-Texts *Wertpapieranalyse* von Graham und Dodd Fuß gefasst, einer detaillierten Anleitung zum fundamentalen, konservativen, langfristigen Value-Investing. Heute besteht Street-Research darin, Informationen und Beobachtungen aus Myriaden von Quellen miteinander zu verweben und daraus Schlussfolgerungen für die künftigen Aussichten und das Potenzial einer Aktie zu ziehen. Bei manchen Gelegenheiten sind Sie als Privatanleger vielleicht in der Lage, Research wie ein Analyst zu betreiben, vielleicht wenn Sie zufällig im Flugzeug oder bei einem gesellschaftlichen Anlass neben einem Manager sitzen. Auf jeden Fall können Sie sich Telefonkonferenzen anhören und Researchberichte sowie die von Unternehmen veröffentlichten Finanzzahlen lesen. Wenn Sie effektives Analystenresearch nachahmen, können Sie Ihre eigenen Investment-Urteile fällen.

In der Zeit bevor sich die Analysten so verzettelten und so sehr von den Bedürfnissen des Marketing und von Kundenkontakten abgelenkt wurden, haben sie wirklich ordentliches, unparteiisches Research betrieben. Wenn Sie verstehen, wie sich

223

das Research der Wall Street entwickelt und gewandelt hat, können Sie das heutige Street-Research effektiv nutzen und selbst Research betreiben.

Als Research wirklich noch Research war

In den 1970er-Jahren war das Research durchdacht, substanziell, unbeeinflusst und langfristig. Als Anleger sollte man sein Research auf diese Weise betreiben, auch wenn die Analysten und die Wall Street nicht mehr so arbeiten können. Die 1970er-Jahre waren eine Zeit, in der es noch keine Desktop-PCs gab. Als ich anfing, gab es nicht einmal Taschenrechner. Man arbeitete in dieser Branche mit dem Rechenschieber. In der kleinen Firma, in der ich arbeitete, gab es für die ganze Researchabteilung nur eine Quote Machine, die die aktuellen Kurse übermittelte, und eine einzige Verbindung zur Nachrichtenagentur Dow Jones, die ständig lange Papierbänder ausdruckte. Telefonkonferenzen gab es nicht. Häufig erfuhren wir die Quartalsergebnisse erst am nächsten Tag aus der Zeitung. Wenn man als Analyst Zahlen haben wollte, die über den berichteten Umsatz, den Nettoüberschuss und den Gewinn pro Aktie hinausgingen, musste man den Finanzvorstand des Unternehmens anrufen. Es gab weder Mailboxen, Faxgeräte, Handys, Pager noch Blackberrys. Nach Unternehmensbesprechungen oder am Flughafen rannten wir mit unseren AT&T-Telefonkarten zu den öffentlichen Fernsprechern. Die Reisebüros stellten Tickets von Hand oder mit der Schreibmaschine aus. Vielflieger-Rabatte gab es nicht. Das war das finstere Mittelalter.

Alles ging langsamer, die Ablenkungen waren weniger zahlreich, die Volatilität des Marktes bescheiden. Die einzige Börsensendung im Fernsehen war die halbe Stunde *Wall Street Week* mit Lou Rukeyser am Freitagabend. Die Analysten hatten Zeit für richtiges Research. Da die Analyse weniger quantitativ war, da es weder Gewinnmodelle noch Spreadsheets gab, befassten wir uns häufiger mit den fundamentalen geschäftlichen Gegebenheiten und mit dem Gesamtbild. Meine Researchberichte enthielten zwar eine Art Ergebnismodell-Prognosen, aber nur pro Jahr und nicht pro Quartal, und außerdem beinhalteten sie nur fünf Posten: Erlös, Gewinnspanne, Steuersatz, Anzahl der Aktien und Gewinn pro Aktie. Das nenne ich einfach. Journalisten riefen eher selten an, und zwar meistens vom *Wall Street Journal*. Das Fernsehen interessierte sich nicht für Analysen. Die Anrufe bei Kunden kosteten zwar viel Zeit und da es keine Mailboxen gab und häufig das Besetztzeichen zu hören war, gab es relativ wenige tatsächliche Gespräche am Tag. Wir hatten einfach mehr Zeit für pures Research.

Außerdem war das eine Zeit mit wenigen Researchkonflikten. Sämtliches Qualitätsresearch wurde in der frühen Zeit von ein paar Dutzend kleinerer Firmen besorgt, die nur Research betrieben, wie zum Beispiel Spencer Trask, wo ich arbeitete. In einem Jahr Anfang der 1970er-Jahre wurde die Firma von *Business Week* zum besten Researchhaus gewählt; das war noch bevor es die Rangfolgen von *Institutional Investor* gab. Unsere Konkurrenten waren Donaldson Lufkin & Jenrette (DLJ), Smith Barney, Auerbach Pollack, F.S. Smithers, Rothchild, Cowen & Co., Faulkner, Dawkins und so weiter. Keine dieser Firmen betrieb Investmentbanking und die meisten betrieben herzlich wenig Trading – oder bedienten viele Privatkunden. Der Gewinn stammte von Institutionen, die eine Festgebühr von 0,80 Dollar pro Aktie bezahlten. Heute beträgt die Provision nur einen Penny pro Aktie. Die großen Häuser, die auch mit Privatkunden arbeiteten, wie Merrill Lynch, E.F. Hutton, Dean Witter und Shearson, betrieben kein gründliches Research. Firmen wie Goldman Sachs, Morgan Stanley und Salomon Brothers machten Investmentbanking und Trading, aber kein Research. Da praktisch kein Investmentbanking-Einfluss herrschte, war das Research unparteiischer.

Die Investmentempfehlungen waren in den 1970er-Jahren weitreichender. Die Investmentfondsbranche legte weniger Wert auf Quartalsperformance. Das tägliche Handelsvolumen war gering, an der NYSE unter zehn Millionen Aktien am Tag (heute sind es drei Milliarden), und aktuelle Kurse von der Nasdaq gab es noch nicht – die entsprechenden Aktien wurden im Freiverkehr (OTC) gehandelt und man las die Kurse von gestern in den sogenannten „Pink Sheets". Die Hedgefonds hatten keinen Einfluss und die Quartalsergebnisse von Unternehmen hatten nur geringe Bedeutung. Analysten hatten nicht nur Zeit für gründliche, durchdachte und ausgewogene Berichte und Meinungen, sondern das wurde auch von ihnen erwartet. In den meisten bullishen Unternehmensberichten zählte ich trotzdem die negativen Punkte und Risiken auf. Und im Gegensatz zu heute hatten die institutionellen Anleger Zeit, diese längeren Berichte wirklich zu lesen. Meine Berichte über Automatic Data und EDS umfassten lange Erörterungen, in denen positive und negative Punkte gegenübergestellt wurden, und lange Einschätzungen des derzeitigen Betriebs sowie Prognosen der Aussichten für die nächsten Jahre. Der Inhalt war lange haltbar. Das musste auch so sein: Der Bericht wurde per Post verschickt und der Empfänger kam vielleicht erst nach einem Monat dazu, ihn durchzugehen.

In jener Zeit hatten Analysten eine professionellere Qualifikation. Es dauerte ein Jahrzehnt oder länger, bis ein Analyst als reif galt. Ernstlich karrierewillige Analysten wie ich wurden dazu überredet, das anstrengende dreijährige CFA-Programm zu absolvieren. Der CFA-Titel ist dem CPA für Wirtschaftsprüfer, der Approbation als Arzt oder dem Staatsexamen für Anwälte vergleichbar. Er ist der Gipfel der beruflichen Bildung von Analysten.

Das Research drang damals tiefer in die Eingeweide von Unternehmen ein. Man bekam damals leicht Zugang zu Managern, aber das hatte durchwachsene Folgen. Es war ein Klacks, sich formlos mit Vorständen zu treffen, um die Geschäfte durchzugehen und den Betrieb besser verstehen zu lernen. Das war eine herrliche Gelegenheit, die Fähigkeit der Beurteilung

226

des Managements, seines Charakters und seiner Effektivität zu schulen. Es gab nicht viele quantitative Zahlen oder spezifische interne Prognosen, die die Unternehmen hätten preisgeben können. Finanzdaten und detaillierte Ergebnismodelle spielten eine untergeordnete Rolle. Die Diskussionen waren breiter angelegt und bezogen sich auf den Betrieb, auf Entwicklungen und auf den Wettbewerb.

Die Manager hatten mehr Zeit, sich mit Investoren und Analysten zu treffen. Es gab wesentlich weniger von uns. Die Zeit der Manager wurde weniger beansprucht. Es gab eine Fülle von lockeren Begegnungsmöglichkeiten. Wir trafen uns morgens mit Managern von NCR in Dayton, Ohio, und am Nachmittag spielten sie mit uns auf dem NCR-Spitzenplatz Golf. In der Mittagspause übten mehr Manager auf dem Green als wir den ganzen Morgen in der Unternehmenszentrale gesehen hatten. Analysten reisten nach Nizza an der französischen Riviera, um sich mit den Leitern der Europa-Abteilungen von US-Unternehmen auf ein paar Gläser Bordeaux zu treffen, während sie munter aus dem Nähkästchen plauderten.

Analysten hatten Zeit, Unternehmensleitungen zu beobachten und hinter die Fassade zu blicken. In jener Zeit war IBM derart formell, mit weißen Hemden und so, dass sich Analysten einen Spaß daraus machten, an der Fassade herumzusticheln. Ich erinnere mich noch daran, als der neue PC des Unternehmens von Sears verkauft werden sollte – für diesen Mainframecomputer-Giganten eine sensationell neue Taktik. Bei der Marketing-Präsentation für Analysten fragte ein Witzbold: „Stehen die dann neben den Rasenmähern oder neben den Waschmaschinen?" Bei einer anderen Gelegenheit hielt der Vorsitzende einer großen Technologiefirma die Hauptrede vor dem Verband der Computerdienstleister. Computerdienstleistungen waren damals ein reines Inlandsgeschäft. Seine Mitarbeiter hatten eine formelle Rede über den internationalen Handel vorbereitet und er las sie in 25 Minuten herunter. Dann machte er Schluss und

227

flüchtete schnell, damit keine Fragen gestellt wurden. Die ganze Show war zum Verzweifeln, völlig daneben. Mir war klar, dass er keine Ahnung hatte.

Ab Mitte der 1970er-Jahre machte die Wall Street eine massive Konsolidierung durch und die Metamorphose des Investmentresearchs begann. Nach dem Notsignal 1975 brach die profitable partnerschaftliche Struktur der meisten Firmen an der Wall Street schnell zusammen. Das war das Ende der festen Gebühren; sie schrumpften schnell auf zehn Cent pro Aktie zusammen. Die Bonuszahlung von 2.000 Dollar, die ich in meinem ersten Jahr bekommen hatte, war vier Jahre später auf 100 Dollar zusammengeschmolzen. Die kleinen Researchfirmen gaben auf und fusionierten, weil sie es sich nicht mehr leisten konnten, ohne Einnahmen aus dem Aktienhandel oder Investmentbanking Research zu betreiben. Die Gebühren von großen institutionellen Investoren, zum Beispiel Investmentfonds, wurden zum Gerüst des Researchetats. Also waren die Analysten jetzt den Kräften der institutionellen Anleger, des Investmentbanking und des Trading verpflichtet.

Wertpapieranalysten steigen in die Oberliga auf

Ab den 1980er-Jahren wurde das Street-Research umgemodelt. Den großen Brokerhäusern der Wall Street dämmerte es, dass respektiertes, kompetentes, potentes Research ihre Geschäfte fast durch die Bank verbessern könnte – im institutionellen Verkauf, im Handel und im Investmentbanking. Das Topmanagement der Brokerfirmen schenkte dem Research Beachtung und erhöhte die entsprechenden Etats. Innerhalb weniger Jahre kauften diese Firmen alle führenden Analysten auf und lockten sie aus den kleineren Brokerfirmen heraus. Die neue Welle warf die führenden Firmen in die erste Reihe des besten Street-Researchs. Dabei war Morgan Stanley führend.

228

Wir genossen in unseren Firmen Respekt und Status. Das war die Anfangsphase der wachsenden Bedeutung der Analysten für die Wall Street und für die Bilanzen der Brokerfirmen.

Die Analysten bauten kontinuierlich Teams auf und ihre Berichterstattung spezialisierte sich zunehmend. Die erste Umfrage von *Institutional Investor*, in deren Rahmen Anfang der 1970er-Jahre eine Rangfolge der besten Street-Analysten veröffentlicht wurde, umfasste weniger als 25 Branchenkategorien. Im Jahr 2002 gab es 77 Sektoren. Im ersten Jahr hieß der Bereich, der im Grunde die gesamte Hochtechnologie und die Computerindustrie umfasste, „Electronics". Meine eigene Zuständigkeit engte ich von 1985 bis 1995 von der Computerbranche auf Software/ Dienstleistungen und schließlich nur noch auf Computerdienstleister ein. Und sogar innerhalb dieser Gruppe konzentrierte ich mich speziell auf Abwicklung und Outsourcing; Consulting/ professionelle Dienstleistungen und ein paar andere Segmente überließ ich meinen Teamkollegen.

Damit begann die Straße, die in das Verderben des Researchs mündete. Als die Analysten so richtig Geld abschöpften – rund eine halbe Million im Jahr –, blähten sich mit der Bezahlung auch ihre Egos auf. Unsere neue lebenswichtige Rolle im Business spiegelte sich in unserem Verhalten wider. Auf einmal gaben sich Investmentbanker, Trader und Manager mit uns ab. Analysten fühlten sich wichtig. Wir waren bei der Presse begehrt und unser Prestige wuchs, als unsere Namen gedruckt wurden. Dann kamen Fernsehinterviews, die unseren überhöhten Status noch weiter steigerten. Als die Vorstandsvorsitzenden erkannten, welchen Einfluss wir auf ihre Aktien hatten, bekamen wir leichter Zugang zu ihnen. Usergroups, Industrieverbände und Branchenkonferenzen baten uns immer häufiger, auf ihren Veranstaltungen zu sprechen.

Sogar als die Broker-Schwergewichte auf dem Gebiet des Researchs führend wurden, bewahrten sich die Analysten immer noch ein Körnchen Unparteilichkeit. Es gab kaum bürokratische

Hürden oder interne Aufsicht, sodass Analysten im Handumdrehen Empfehlungen ändern konnten, ihre Meinung relativ frei äußern konnten und kaum vom Investmentbanking behindert wurden. Sie mussten sich nicht die Mühe machen, Kontakt mit den Tradern zu halten. Es blieben sogar noch ein paar Überreste des Dienstes und der Fürsorge für Privatkunden, also für Kleinanleger. Ich nahm mir die Zeit, mich als erster Präsident an der Gründung der Software/Services Analyst Group an der Wall Street zu beteiligen. Sie umfasste alle Analysten auf der Buyside und auf der Sellside, die diese Branche beobachteten.

In dieser Periode konzentrierten die Analysten ihre Bemühungen größtenteils auf das Research und nicht auf Marketing. Ich reiste nach Europa und nach Japan, nicht um mich mit Investoren zu treffen, sondern um mich mit den Unternehmensleitungen von Computerfirmen zu treffen und die internationale Wettbewerbslage zu überprüfen. Bei meinem ersten Tokio-Aufenthalt war der Yen ganz groß. Als ich die Rechnung für die Autofahrt vom Flughafen zum Okura Hotel in Dollars umrechnete, stellte ich ernüchtert fest, dass sie 500 Dollar gekostet hatte. Unser Reisesachbearbeiter hatte Mist gebaut und mich ohne Visum losgeschickt, sodass ich meine Besprechungen und meinen Vortrag vor der Japan Society of Security Analysts in die maximale Transit-Aufenthaltsdauer von 72 Stunden packen musste. Ich huschte 30 Minuten vor Ablauf der Frist durch die Passkontrolle und die Beamten am Narita Airport wunderten sich im Nachhinein alle, dass eine Durchreise durch ihr Land, die normalerweise ein paar Stunden dauert, volle drei Tage gedauert hatte.

In dieser Phase meiner Laufbahn fing ich mit dem Langstreckenlauf an, was vielleicht meinen hyperaktiven Charakter zeigt. Auf dem College war ich im Gelände und in der Bahnmannschaft gelaufen; als das Jogging in Mode kam, wusste ich daher, dass das eine hervorragende Sportart für mich war. Beim Laufen konnte ich den Stress loslassen und in Ruhe über gewisse Dinge nachdenken, weg von der verrückten Arbeitsumgebung und von den zwei Kindern daheim. Und im Jahr 1980 lief ich schon bei den Marathonläufen in Boston und in New York mit. An einem kalten Tag während des New York City Marathons wurde mir in Brooklyn ein Laufhandschuh geklaut. Als mir nach der 20-Meilen-Marke in Harlem die Puste ausging, warnten mich die Zuschauer scherzhaft: „In diesem Viertel sollten Sie lieber nicht anhalten." In jenem Herbst startete ich 3 Stunden und 35 Minuten nach dem Start vom Ziel aus direkt mit dem Flieger nach Monterey in Kalifornien zu einer alljährlichen Hightech-Konferenz und trug bei allen Besprechungen die Medaille um den Hals zur Schau. Als mir im nächsten Jahr die Achillessehne riss, gingen meine Läufertage dem Ende entgegen. Ich denke mir oft, dass das viele Laufen und Trainieren mir geholfen haben, so diszipliniert, arbeitsam und geduldig an meine Karriere heranzugehen.

Anfang der 1980er-Jahre war ich Analyst bei Salomon Brothers und behandelte Computeraktien. Mehrere Mitarbeiter wurden später bemerkenswerte Branchenführer. Lewis Ranieri war der Pionier der hypothekenbesicherten Wertpapiere und schuf damit einen riesigen neuen Markt. Er war ein wildes, Stifte kauendes, getriebenes Energiepaket. John Meriwether lauerte in der Abteilung für festverzinsliche Wertpapiere und gründete später mit anderen hellen Köpfen der Branche Long-Term Capital Management. Nach nicht langer Zeit kam der Sturz und riss unter den bekannten Kontroversen fast den gesamten Markt mit sich. Dort arbeiteten auch andere Zugpferde wie Henry Kaufman und Michael Bloomberg.

Die Übernahme von EDS durch General Motors im Jahr 1984 markierte einen Wendepunkt in meiner Karriere. Doron Levins Buch *Irreconcilable Differences* erzählt die packende Geschichte des GM-EDS-Deals. Ich war Teil dieses Dramas. Ein Banker von Salomon, der die Geschäftsbeziehung zu General Motors fördern wollte und der die neue Neigung des Unternehmens zur Diversifizierung bemerkt hatte, stellte eine Liste von fünf Übernahme-Ideen zusammen. GMs Schatzmeister Courtney Jones sprang auf den Vorschlag, EDS zu kaufen, und unterbreitete Ross Perot ein Angebot: Eine Milliarde Dollar realisierbares Vermögen für ihn persönlich. Das war in jenen Tagen richtig viel Geld. Ross verkaufte EDS und bekam zusätzlich zum Bargeld fantastische, risikolose Wandelpapiere, aber dann behielt er die volle betriebliche Kontrolle über die Tochter EDS. Er hielt die Wirtschaftsprüfer von GM vor den Toren seiner Unternehmenszentrale in Dallas auf, weigerte sich, seine Bücher offenzulegen, und machte weiter, als wäre das Unternehmen nie gekauft worden. Die Schlacht gegen den GM-Vorsitzenden war eröffnet.

Salomon war ein Handelshaus und auch eine bedeutende Macht auf dem Gebiet des Investmentbanking. Das Research wurde dort als unterstützende Backoffice-Funktion betrachtet und wurde zwar gewissermaßen unabhängig von der Bank gemanagt, aber wir Analysten waren trotzdem Bürger zweiter Klasse. Mir dämmerte das, als mir 1984 gesagt wurde, dass ich einschließlich Bonuszahlungen das gleiche Gehalt wie im Vorjahr bekommen würde, obwohl ich eine entscheidende Rolle bei dem GM-Deal gespielt hatte, der der Firma sieben Millionen Gebühren einbrachte – damals eine giganteske Summe. Ich begriff, dass meine Aussichten, es als Analyst bei Salomon zu etwas zu bringen, unabhängig von meinen Beiträgen beschränkt waren.

Das Verhältnis von EDS zu GM blieb kämpferisch; die Bürokratie von GM stieß das erzwungene chirurgische Implantat EDS ab. Obwohl sich dieser Zusammenprall der Kulturen negativ auswirkte, vergrößerte GMs neues Datenverarbeitungsgeschäft EDS auf das Dreifache. Als führender für die Aktie zuständiger Street-Analyst musste ich mich auf einem schmalen Grat bewegen. Das war ein Vorbote der Konflikte zwischen Research und Investmentbanking, die sich in den 1990er-Jahren manifestierten.

Nach ein paar Jahren kritisierte Perot, der auch im Board von GM saß, den GM-Vorsitzenden Roger Smith öffentlich scharf: „Bevor wir das GM-System nicht atomisieren, schöpfen wir nie das volle Potenzial aus …" Ende 1986 wurden Ross und seine wichtigsten Management-Landsleute aus ihren 750 Millionen Dollar in Wandelpapieren freigekauft und marschierten etwas verwirrt, aber lukrativ endgültig aus den EDS-Barrikaden davon.

Als mein Sohn zehn Jahre alt und leidenschaftlicher Eisenbahnfan war, flogen wir im EDS-Flugzeug mit Paul Chiapparone, einem leitenden Manager (und zufällig einer der beiden Geiseln, die aus dem Iran befreit worden waren) zur Besichtigung einer Fabrik in Kanada, in der GM Lokomotivenmotoren herstellte. Wir fuhren mit einer nagelneuen Diesellok auf der Teststrecke. Justin fuhr sechs Runden im Führersessel. Ich konnte ihn kaum von der Steuerung wegbekommen. Auf dem Rückflug im EDS-Jet macht er den Kopiloten. Kein schlechter Tag für einen Zehnjährigen.

Nach Knochen wühlen und Manager anzapfen

Gutes Research zu betreiben, bedeutete manchmal, wie ein Enthüllungsjournalist zu arbeiten. Das heißt, man musste Informationen über Unternehmen ausgraben, deren Leiter nichts preisgeben wollen. Gewöhnlich ist das negativ. Freiwillig lassen sie nur den glänzenden Teil ihrer Geschichte heraus. Manchmal muss man dabei zum ehrlichen Dieb werden. Analysten halten immer nach voll gepackten drei Zoll dicken Unternehmensordnern Ausschau, auf denen steht „nur für den internen Gebrauch", die irgendwo in einer Flughafen-Wartehalle oder im Konferenzraum eines Hotels herumliegen und die alle Statistiken über Dutzende von Abteilungen sowie tonnenweise sonstige Fakten und Informationen enthalten, zum Beispiel eine Kundenliste. Der klärt Analysten über Aspekte auf, die die Manager niemals freiwillig preisgeben würden.

Kreative Einsichtnahme und clevere Untersuchungsmethoden waren zu einem gewissen Grad schon immer das Gütesiegel

233

guten Researchs. In den 1970er- und 1980er-Jahren bestand die einzige Möglichkeit, etwas über die Vorgänge in einem bestimmten Unternehmen herauszufinden, das ich behandelte, darin, Informationen von Beschäftigten niedrigerer Ränge zusammenzusetzen. Im Jahr 1973 stellte ich in Uptown New York bei meinem zweitägigen Rednerkurs erschreckt fest, dass fast alle anderen Teilnehmer angehende Vertriebsleute genau dieser Firma waren. Alle ihre fünfminütigen Übungsreden drehten sich um aktuelle Probleme und Herausforderungen des Vertriebs. Ich hielt meine Identität geheim, machte mir heimlich Notizen und schwieg still. Das war eine unglaublich erkenntnisreiche Insider-Einschätzung. Achten Sie immer auf die Menschen um sich herum und hören Sie ihnen zu.

Ich erinnere mich auch an einen Flug, auf dem mir ein Vertreter von Computer Associates, dem nicht klar war, dass ich Analyst von der Wall Street war, von den ganzen Spielchen und Tricks erzählte, mit denen diese Softwarefirma eine Umsatz-Fata Morgana erzeugte – eine Praxis, die ich schon länger befürchtet hatte, aber nie hatte festmachen können. Ich traute dem Unternehmen nie wieder. Schließlich ermittelte die SEC gegen die Unternehmensleitung wegen betrügerischer Abrechnungsmethoden und verlangte eine strafrechtliche Untersuchung. Zu den besten Informationsquellen gehören Manager der mittleren Ebene, die Witze reißen wie Jockeys in der Umkleide. Aufgabe des Analysten ist es dann, den Klatsch in den richtigen Kontext zu stellen, ihn mit sonstigen öffentlichen Informationen zu vergleichen und sich klar zu machen, dass er kurzsichtig, aus dem Zusammenhang gerissen oder unwichtig sein könnte. Es kann aber auch sein, dass sich daraus delikate Fragen ergeben, die man den Topmanagern servieren kann. Deren Reaktion kann sehr aufschlussreich sein, denn normalerweise trifft es sie unverhofft, wenn man solche wunden Punkte anschneidet. Manager strengen sich mächtig an, um zu verhindern, dass außenstehende Investoren und Analysten einen Blick auf die interne schmutzige

234

Wäsche erhaschen. Es ist zwar unwahrscheinlich, dass Privatanleger die Gelegenheit dazu bekommen, aber sie können darauf achten, wie das Management auf Analystenfragen bei Telefonkonferenzen oder bei Presseinterviews reagiert. Vielleicht holen die Analysten eine Leiche aus dem Keller.

Als Anleger muss man das, was man von den Managern hört, kritisch beurteilen. Zufälliger direkter Kontakt und Information kann eine einmalige Researchquelle sein, aber man muss auch seine Hausaufgaben machen. Nehmen Sie nie eine einzelne Unterhaltung als einzige Grundlage für eine Investition. Das Unternehmen muss noch in vielen anderen Hinsichten der Prüfung standhalten. Selbst wenn Sie eine enge Beziehung zu einem Vorstand haben, müssen Sie bedenken, dass die Insiderperspektive nicht unbedingt zutreffend ist. Eine Gefahr besteht darin, dass enge Beziehungen zu Managern zwar zum Verständnis beitragen können, dass sie einem aber häufig auch eine positive Tendenz geben. Analysten von der Wall Street pflegen auch gewisse persönliche Beziehungen mit Unternehmenslenkern, die ihnen eine unschätzbare Informations- und Zugangsquelle bietet, aber das kann durch den Wunsch nach bevorzugter Behandlung motiviert sein.

Durch eine Organisation, an der ich immer noch aktiv beteiligt bin namens Business Executives for National Security (BENS), hatte ich mehrere perfekte Gelegenheiten, mich locker mit gewissen Vorstandsvorsitzenden zu unterhalten. Josh Weston, der Vorsitzende von Automatic Data Processing, lud mich zu einer Betankungsmission der Air Force auf dem Weg von New York zum strategischen Luftwaffenkommando in Nebraska ein. Dieser Ausflug erneuerte meine Verbundenheit mit dem Militär, denn Mitte der 1960er-Jahre hatte ich drei Jahre lang als Betriebsoffizier auf einem Panzerlandungsschiff mit Heimathafen Norfolk gedient. Bei späteren Ausflügen mit BENS – einem Flugzeugträger-Nachtflug, einer Tauchfahrt in einem Atom-U-Boot, einer Panzerschlacht und einem F-16-Flug, habe ich mich mit anderen Vorsitzenden von Unternehmen verbrüdert. Ich habe dabei die Freundschaft mit einem Vorstandsvorsitzenden erneuert, der mich vorher bei anderen Analysten schlecht gemacht hatte. Es gibt keine bessere Gelegenheit, sich mit Managern anzufreunden, als wenn man rückwärts sitzend mit vier Gurten in einem Marine-Transportflugzeug festgeschnallt ist und bei der Landung heftig auf Deck aufsetzt und in das Fangseil rast. Später war ich in solcher Gesellschaft im Irak und in Afghanistan.

Für mich war der Golfplatz ein anderer Ort für den Aufbau persönlicher Beziehungen zu Topmanagern. Wenn man viereinhalb Stunden herumgespielt, um mächtige Einsätze von fünf oder zehn Dollar gewetteifert und ein paar Bier gekippt hat, freundet man sich schnell an. Danach geht es privat zu. Wenn ich mich danach bei dem Vorstandsvorsitzenden meldete, plauderte er gerne mit mir, zwar hauptsächlich über Golf, aber das gab mir immer eine Gelegenheit, geschäftliche Themen anzuschneiden. Der Vorsitzende eines Unternehmens, über das ich berichtete, machte mich mit Arnold Palmer bekannt, bevor wir eine Runde in Bay Hill spielten. Außerdem lud er mich zu dem Masters-Golfturnier 2000 in Augusta ein. Eine solche Kameradschaft senkt die normalen Barrieren zwischen Managern und Analysten. Ich wurde dadurch zwar nicht in heikle Insider-Informationen eingeweiht, aber ich bekam ein besseres Gefühl für Tendenzen und ein Gefühl für die Richtung, in die entscheidende Themen gingen.

Ein andermal war einer der größten Verträge des Unternehmens fast abgelaufen und die Wall Street war unsicher, ob er verlängert würde. Irgendwann im Laufe einer Runde von 18 Löchern, die ich mit einem Angehörigen der Unternehmensleitung in meinem California Golf Club spielte, gewann ich den Eindruck, dass der Erfolg der Neuverhandlungen unmittelbar bevorstand. Es gab keine Details. Aber es war genug, dass ich sicher war. Ich nahm die entsprechende Position ein und kurz danach wurde sie bestätigt. Das muss aber nicht immer beim

Golf passieren. Ereignisse wie die Olympischen Spiele 1996 in Atlanta, die ich mit Managern eines anderen Unternehmens besuchte, halfen mir genauso beim Aufbau enger Beziehungen. Als das gleiche Unternehmen in jenem Herbst die Wall Street mit der Meldung eines Gewinnausfalls schockte, wusste ich, bei welchen Managern ich darauf vertrauen konnte, dass sie mir den richtigen Exklusivbericht gaben.

Mit Topmanagern zu sprechen ist eine Kunst. Als Anleger muss man entscheiden, ob das Gehörte einen Sinn ergibt. Reimt es sich zusammen? Klingt es wahr? Analysten haben ein gründliches Verständnis der Branche, der Konkurrenten, der Nutzer und der Trends. Und sie haben einen tief gehenden Begriff von den Geschäften des Unternehmens, von seinen bisherigen Ergebnissen, seinen Problemen und seiner Führungsmannschaft. Eigentlich sollten wir qualifiziert sein, die Äußerungen von Vorständen einzuschätzen. Das ist aber trotzdem nicht so einfach. Wir können uns auch täuschen lassen. Bei etwaigen zwanglosen Gesprächen mit Managern oder auch wenn man sich eine Telefonkonferenz anhört, muss man auf der Hut sein.

Die „Regulation Fair Disclosure" (Reg FD), die im Jahr 2000 eingeführt wurde, verlangt, dass ein Unternehmen alle wesentlichen Informationen, die sich auf den Aktienkurs auswirken könnten, vollständig öffentlich bekannt macht. Diese neue Vorschrift hat die Manager in den letzten Jahren mundtot gemacht. Sie dürfen jetzt keine selektiven Prognosen, Einschätzungen oder grobe Hinweise auf die erwarteten Fortschritte mehr geben. Trotzdem sickern in Telefonaten gewisse Dinge durch. Das Wissen der Street-Insider wird außerdem durch Fragen an den Finanzvorstand oder den Leiter der Abteilung Investor Relations (IR) angereichert. Die meisten Analysten haben direkten Zugang zu diesen beiden Unternehmensvertretern. Der Zutritt zum Boardvorsitzenden oder Vorstandsvorsitzenden ist seltener. Dadurch, dass ich so lange Analyst war, hatte ich den Vorteil des Alters und der Branchenerfahrung. Mehrere Vorsitzende betrachteten mich als gleichrangig, was meinen Empfang erleichterte. Ich spielte mit diesen Unternehmenslenkern Golf, wir aßen zu Hause miteinander und ich ging mit ihnen zu Symphoniekonzerten – alles Gelegenheiten für ernstliche Verbundenheit. Die jüngeren Analysten hatten kein solches Verhältnis. Die Anleger müssen sich der Erfahrung der Analysten bewusst sein, die eine bestimmte Aktie betreuen. Seien Sie skeptisch, wenn sie nicht mindestens seit zehn Jahren dabei sind. Die meisten Analysten von der Street sind heutzutage dienstjünger, haben keinen Zugang zu Topmanagern und keine erfahrene Perspektive.

Die effektive Interaktion mit dem Management hat viele Facetten. Wenn man sich keine Notizen macht, sprechen die Manager offener. Trotzdem kritzeln die meisten Analysten fieberhaft vor sich hin. Im Gespräch mit einem Vorsitzenden ist es entscheidend, dass man sich an wichtige, breite Themen hält. Man kann von einer Führungskraft dieser Ebene nicht erwarten, dass sie den Etat für die Kapitalaufwendungen des nächsten Jahres oder die Feinheiten der Gewinnrealisierung nach dem Fertigungsstellungsgrad kennt. Die richtige Quelle für Finanzangelegenheiten sind die Finanzvorstände. Erwarten Sie aber nicht, dass sie Ihnen bei Dingen wie Produkte, Herstellung oder Forschung und Entwicklung helfen können.

Auch die Schnelligkeit der Reaktion ist ein Maßstab. Die führenden Analysten, die den größten Einfluss auf eine Aktie haben, bekommen normalerweise schnelle Antworten. Wenn ein Rückruf auf sich warten lässt, ist das daher eine Warnung, dass bald etwas Größeres bekannt gegeben wird. Ich habe einmal am Ende eines Quartals meine Meinung über ein Unternehmen herabgestuft, weil es nicht reagierte. Normalerweise rief mich das Unternehmen schnell zurück. Ich las aus dieser unüblichen Pause die Bekanntgabe eines Gewinnrückgangs heraus, ich warnte die Investoren und der Aktienkurs fiel. Das war ein Fehler. Es war nämlich alles in Ordnung; aber danach versäumte es das Unternehmen nie mehr, meine Anrufe prompt zu beantworten.

238

Die Interpretation der Körpersprache von Managern

Die meisten Unternehmen halten mindestens einmal im Jahr Versammlungen mit institutionellen Aktionären und Wertpapieranalysten ab. Das sind normalerweise jährliche Veranstaltungen, die zwischen drei Stunden und anderthalb Tagen dauern. Die Manager werden auf das Podium geleitet, audiovisuelle Präsentationen werden auf die Leinwand geworfen und dicke Ringbücher mit Kopien aller Folien werden verteilt. Wir kritzeln umfangreiche Notizen und stellen endlose Fragen. Aber die besten Informationen werden in den zwanglosen Kaffeepausen enthüllt. Auf der Bühne wird viel Zeit geschunden, die Ausführungen sind geplant, fertig verpackt und haben immer einen optimistischen Touch. Bedeutende Enthüllungen sind zwar selten, aber als Analyst muss man unbedingt da sein. Wir hören den grundsätzlichen Ton, lesen die Körpersprache, spüren jede Zögerlichkeit, bemerken das Maß an Selbstgewissheit und bekommen sowohl einen Eindruck von den Managern als auch von der Haltung der Investoren im Publikum. Gewöhnlich bewegt sich der Aktienkurs an diesem Tag passend zum Tenor der Sitzung.

Normalerweise sind solche Sitzungen banal und öde. Aber nicht immer. Die jährliche Microsoft-Versammlung in Seattle wurde einmal nach einer Bombendrohung in eine Kongresshalle in der Nähe der Marine-Piers verlegt. Aber Bill Gates hatte die Idee, die 250 Street-Profis auf einem in der Nähe liegenden Flugzeugträger unterzubringen. Sogar die Navy machte Bill Gates Platz. Auf dem Hangar-Deck wurden Stühle und audiovisuelles Equipment arrangiert, und die ganzen Analysten gingen an Bord – begeistert von der imposanten militärischen Szenerie. Wir haben nie herausgefunden, ob das alles abgekartet oder wirklich spontan war.

EDS veranstaltete einmal auf seiner Ranch in der Nähe von Dallas eine Grillparty und machte Hubschauberflüge für die Teilnehmer. Ein andermal erlebte ich mit, wie ein harter, stolzer

Manager bei einer Verbandssitzung auf dem Rednerpodest zwei Schritte zurück machte und einen Meter tief fiel. Er war aus dem Blickfeld verschwunden und wimmerte: „Ich glaube, mir geht es gut." Danach flehte er mich an, seinen Managerkollegen nichts davon zu erzählen, weil die ihn sonst auslachen würden.

Doch normalerweise ist der Inhalt von Besprechungen vorhersehbar; da gibt es selten große Neuigkeiten oder dramatische Entwicklungen. Microsoft untertreibt immer die Aussichten und schraubt die Erwartungen herunter. Die Analysten übergehen das. Aber manchmal können die Prognosen alarmierend sein. Computer Sciences hat einmal flaue Umsatzerwartungen ausgegeben, die Aktien wurden fertig gemacht und das war der Beginn eines mehrjährigen branchenweiten Abschwungs der Bereiche Consulting und Outsourcing. EDS erstaunte eine Gruppe einmal mit der bullishen Enthüllung, dass es sich um einen Vertrag bewarb, der 25-mal so groß war wie alle bisherigen Geschäfte. Damit begann ein 16 Jahre langer Aufstieg der Aktie. Das sind aber Ausnahmen.

Diese Telefonkonferenzen heben das Resarch auf ein neues Niveau, was Details anbelangt. In der Zeit vor den organisierten Gruppenanrufen unterhielten sich Analysten höchstens 20 Minuten mit den Managern, um die soeben gemeldeten Ergebnisse zu verstehen. Jetzt kann jedermann eine Stunde oder länger zuhören.

Der Nachteil ist aber, dass alle Beteiligten, die solche Anrufe hören, den gleichen vorgekauten Quatsch vorgesetzt bekommen und dass alle Researchberichte der Street ähnliche Informationen wiedergeben – ein weiterer Grund dafür, dass es weniger und weniger herausragende – oder kreative – Researchanalysen gibt. Die Researchberichterstatter von der Street plappern Erklärungen von Managern nach, Brocken, die in der Telefonkonferenz gesagt wurden. Wenn man die Telefonkonferenz gehört hat, braucht man die Berichte eigentlich gar nicht zu lesen.

240

Telefonkonferenzen werden normalerweise von neuen Nachrichten oder Pressemitteilungen begleitet. Ereignisse wie die Vorankündigung von Gewinnausfällen, der Abschluss oder Verlust von Verträgen, Übernahmen oder personelle Veränderungen in der Unternehmensleitung verlangen von dem Anleger häufig ein Urteil. Unter solchen dringenden Umständen ist der erste Eindruck normalerweise der richtige. Hier kommt ein gewisses Maß an Gefühl ins Spiel. Häufig muss man anhand seines bisherigen Wissens über das Unternehmen oder die Branche Einiges erraten. Das Wissen über die Unternehmen, die man besitzt, erlaubt es, die meisten Neuigkeiten im richtigen Kontext zu sehen. Denken Sie daran, emotionale Reaktionen zu vermeiden. Wenn Sie in einen Feuersturm geraten, fällen Sie trotzdem eine gelassene, unparteiische Entscheidung. Biegen Sie eine neue Entwicklung nicht so hin, dass sie zur aktuellen Investmentposition passt. Lassen Sie sich nicht von bedingungslosem Glauben blind machen. Normalerweise ist es zwar am besten, still zu halten, bis wieder Ruhe eingekehrt ist und man sich vernünftig eine Meinung bilden kann, aber gelegentlich ist der Gang der Ereignisse ein derart dramatischer Katalysator – ein „Schwarzer Schwan" –, dass er die Investmentauffassung verändert. Solche Ereignisse dürften zwar die Ausnahme sein, aber lassen Sie nie die Möglichkeit außer Acht, dass ganz plötzlich eine völlig neue Situation vorliegen könnte.

Die meisten halten jährliche Branchenkonferenzen ab, auf denen sie die Topmanager des Sektors präsentieren. Dabei herrscht ein scharfer Wettbewerb, die Investoren auf diese Versammlungen zu locken. Ich verfolgte die Strategie, im Jahresverlauf der Erste zu sein, und deshalb legten wir unsere Konferenz auf Anfang Januar, damit ich meinen Analystenrivalen zuvorkommen konnte. Außerdem war das Format meiner Konferenzen einmalig, denn es gab nur zwanglose Frage-Antwort-Sitzungen und keine ermüdenden Reden von der Bühne herab. Und wir hielten die Konferenzen ab vom Schuss in feudalen Hotels in Florida ab, zum Beispiel im Ritz-Carlton in Key Biscayne. Dort war unser

Publikum zweieinhalb Tage lang gefangen. Wir holten dafür immer interessante Persönlichkeiten, die mit der Branche zu tun hatten – zum Beispiel H. Ross Perot oder einen NASA-Astronauten –, die an faszinierenden Orten wie Museen oder Villen beim Essen für Unterhaltung sorgten. Unsere alljährlichen Ausflüge wurden zur besten jährlichen Konferenz des Sektors. Dank meiner jahrzehntelangen Beziehungen zu den Unternehmen bekamen wir mehr Topmanager, Boardvorsitzende und Vorstandsvorsitzende als die Versammlungen meiner Konkurrenten.

Privatanleger werden zu solchen Versammlungen nicht eingeladen. Aber machen Sie sich keine Sorgen, dabei werden kaum je überraschende Neuigkeiten oder bedeutende Entwicklungen enthüllt. In unserem Zeitalter der verpflichtenden vollständigen Offenlegung tragen die Manager einen Maulkorb; sie beschränken sich auf PR-Futter, und wenn es irgendwelche echten Unternehmensnachrichten gibt, werden sie in einer Pressemitteilung veröffentlicht. Bei solchen Versammlungen ist nur ein Sellside-Analyst anwesend – der, der sie veranstaltet. Und der ist mit dem Ablauf der Show beschäftigt. Erwarten Sie also von der Firma keine großmächtig anderen Researchinformationen als Proforma-Blödsinn. Solche Konferenzen sind im Grunde Werbeveranstaltungen, bei denen die institutionellen Anleger-Kunden umschmeichelt werden und auf denen man bei den Managern ein paar Pluspunkte sammeln kann. Falls es irgendwelche spürbaren Auswirkungen auf die Aktien der präsentierenden Unternehmen gibt, dann weil die anwesenden großen Institutionen beschließen, die Aktie zu kaufen, nachdem sie die Story gehört haben. Das kann den Kurs für kurze Zeit heben.

Die Zahlen „singen", aber sehen Sie sie im richtigen Verhältnis

Zahlen und Daten mögen zwar langweilig sein, aber für Anlageentscheidungen sind sie lebenswichtig. Ausgefeilte, ausführliche Ergebnismodelle sind inzwischen ein beherrschender Aspekt des Researchs. Die mit Zahlen gefüllten Tabellen ziehen sich über mehrere Seiten hinweg. Das fängt oben mit Umsätzen und Erlösen an und erstreckt sich über den ganzen Weg nach unten bis zum Gewinn pro Aktie. Aber es gibt auch noch Kapitalflussrechnungen, Bilanzen und sonstige Zahlen, zum Beispiel zu der Anzahl der Vorbestellungen. Die Modellrechnungen werden meistens von fleißigen Junior-Analysten erstellt.

Es war schon immer meine Philosophie, dass die Zahlen „singen". Modelle tauchen in die Einzelheiten der quantitativen Gewinn-und-Verlustrechnung ein. Die Unternehmensmanager arbeiten bei den Prognosen mit der Street zusammen, wenn sie ihre Modelle entwickeln und aktualisieren. Das Endprodukt ist ein Messinstrument, mithilfe dessen man in jedem Quartal zig verschiedene Finanzelemente überprüfen kann. Eigentlich sagen sie alles über die Gesundheit eines Unternehmen. Wenn Analysten mit solchen Modellen die finanziellen Tendenzen und Entwicklungen der letzten Zeit analysieren, bekommen sie einen vernünftigen Begriff von den potenziellen künftigen Ergebnissen. Ich hatte bloß immer das Problem, dass ich nicht wusste, wie man solche Modelle auf einem Personal Computer erstellt. Ich bin vor dem PC-Zeitalter an die Wall Street gekommen, habe in der Schule nie einen Computer benutzt, und obwohl ich mit der Technologie auf Tuchfühlung war, hatte ich es irgendwie immer geschafft, ein Computermuffel zu bleiben. Meine Kinder sind natürlich das genaue Gegenteil. Als ich auf einer Pressekonferenz im Jahr 1980 über das Buch sprach, das ich über die Computerbranche geschrieben hatte, wurde meine Tochter Laurel, die gerade in die erste Klasse ging, gefragt, ob sie in der Schule auch Computer benutzen würden. Sie sagte spöttisch: „Nein, wir programmieren nur in Basic!"

Die Verwendung von Modellen hat die Researchlandschaft verändert. Die Finanzdaten der Unternehmen werden immer massiv überwacht. Die Ergebnis-Spreadsheets haben eine

Situation geschaffen, in der man es den Analysten schwer in jedem Quartal Recht machen kann. Sie finden unweigerlich gewisse Posten, die das Ziel weit verfehlen, die daher Fragen aufwerfen und die Manager in die Defensive drängen. Die Street hat an den quartalsmäßigen Gewinn- und Cashflow-Rechnungen und an den Bilanzen immer etwas auszusetzen. Wahrscheinlich ist diese hohe Wachsamkeit gesund.

Seien Sie nichtsdestotrotz skeptisch, wenn Researchanalysen zu viel Gewicht auf solche Modelle legen. Konzentrieren Sie sich lieber auf das Gesamtbild und auf Faktoren, die sich auf die Aussichten auswirken. Verfangen Sie sich nicht in den erschöpfenden Details von Ergebnismodellen. Nicht einmal professionelle Portfoliomanager an der Wall Street haben die Zeit oder die Fähigkeit, sich in solche mathematischen Details zu vergraben. Man kann nicht erwarten, dass sich Privatanleger mit diesen quantitativen Monstern herumschlagen.

Die hervorragende Stellung der Modelle lenkt von der althergebrachten Kunst origineller handfester Untersuchungsarbeit ab und verdrängt sie – mit Kunden sprechen, ehemalige Manager abchecken, sich mit Konkurrenten befassen oder mit außenstehenden Fachleuten reden. Dieses einseitige, bürolastige und modellzentrierte mathematische Research schafft ein Umfeld wie in einem medizinischen Labor. Als Patient braucht man für die richtige Diagnose einen Arzt mit Erfahrung und Bewusstsein für das Gesamtbild, und nicht nur Laborergebnisse und Statistiken. Modelle werden ständig geändert, sie beruhen meist auf Schätzungen mit geringem prognostischen Mehrwert und sind für Anleger und Portfoliomanager von beschränktem Nutzen. Setzen Sie sie in die richtige Perspektive.

Ungeachtet der Modelle konzentriert sich das Research der Wall Street immer noch nicht genug auf finanzielle und buchhalterische Dinge. Häufig verlieben sich die Analysten in eine neue Technologie, ein neues Medikament oder in eine vielversprechende Aussicht, die reine Zukunftsmusik ist. Für Gewinn,

Cashflow und solide Finanzen gibt es aber keinen Ersatz. Wenn einer dieser Punkte fehlt, ist die Aktie hoch spekulativ. Wenn diese Faktoren heruntergespielt oder gerechtfertigt werden, erliegen Sie dieser These nicht. Verglichen mit Kreditanalysten und Analysten festverzinslicher Wertpapiere sind die Finanzkenntnisse von Aktienanalysten eher bescheiden. Das meiste Aktienresearch dringt nicht sehr tief in diese Bereiche ein – Bilanz, Kapitalfluss, Umlaufvermögen, Liquidität, Abrechnungs- und Offenlegungsmethoden.

Glauben Sie nicht, die Gewinnschätzungen der Street würden ein reales Maß an Genauigkeit bedeuten. Präzise Gewinnprognosen lassen auf einen lächerlichen Grad der Genauigkeit schließen und führen die Anleger in die Irre. Die Schätzungen ändern sich mehrmals im Jahr. Die Gewinnschätzungen der Analysten sind tendenziell genauso einseitig positiv wie ihre Anlageempfehlungen. Fast nie wird ein Rückgang vorausgesagt. Zum Beispiel hat der Durchschnitt der Schätzungen für den S & P 500 seit mehr als 20 Jahren keinen Gewinnrückgang mehr vorausgesagt. Das *Wall Street Journal* wies darauf hin, dass die Analysten von der Street im Juli 2007 laut Thompson Financial schätzten, die Banken und Brokerhäuser (ein intensiv betreuter Sektor) im S & P 500 würden ihre Gewinne im dritten Quartal um neun Prozent steigern. Auweia! Die drei Monate später gemeldeten tatsächlichen Gewinne rutschten um 27 Prozent ab. Schätzungen nehmen keine Meldungen vorweg, sondern reagieren darauf. Die Unternehmen stehen unter dem künstlichen Druck, in jedem Quartal konkrete Gewinnerwartungen zu erfüllen oder zu überbieten. Die Kursschwankungen verstärken sich, wenn die Quartalsergebnisse auch nur einen Cent von der durchschnittlichen Erwartung der Wall Street abweichen. Die Jahres- und Quartalsschätzungen sollten lieber in Form von Bereichen angegeben werden; das würde ihren ungenauen Charakter besser wiedergeben und würde Bewegungsspielraum lassen.

245

Die Stützung des Investmentbanking durch Research in der Blasenzeit der 1990er-Jahre

In den 1990er-Jahren erkannten die Investmentbanker so langsam den Wert der Analysten und ihrer guten Beziehungen zu den Vorstandsvorsitzenden der von ihnen behandelten Unternehmen. Der Analyst hatte üblicherweise leichteren Zugang zu dem Board- oder Vorstandsvorsitzenden als der Banker. Deshalb wurde der Zugang der Analysten für Bankaufträge wichtig. Zwar beteiligten sich Analysten auch schon in den 1980er-Jahren und Anfang der 1990er-Jahre aktiv an Bankgeschäften, aber sie waren diesen Geschäften noch nicht verpflichtet – es gab noch keine verzerrende Verführung. Das Investmentbanking steuerte noch keinen so übergroßen, massiven Beitrag zur Bilanz der Brokerfirmen bei wie später in der Blasenzeit der 1990er-Jahre. Das Banking spielte noch eine ausgewogene Rolle und das Analystenresearch bewahrte noch ein gewisses Maß an Autonomie.

Die Blasenära der 1990er-Jahre „ war die beste aller Zeiten, es war die schlechteste aller Zeiten." Darunter litt die Professionalität. In den 1990er-Jahren produzierten Analysten einseitiges, verzerrtes Research. Die Analysten drehten durch und die Glaubwürdigkeit des Researchs war ruiniert. Ich hatte damals schon 25 Dienstjahre auf dem Buckel und war so altmodisch, dass ich mich nicht ansteckte. Professionelle, rationale Analysten wie ich wurden als Relikte bezeichnet. Es war ein gutes Gefühl, später wieder in Mode zu kommen, als der Boden unter den Internetaktien wegbrach. Hüten Sie sich immer vor Investments, die an die Annahme geknüpft sind, wir würden in eine neue Ära eintreten. Sie klappen selten. Die Geschichten von Aufstieg und Fall im Internetboom sind legendär. Dabei ging es nur um absurde Annahmen; das war eine Chimäre. Nehmen Sie sich diese Lehre zu Herzen.

Diese unglaubliche Periode war für eine äußerst breite Gruppe von Menschen eine Zeit der Fülle. So gut wie alle schienen die wilden bullishen Zeiten zu fördern und zu loben, von dem Vorsitzenden der Federal Reserve Alan Greenspan über den Vorsitzenden der SEC, Privatpersonen, Vorstandsvorsitzende, Wagniskapitalgeber, Analysten, die Presse, Regierungen und Autohändler bis hin zu Immobilienmaklern. Ein Taxifahrer, der mich zum Flughafen brachte, prahlte damit, dass seine Frau daheim Daytrading betrieb. Die Steuereinnahmen, Überschüsse und Portfolios von Regierungen, unternehmenseigenen Pensionsfonds und gemeinnützigen Stiftungen blähten sich. Die unverhältnismäßig hohen Steuereinnahmen des Bundes und der Bundesstaaten beruhten hauptsächlich auf der Mitnahme von Kapitalgewinnen und der Ausübung von Bezugsrechten. Alle schienen zu glauben, das sei das Ergebnis ihrer scharfsinnigen Politik, und was noch unfassbarer ist, das würde so bleiben.

Sogar meiner Tochter kam der Gedanke, man könnte mit Aktien zu Geld kommen. Sie war volljährig, fing gerade mit dem College an und ich legte ein paar Aktien in ihr Depot. Als die Aktien stiegen, hatte sie auf einmal mehr Achtung vor meinem Beruf. Ich sagte ihr, dass man Kursgewinne als Kapitelerträge bezeichnet. Sie gab zurück: „Papa, ich liebe Kapitalerträge! Kannst du mir noch mehr davon geben?" Als sie ihren College-Abschluss mit den Haupfächern Archäologie und Kunstgeschichte gemacht hatte, versuchte ich sie zu einer Karriere an der Wall Street zu verführen. Dicke Chance. Ich setzte sie einen Nachmittag lang in unsere Verkaufs- und Handelsabteilung in San Francisco. Ich war sicher, dass dieses Erlebnis ihr Interesse an dem Feld des Investment wecken würde, und ich fragte sie nach ihrem Eindruck. Sie war kaum beeindruckt und meinte: „Die Typen da oben sind süß!" Diese Frau war auf etwas ganz anderes aus.

Die brummende Wall Street ließ die Konjunktur anziehen und die Immobilienpreise steigen, und sie schuf Mengen von Arbeitsplätzen für Collegeabgänger in Internet-Startups. Die Profis von der Street sonnten sich im Licht ihres Einflusses und genossen ihr Gehalt – das taten auch die Venturekapitalisten, Fondsmanager, Banker und Finanzdirektoren. Sie alle profitierten davon trotz der Fülle von unsauberen Praktiken an der Wall Street, die später enthüllt wurden – oder gerade deswegen.

Die Researchetats waren großzügig und Analysten hatten die Freiheit, ihre Teams auszubauen. Die Firmen stellten Researchassistenten ein, die nur ein Grundstudium hinter sich hatten. Die Büros platzten aus den Nähten. Mit diesen Mitteln produzierten die Teams dicke Berichte; hunderte von Seiten lange Branchen- und Firmenstudien, die aussahen wie Telefonbücher. Die Zahl der Quartalsberichte über einzelne Branchen uferte aus und die User-Umfragen schossen wie Pilze aus dem Boden. Die Investoren und Portfoliomanager hatten gar nicht die Zeit, die ganzen öden Details durchzugehen, aber die Unternehmen und Manager der betreffenden Branchen freuten sich, dass die Researchpublikationen gratis über den Tresen gingen. Je dicker das Machwerk, umso heller strahlte unser Fachwissen – wie bei einer College-Abschlussarbeit.

Während das öffentliche Interesse wuchs, gewannen die Analysten ein unvorstellbares Format und konnten sich mit Hollywood-Stars messen. Verrückte Analysten der neuen Generation mit Starallüren – in Wirklichkeit „Cheerleader" – bekamen Dreijahresverträge. Die Bonuszahlungen schossen in die Höhe. Bei Werbetouren gab es keine Termine unter vier Augen, sondern die Besprechungszimmer waren mit einem Dutzend oder mehr Portfoliomanagern angefüllt. Die Analysten fanden bei den Vorstandsvorsitzenden Gehör und bekamen sofortigen Zugang zu den Spitzenmanagern der von ihnen betreuten Unternehmen. Sie brachten ihren Firmen Einnahmen und den Investoren Wohlstand. Anlageempfehlungen und Kursziele zündeten Aktienkurse. Kaufempfehlungen entpuppten sich als „fabelhafte Ideen" und stiegen. Die Zeitschrift *Institutional Investor* porträtiert jedes Jahr Analysten, die Volltreffer gelandet haben, also deren Kaufempfehlungen um 100 oder 200 Prozent gestiegen sind. Ende der 1990er-Jahre musste eine Aktie um 1.000 Prozent steigen, um in diese Liste zu kommen.

Charles Kindleberger, ein Wissenschaftler und Experte für konjunkturelle Blasen, Manien, Paniken und Crashs, definiert „Blase" als Zunahme „der Preise von Vermögenswerten in der manischen Phase des Zyklus [...] über einen längeren Zeitraum von 15 bis 40 Monaten, die dann implodiert." Robert Shiller beschreibt in seinem Buch „Irrationaler Überschwang" eine „spekulative Blase" als „Zeitraum, in dem die Anleger von einem Investment irrational angezogen werden, weil steigende Preise sie zu der Erwartung veranlassen, dass [...] die Preise noch weiter steigen." Bruner und Carr erwähnen in „Sturm an der Börse: Die Panik von 1907" mehrere Umstände, die während konjunkturellen Blasen fast immer gegeben sind: „der Eintritt naiver, unerfahrener, argloser Anleger in den Markt; die Rede von einem ‚neuen Paradigma', das bewährte Anlagemaximen ungültig macht; aggressive Finanzierungen; Medienrummel und beträchtliches allgemeines Interesse." Klingt für mich wie die 1990er-Jahre – und wie der Immobilienmarkt in den Jahren 2005 und 2006. Es ist gut, wenn man diese früheren Blasen im Kopf behält, damit man solche Zustände in Zukunft erkennen kann.

Es gibt viele historische Parallelen zu den 1990er-Jahren, zum Beispiel die Eisenbahnen, die Mitte des 19. Jahrhunderts die Wachstumsaktien der damaligen Zeit waren. Sie schossen innerhalb von Monaten aus dem Boden, gingen schnell an die Börse und wurden von den Investoren fieberhaft in die Höhe getrieben. Fast alle wurden später für ein paar Cent pro Dollar aufgekauft oder gingen Bankrott. Ich habe mehr als 100 alte Eisenbahnaktien von damals gesammelt, einen Bruchteil der tausenden börsennotierten Firmen jener Zeit.

Ein weiteres Beispiel ist die unglaubliche Explosion der japanischen Börsen in den 1980er-Jahren, als viele Sektoren – unter anderem Textilien und Schifffahrt – Kurs-Gewinn-Verhältnisse von mehr als 100 hatten. Als Begründungen, die diese extremen

Höhen rechtfertigten, wurden zum Beispiel zu niedrig angegebene Gewinne, wechselseitige Beteiligungen und die weltweite wirtschaftliche Führungsposition angeführt. Und ähnlich wie die Amerikaner während der Internetblase würdigten die Japaner die Ausweitung von Marktanteilen mehr als Gewinnwachstum. Die Immobilienpreise in Japan sprengten die Skala und die Japaner sammelten weltweit Immobilientrophäen wie beispielsweise Pebble Beach und das Rockefeller Center. Die Aktie, die diese Blase am besten verkörperte, war Nippon Telephone and Telegraph (NTT). Sie erreichte ein Kurs-/Gewinn-Verhältnis von 200 und einen Kurs von drei Millionen Yen – bis sie Anfang der 1990er-Jahre um 80 Prozent auf 500.000 Yen einbrach. In dem gleichen Zeitabschnitt rutschte der Nikkei Index von 40.000 auf 15.000 Punkte ab.

Laut John Rubino, dem Autor von *Main Street, Not Wall Street*, treten Blasen am wahrscheinlichsten auf, wenn neue Technologien, neue Geschäftsmethoden oder neue führende Unternehmen aufkommen. In den Goldenen Zwanzigern stieg der Aktienkurs von Radio Corporation of America (RCA) von weniger als zehn auf 100 Dollar und fiel in den 1930er-Jahren wieder unter zehn Dollar. In den 1920er-Jahren wurden bestehende Wertmaßstäbe wie der Netto-Buchwert und die Dividendenrendite über den Haufen geworfen. Die Automobil-, Telefon- und Flugzeughersteller vermehrten sich – das waren die neuen Technologien jener Zeit. Die Internetexplosion resultierte in den 1990er-Jahren ebenfalls in tausenden von Börsengängen – Unternehmen mit extrem exzessiven Bewertungen. Der Überschwang war sogar noch extremer als in den 1920er-Jahren, weil im Gegensatz zu den damaligen Herstellungsfirmen im Grunde kein Kapitalbedarf bestand. Die 1920er-Jahre wurden als Ära des grenzenlosen Wohlstands bezeichnet. Sogar ein einflussreicher Volkswirtschaftler von der Yale University sprach davon, dass der Markt ein „dauerhaftes Hochplateau" erreicht habe. In der jüngeren Epoche gab es Bücher, die voraussagten, dass der Dow Jones auf 36.000 Punkte steigen würde. Beide Zeiten regten zu einer Anlagemanie an. In den 1920er-Jahren stürzten sich Schuhputzer auf die Börse und in den 1990er-Jahren betrieben Kellner Daytrading.

In der Blasenzeit der 1990er-Jahre wurden die Marktanteile von Unternehmen und faszinierende Geschäftskonzepte mehr belohnt als Gewinnsteigerungen. Traditionelle Bewertungskennzahlen wie das Kurs-Gewinn-Verhältnis (KGV) wurden zugunsten imaginärer künftiger Kapitalflüsse aufgegeben. Das lag daran, dass die Überfülle der Internet-Startups, die rote Zahlen schrieben, dadurch unendlich hohe KGVs hatten. Anfang 2000 hatte Yahoo! einen Marktwert von 105 Milliarden Dollar, also mehr als die gesamte Automobilindustrie einschließlich Zulieferern! Die wirtschaftlichen Gesetze waren vorübergehend außer Kraft gesetzt und Gewinn hielt man nicht für nötig; entscheidend waren das Konzept, der Marktanteil, der Umsatz, die Zukunft oder irgendwelche verlockenden Trugbilder. Der S & P 500 verdreifachte sich in den 1990er-Jahren innerhalb von fünf Jahren und in der Hausse der Goldenen Zwanziger hatte sich der Dow Jones Industrial Average innerhalb von sechs Jahren vervierfacht.

Die schockierenden Exzesse des ein Jahrzehnt während des Bullenmarktes in den 1920er-Jahren endeten in dem massiven Zusammenbruch in den 1930er-Jahren und waren der Katalysator für die radikalen börsenrechtlichen Maßnahmen unter Joseph P. Kennedy und für die Schaffung der SEC unter Roosevelt. Der Abbau der Exzesse aus den 1920er-Jahren und die Durchsetzung notwendiger Reformen dauerte ein Jahrzehnt. Es vergingen rund 25 Jahre, bis sich der Aktienmarkt wieder auf die alten Hochs von 1929 erholt hatte.

Die Internet-Euphorie pervertiert das Research der Wall Street

In der Blasenära der 1990er-Jahre, die auch abschätzig als „Dot-Con"-Ära [„con" = „Schwindel"] bezeichnet wird, wurden

Unternehmen, die Millionen an Wagniskapital in die Luft blasen konnten und keine Aussicht hatten, jemals Gewinn zu erwirtschaften, zur „New Economy". Das war der Aufstieg der großen amerikanischen Geldmaschine, die man das neue Paradigma nannte. Internet-Startups gingen an die Börse und ihre Aktienkurse stiegen in den dreistelligen Bereich. Das angesagte Magazin war *Red Herring*, das sich mit 300 Mitarbeitern und einer Auflage von 275.000 Internet- und Technologie-IPOs widmete. Die Manager von Investmentfonds wollten „die neuen Sachen" haben, zum Beispiel Priceline.com. Die Aktie stieg auf 162 Dollar. Computerdienstleister wie EDS und First Data, über die ich berichtete, modelten schnell ihre PowerPoint-Präsentationen um und änderten ihre Firmenlogos; sie wurden zu eCommerce B-to-B eBusinesses, weil das ihren Aktienkursen gut tat.

In der Blasenzeit der 1990er-Jahre gab es eine Fülle junger Analysten und die Qualität ihres Researchs spiegelte ihre Unreife wider. Diese Hausse-Babys, die inmitten einer florierenden Wirtschaft und einer steigenden Börse zu Wall-Street-Analysten wurden, hatten keine Vorstellung von einem möglichen Abschwung. Die leichtsinnigen Analysten und Investoren vertraten die Theorie, die alten Regeln würden nicht mehr gelten; sie dachten, Elefanten könnten fliegen. Das taten sie auch, aber nicht lange.

eToys überschritt bei 84 Dollar den Höhepunkt und fiel auf null. Webvan ging mit 35 Dollar an die Börse; man sah die Lastwagen der Firma durch San Francisco und ein paar andere Städte sausen. Am Ende wurden 1,2 Milliarden Dollar Kapital verheizt. Eine Milliarde hier und eine Milliarde dort – das schien damals nur Spielgeld zu sein. Pets.com ging einen Monat vor dem Börsenhöhepunkt im März 2000 an die Börse und überschritt bei 14 Dollar den Höhepunkt. Im Laufe des Jahres verkündete es Liquidierungspläne und machte zu. Mp3.com schoss vor seinem Ableben auf 105 Dollar hinauf und erreichte eine Marktkapitalisierung von 5,6 Milliarden Dollar. Dr. Koop.com schnellte auf 45 Dollar und eine Marktkapitalisierung von mehr als einer Milliarde hinauf, bevor es Ende 2001 kapitulierte. Theglobe.com ging Ende 1998 an die Börse, rauschte am ersten Handelstag um 60 Prozent in die Höhe und schloss mit gut 63 Dollar. Zweieinhalb Jahre danach wurde es aus dem Nasdaq-Handel genommen und für 16 Cent gehandelt. Aber das ging nicht nur Internetgesellschaften so. Manche Shootingstars stellten Ausrüstung für Telekommunikationsnetze her. Redback Networks war im Jahr 1999 ein Wunder von einem Börsengang, erreichte den Scheitelpunkt bei 191 Dollar im März 2000 und meldete dann Insolvenz an. Ende 2003 war die Aktie nur noch ein paar Cent wert. Die Verluste während dieser kurzen Lebensdauer beliefen sich auf 5,4 Milliarden Dollar, was für eine winzige Firma, die im Höchstfall 278 Millionen Dollar Umsatz schaffte, viel rote Tinte ist. Aber nicht alle Debakel waren börsennotiert. Es gab auch Scharen von Privatunternehmen wie Miadora.com, der beste Online-Schmuckeinzelhändler. Er beschaffte sich 51 Millionen Dollar Wagniskapital, verheizte es und machte dicht – alles innerhalb von 15 Monaten.

Und dann gab es noch die „Sieger", die bis heute existieren, deren Aktien zwar immer noch gehandelt werden, aber zu frappierend niedrigen Preisen. iVillage erreichte bei 130 Dollar den Zenit und wurde dann im einstelligen Bereich übernommen. Openwave Systems ging Mitte 1999 zum Kursäquivalent von 48 Dollar an die Börse und schoss im Zuge des Nasdaq-Gipfels auf 624 Dollar in die Höhe, bevor es auf ein Dollar einbrach. Wave Systems ging im Jahr 1994 mit 15 Dollar an die Börse, überschritt im Jahr 2000 bei 143 Dollar den Gipfel und kostete im Jahr 2006 unter drei Dollar. Akamai startete seinen Börsengang im Jahr 1999 bei 28 Dollar, überschritt im Jahr 2000 bei 345 Dollar einen Höhepunkt und fiel bis 2002 auf 57 Cent. Der Börsengang von Yahoo! begann splitbereinigt mit 1,38 Dollar, am ersten Tag verdoppelte sich der Kurs, schoss über 120 Dollar hinaus und tauchte wieder in den einstelligen Bereich ab.

Der Champion Amazon.com ging splitbereinigt mit 1,50 Dollar an die Börse, die Aktie stieg über 110 Dollar auf und tauchte unter sechs Dollar ab. Die Aktie des japanischen Internet-Wunder-Unternehmens Softbank ist von 198.000 Yen um erschreckende 98,5 Prozent auf weniger als 3.000 Yen abgesackt. Der Großvater der Holdinggesellschaften, die das Internetuniversum beherrschten, CMGI, stieg auf 163,50 Dollar, bevor es auf 0,28 Dollar geprügelt wurde. Zahllose Vorstandsvorsitzende der Blasenzeit in den 1990er-Jahren schufen keinen Wert und trieben ihre Aktien auf null, aber ein paar Glückliche spazierten trotzdem mit hunderten Millionen oder gar einer Milliarde Dollar davon.

In dieser Zeit wurden die Analysten mit dem Verlangen von Institutionen überschwemmt, diese sensationelle Welle von Internet-Neuzugängen zu beobachten und sogar zu unterstützen. Die Zirkusdirektoren waren jugendliche Führungspersönlichkeiten, die sich wie Hollywood-Mogule benahmen, massiv übertriebene Zuversicht und größtenteils unangenehm eingebildetes Verhalten zur Schau trugen. Ihre Sitzungen bei Anlegerkonferenzen waren aufgrund des Fiebers nach den hoch riskanten Neulingen mit dem hohen Beta vollgestopft. Die entscheidenden Anlagefaktoren – echte Gewinne, Finanzen und Cashflow – waren in dieser Periode vergessen. Die neuen Aktien hatten absurd hohe Kurse, dürftige Geschäftsmodelle, mangelhafte Aussichten und ein werbeorientiertes Management. Deshalb sah ich in ihnen extrem riskante Spekulationen. Das wird manchmal heute noch übersehen.

Historisch betrachtet ist am Aktienmarkt ein Jahresertrag von acht bis zehn Prozent die Norm. Ende der 1990er-Jahre war die Welt auf den Kopf gestellt und die Marktteilnehmer rechneten wegen der erstaunlichen, irrationalen Kursextreme mit Verdopplungen, Verdreifachungen und mehr. Danach mussten sie zwar teils ernüchternd Buße tun, aber heute rechnen Anleger immer noch mindestens mit jährlichen Gewinnen von zehn bis 15 Prozent. Diese Annahme entspricht aber nicht den lang-

254

fristigen Ergebnissen der Vergangenheit. Gehen Sie lieber davon aus, dass der Markt über längere Zeit um fünf bis zehn Prozent pro Jahr zulegt, und in den nächsten Jahren vielleicht eher nur fünf Prozent.

Ein wesentlicher Bestandteil der absurden Euphorie jener Zeit war die alljährlich im November stattfindende Comdex Conference in Las Vegas, die mit Abstand größe Messe des Landes. Auf dem Höhepunkt im Jahr 2000 kamen 211.000 Besucher. Man kam nirgends durch, die Taxischlangen waren endlos, Stars wie Bill Gates, Larry Ellison, Michael Dell und John Chambers füllten Säle mit 5.000 Plätzen und mindestens genauso viele Menschen mussten abgewiesen werden. Die Rekordanzahl von 2.337 Unternehmen stellte aus. Was vorher ein Forum für Personal Computer gewesen war, hatte sich auf alles Mögliche von Unterhaltungselektronik bis zum Internet und von Computerdienstleistern bis Halbleiter ausgeweitet. Es gab kostenlose Auftritte von Rockbands und Gesangskünstlern. Übrigens wurde die Comdex (ursprünglich hieß sie Computer Dealers Exposition) im Jahr 1995 für 860 Millionen Dollar an eine japanische Organisation verkauft. Die japanische Firma war vermutlich in der gleichen Ekstase gefangen wie die Wall Street und ihre Anleger. Parallel zum Platzen der Internetblase verschied auch diese Messe. Als börsennotierte Gesellschaft meldete sie im Jahr 2003 Insolvenz an und im Jahr 2004 wurde die Comdex komplett gestrichen. Ende.

Das Research läuft Amok

Die Researchberichte und die Kaufempfehlungen der 1990er-Jahre unterschieden nicht zwischen extrem spekulativen Gesellschaften mit Verlust und geringem Umsatz und etablierten, stabilen Blue-Chip-Gesellschaften mit bewährten Gewinnen. Die Analysten machten hinsichtlich der Anfälligkeit der Aktien, die sie empfahlen, keinerlei Unterschiede und die Investoren waren ähnlich unkritisch. Daraus kann man lernen, dass Unternehmen mit erprobten Gewinnen und Vermögenswerten eigentlich entsprechend bewertet werden sollten. Als Investor muss man das Risiko von Unternehmen mit vagen Aussichten erwägen. Das ist überaus wichtig. Die Anleger suchten sich in den 1990er-Jahren aus den reizvollsten, aufstrebenden neuen Unternehmen diejenigen aus, die angeblich die größten Gewinnchancen boten. Die Analysten fühlten sich von den Verkäufern, den Händlern, dem Management, den institutionellen Kunden und von den Privatanleger unter Druck gesetzt, diesem Verlangen durch Empfehlungen nachzukommen. Seit langer Zeit bestehende führende Unternehmen wie General Electric, ExxonMobil, Wal-Mart und Johnson & Johnson fand man langweilig. Und was Marktkapitalisierungen angeht, gab es kaum Zurückhaltung. Achten Sie als Privatanleger sorgfältig auf Aktienbewertungen und auf Risiken. Die Wall Street missachtet das immer noch häufig.

In der Blasenzeit der 1990er-Jahre wurden die Berichte plötzlich positiv. Die Street nahm keine negativen Bedenken oder Risikofaktoren mehr in ihre Researchkommentare auf. Die Compliance-Abteilung bemerkte nicht mehr, dass in den Berichten keine pessimistischen Punkte vorkamen. Die Aktienempfehlungen bestanden nur aus Lobhudelei, Reklame und günstigen Prognosen. Hochfliegende Kursziele stützten die Schmeichelstorys noch zusätzlich. Wenn die Angabe eines KGVs nicht möglich war, weil das Unternehmen rote Zahlen schrieb, wurden die gehobenen Kursziele mit quantitativen Dingen wie der Anzahl der Aufrufe einer Website, Marktanteilen und Umsatz-Verhältnissen gerechtfertigt.

Roger Lowenstein hat die kümmerliche Qualität und schreiende Parteilichkeit des Researchs dieser Zeit in einem Artikel über den Adelphia-Skandal für die *New York Times* im Jahr 2006 elegant porträtiert. Seine Beschreibung des Researchs über das Unternehmen in jener Zeit ist sehr aufschlussreich:

„Aber was an den Analystenberichten auffällt, ist weniger die Werbung als die schiere Oberflächlichkeit. Nirgends bekommt der Leser ein Gefühl dafür, was Adelphia auszeichnete – die abgeschiedene Verrücktheit, die familiäre Besessenheit, die prekäre Kapitalstruktur und der ständige Mangel an freiem Cashflow. Die Analysten brüsten sich mit Einzelheiten, sie sind von Kurscharts besessen, sie liefern seitenweise Tabellen voller Zahlen ab, aber nirgends überprüfen sie etwas oder hinterfragen wenigstens kritisch die freundlichen Hochrechnungen des Unternehmens, auf denen die Zahlen basieren."

Die verbreitete Arroganz während der Blase der 1990er-Jahre beschädigte das Research noch weiter. Analysten, Portfoliomanager und Investoren konnten sich nicht vorstellen, dass sie sich mit ihrer ungezügelten Begeisterung irren könnten. Die einzige Befürchtung, die sie hatten, war die Möglichkeit, dass sie Gewinne verpassten. Die Analysten verloren den Bezug zur Wirklichkeit. Es gab keine historische Perspektive, keine Ausgewogenheit, nur das Bemühen, mit der bullishen Herde Schritt zu halten. Sie betonten die glanzvollen Aspekte. Alles kam zusammen – der Verlust der Objektivität, Hochmut und unkritische Werbung. Die Selbstüberhebung ist inzwischen zu einem gewissen Grad abgeflaut, aber sie hat sich nicht völlig aufgelöst. Der Abtritt von Gestalten wie Grubman und Blodget, die scharfe Kürzung der Analystengehälter und die zahlreichen Entlassungen im Jahr 2009 haben dafür gesorgt, dass wieder ein wenig Bescheidenheit aufkommt. Der Abbruch oder die strenge Kontrolle der Pressekontakte trägt ebenfalls zur Rückkehr der Bescheidenheit bei. Aber auch heute noch gibt es eine massiv zuversichtliche Haltung, die Fehler und falsche Meinungen verschlimmert.

Die kurze Karriere von Henry Blodget ist ein gutes Beispiel für die möglicherweise zerstörerische Wirkung der Einbildung. Er verkörperte die neue Analystengeneration ohne Erfahrung oder Erfolgsbilanz. Er war weder MBA noch CFA und war typisch für die Scharen von Neulingen, die in den 1990er-Jahren in die Branche eindrangen. Nachdem Blodget 1994 in jungen Jahren mit akademischer Bildung, gewandt und frühreif an die Wall Street gekommen war, wurde er 1998 über Nacht zur Sensation, als er für Amazon.com, das damals für 240 Dollar gehandelt wurde, ein Kursziel von 400 Dollar angab. Innerhalb eines Monats zog die Aktie an seinem unverschämt hohen Ziel vorbei. Die Presse begrüßte ihn als Orakel der New Economy und eine Weile badete er im Rampenlicht.

Seine Internetaktien katapultierten ihn zum *Über*-Analysten. Blodget berichtete auch über Internet Capital Group. Die Aktie stieg vor ihrem steilen Absturz auf 212 Dollar. Er stufte sie auch noch bei 15 Dollar positiv ein. Er gab für 24/7 Real Media eine positive Empfehlung ab, bezeichnete das Unternehmen in internen Emails jedoch als „Stück Sch---"; das geht aus dem gerichtlichen Beweismaterial hervor, das gegen ihn verwendet wurde. Der Preis erlitt einen Ohnmachtsanfall und fiel von über 60 auf unter einen Dollar. Als er endlich kapitulierte und seine Empfehlungen senkte, lautete die Schlagzeile „Das sagt er uns erst jetzt." Nach einem Vergleich mit dem Generalstaatsanwalt des Staates New York ist Blodget jetzt auf Lebenszeit aus der Wertpapierbranche ausgeschlossen. Unabhängig davon akzeptierte seine Firma im Jahr 2003 bei 20 Gruppenklagen wegen falschen oder irreführenden Researchberichten, die zum Teil von Blodget stammten, Vergleiche im Wert von 133 Millionen Dollar.

Ruhm kann einem zu Kopf steigen. Die Macht, Aktienkurse durch geänderte Empfehlungen steil steigen oder fallen zu lassen, dazu noch die viele Aufmerksamkeit von Unternehmenslenkern und Medien sowie vordere Plätze in Umfragen geben Analysten ein Gefühl der Allmacht. Wenn sie anfangen, sich für überlegen und mächtig zu halten, begehen sie die ungeheuerlichsten Fehler. Misstrauen Sie Analysten, die zu oft in den Medien auftauchen. Sie sind darauf konzentriert, ihr Image aufzublasen, und verbringen wahrscheinlich nicht genug Zeit mit Research. Als Anleger sollte man bescheidenen, anspruchslosen Analysten mehr Glauben schenken.

Die Ereignisse und Konsequenzen der Blasenära sind immer noch relevant

Je größer die Party, umso schlimmer der Kater. Bis zum Oktober 2002 war der Nasdaq Composite seit dem Hoch von 2000 um gut 78 Prozent eingebrochen. Cisco Systems, ein großes, hochwertiges, führendes Unternehmen auf dem Gebiet der Technologie, brach von 82 Dollar um 92 Prozent auf sechs Dollar ein. Führende Technologie-Unternehmen wie Intel tauchten um 81 Prozent von 75 auf 14 Dollar ab und Microsoft brach um 64 Prozent ein. Das Vertrauen in die Wall Street war nach den 1990er-Jahren zerbrochen und wurde in dem Debakel 2008/2009 noch weiter zerstört. Sogar die New York Stock Exchange wurde verklagt. Investmentfonds waren diskreditiert. Privatanleger waren massenhaft ruiniert. Die Heim-Daytrader mussten ihren vorübergehenden Ruhestand aufgeben und wieder eine richtige Arbeit finden. Ein Freund von mir, ein Therapeut, musste auf den geplanten Ruhestand verzichten und wieder das volle Pensum an Patienten übernehmen. Aufgrund des Börsensturzes fiel es ihm nicht schwer, seine Klientenliste wieder zu füllen. Als die Steuereinnahmen abfielen und sich die Defizite häuften, standen den Staatsausgaben gesunkene Einnahmen gegenüber.

Der Crash – ein Wort, das an der Street selten benutzt wird – führte das Ende der überschwänglichen, arroganten neuen Analysten herbei. Meiner Ansicht nach hätten ein paar von ihnen in Bundeshaft landen sollen, so wie Michael Milken in jener unglückseligen Phase in den 1980er-Jahren, in denen er die Junkbonds ausgereizt hatte. Aber das passierte nicht. Das Ende des Prahlens und Hausierens riss noch viele andere Beteiligte von der Wall Street mit.

259

Als der Markt geplatzt war, kamen die Übertretungen der Blasenzeit schnell ans Licht. Es wurden Ausschüsse gebildet, Verfahren formalisiert, die Überwachung der Einhaltung von Vorschriften wurde aufgebläht, die Führungsmannschaften von Brokerhäusern wurden ausgetauscht, Gerüchte kursierten und die Angst wuchs. Als die Enthüllungen hervorbrachen, rollten Köpfe. Der Börsensturz stoppte Bank-Deals und beeinträchtigte die Gebühreneinnahmen. Researchetats wurden zusammengestrichen, zum Teil aus Gründen der Kostendämpfung, die durch den Glaubwürdigkeitsverlust und die mangelnde Untersützung von seiten des Investmentbanking noch verschlimmert wurde. Die Aufwendungen wurden vom Banking in den Verkauf, den Handel und die Gemeinkosten übertragen. Darum wurde der Nutzen des Researchs noch schärfer geprüft. Die Unternehmensleitungen kamen schnell zu dem Schluss, dass mittelgewichtige Analysten und Junior-Analysten angemessene Produkte viel billiger produzieren konnten. Es folgten Entlassungen. Viele dienstältere, höher bezahlte Analysten (wie ich) erwiesen sich in der neuen Zeit der wirtschaftlichen Einschränkungen als entbehrlich.

Fast keiner der Analysten war wie ich schon während der Baisse der 1970er-Jahre im Börsengeschäft. Die heutigen Analysten sind üblicherweise erst in den 1990er-Jahren gekommen. Sie haben keine Erinnerung an den Schwächeanfall der Börse von 1972 bis 1974. Davor ging es um Konzerne, Aktien fürs Leben und die Nifty Fifty. Wachstumsaktien wie Avon, Polaroid, Xerox und Sony, die im Tempo von 15 bis 20 Prozent im Jahr stiegen, hatten KGVs im 50er-Bereich. Das erste Unternehmen, das ich im Jahre 1971 als Wall Street-Analyst bearbeitete, war Automatic Data Processing (ADP). Dank seiner Wachstumsrate von 25 bis 30 Prozent lag das KGV bei 100. Das galt nicht als abnormal und entsprach anderen Unternehmen, sodass ich die Aktie zunächst als Kauf einstufte. Die damaligen extremen Bewertungen waren genauso eine Verirrung wie in den 1990er-Jahren. Nach dem

260

Platzen der letzten Blase wurde der Aktienmarkt rationaler, aber häufig dauert es eben länger als nur ein halbes Dutzend Jahre, die Exzesse einer rauschenden Hausse herauszupressen. Den Rest dieser Arbeit erledigt die Baisse 2008-2009.

Warren Buffett ist der unglaubliche Wertzuwachs der Internet-, Technologie- und Telekomaktien Ende der 1990er-Jahre entgangen. Buffett ist valueorientiert und investiert nur in Unternehmen, denen er vertraut und die er versteht. Als Technikmuffel drehten ihm die absurden Bewertungen den Magen um. Ein paar Jahre lang musste er sich bei den Jahresversammlungen für seine Performance entschuldigen, dafür dass er den Zug verpasst hatte und sich nicht an der Hysterie beteiligte. Er gab allerdings nicht nach und wurde nach der Kapitulation wieder zum Idol. Sie haben ebenfalls die Freiheit, Extreme zu meiden und das Debakel zu umgehen, das auf Blasen immer folgt. Institutionelle Anleger, die meistens vollständig investiert sein müssen, können sich diesen Luxus nicht leisten. In ähnlicher Weise sind Analysten gezwungen, Aktien zu empfehlen, um die unersättliche Nachfrage der Institutionen zu befriedigen. Man kann sich aber heraushalten, wenn eine euphorische Periode läuft oder wenn sich bestimmte Sektoren überhitzen. Extreme Marktausschläge sind nicht haltbar und werden immer überstürzt korrigiert. In diesem Jahrzehnt hat es bereits eine Immobilienblase, eine Kreditblase und diverse andere Blasen gegeben, die geplatzt sind. Das *Wall Street Journal* drückt das prägnant aus: „Große Blasen enden meistens böse, ihre Auflösung braucht Zeit und fordert viele Opfer."

Nüchternheit und Solidität: Investoren müssen diese Eigenschaften verkörpern. Die Extreme, die in den 1990er-Jahren so offensichtlich waren, sind auch für Ihre künftigen Anlageentscheidungen relevant. Vergessen Sie niemals die Ereignisse und Folgen jener Jahre.

Das heutige Research ist nur noch eine Hülle dessen, was es vor dem Platzen der Blase und der Einführung von Reg FD

261

darstellte. Analysten kommen nicht mehr so ausgiebig an Manager heran, um kenntnisreiches, einmaliges Research zu entwickeln. Sie benutzen jetzt eher allgemein verfügbare Informationen und formulieren sie als Research. Die Brokerhäuser haben geringer bezahlte Analysten, die das Feld abdecken, und setzen sogar MBAs in Indien ein, um günstiges eigenes Research zu produzieren. Die unabhängige Researchfirma Morningstar verkörpert diesen Trend. Sie hat rund 100 Analysten, die 2.000 Aktien behandeln. Das ist aus dem Street-Research geworden: Es deckt ein breites Spektrum ab, aber es ist eher oberflächlich.

Mir geht es bei alledem darum, dass Sie begreifen, wie die Analysten an der Street Research betreiben und wie sie das in der Vergangenheit getan haben. Mit diesem Bewusstsein können Sie genauso Research betreiben wie die Insider, allerdings ohne deren Ballast, ihre Einseitigkeiten und Ablenkungen. Sie können sich als Privatanleger selbst über Aktien erkundigen, sich bei Telefonkonferenzen Vorstände anhören, sich Ergebnismodelle ansehen und wie ein Researchanalyst vorgehen. Selbst wenn Sie nicht den Vorstandsvorsitzenden anrufen oder eine von einem Brokerhaus veranstaltete Konferenz für institutionelle Anleger besuchen können, so können Sie doch davon profitieren, dass Ihnen klar ist, wie Analysten diese Researchaufgaben einsetzen. Unter gewissen Umständen lohnt es sich, wenn Sie sich die Stiefel des Analysten anziehen, und zu anderen Zeiten lohnt es sich für Sie, genau das zu tun, was die Analysten nicht tun.

8

Research-Reformen, die das Spielfeld einebnen

Einige Elemente des Street-Researchs wirken sich für Privatanleger negativ aus. Es ist eine Reihe von Umbaumaßnahmen der Art erforderlich, wie Brokerfirmen Research betreiben, damit das Spiel fairer wird und Einzelpersonen gleichberechtigt mit Wall-Street-Insidern werden. Das System, das in den 1990er-Jahren so arg gekippt ist, funktioniert erst dann wieder korrekt, wenn alle Beteiligten der Investmentbranche ihre Vorgehensweise geändert haben. Die notwendigen Research-Reformen sollten von der SEC auf den Weg gebracht werden. Körperschaften wie die NYSE und die NASD könnten ebenfalls als Katalysatoren für Verbesserungen fungieren. Einzelpersonen haben zwar nicht die Macht, solche Veränderungen zu bewirken, aber sie haben eine mächtige Stimme und sollten ihre Beschwerden bei jeder Gelegenheit kundtun. Im Gefolge des konjunkturellen Rückgangs, der in nicht unerheblichem Maß auch von der Wall Street verursacht wurde, scheint die Bundesregierung geneigt zu sein, die Finanzinstitutionen umfassend zu reformieren. Die neuen Regulierungen müssen auch das Research und die Rolle der Privatanleger betreffen.

Die Analysten haben kaum Zeit für richtiges Research. Sie leiten ein Team, sie erarbeiten oder gestalten komplizierte Modellrechnungen, sie schalten sich in endlose Telefonkonferenzen ein, schlagen sich in Besprechungen mit der Bürokratie herum und bemühen sich, auf zig Anrufe und Emails von Institutionen, vom Vertrieb und von der Presse zu reagieren. Da gibt es eine Fülle von Ansprüchen. Auf Geschäftsreisen sind ihre Zeitpläne mit Besprechungen mit institutionellen Kunden in der ganzen Stadt voll ausgebucht und sie haben nicht einmal Zeit zu telefonieren. Wenn Etats gekürzt werden und die Reihen der Junior-Analysten rapide anschwellen, wird die Analyse zurückgesetzt oder gar ausgelagert, weil sie der Abteilung für Investmentbanking und den Tradern wenig bringt. Seit das Research bei den Privatanlegern seine Glaubwürdigkeit verloren hat, ist es zu einer Dienstleistung von der Stange für institutionelle Investoren geworden.

Das Research sollte autonomer sein

Der Objektivitätsverlust der Analysten ist dem ganzen System und einer Unzahl von ungehemmten Einflüssen zu verdanken und er ist weniger eine Frage individueller Missetaten. Ein ganz neues Researchmodell wird gebraucht. Es sollte eine stärkere Trennung geben, nicht nur gegenüber dem Investmentbanking, sondern auch gegenüber der Verkaufsabteilung, der Unternehmensleitung und den institutionellen Investoren. Die Analysten dürfen zwar nicht mehr unmittelbar für Investmentbankinggeschäfte bezahlt werden und sich nicht mehr direkt an der Beschaffung oder Ausführung solcher Geschäfte beteiligen, aber wissen Sie was? Die Researchempfehlungen fallen immer noch zugunsten von Investmentbanking-Kunden aus.

Analysten sind einer Reihe von Ansprüchen ausgesetzt; es ist unmöglich, alle Gruppen effektiv zu bedienen. Sie probieren einen absurden Balanceakt. Der Trader des Brokerhauses bekommt den ersten Anruf und die Trader strampeln sich ab, in ein oder zwei Stunden ein paar Cent pro Aktie mit einem Trade zu verdienen. Die institutionelle Vertriebsmannschaft, die für die Portfoliomanager von Häusern wie SAC Capital, Putnam Management oder T. Rowe Price zuständig ist, will die Erkenntnisse des Analysten haben, damit sie an diesem Tag eine gebührenträchtige kurzfristige Transaktion erfinden kann. Der Researchdirektor legt Wert auf die Umfrageergebnisse der Analysten, damit er vor dem gehobenen Management möglichst gut dasteht. Der Analyst ist sich der ganzen Investmentbanking-Beziehungen seiner Firma mit den von ihm behandelten Unternehmen stets bewusst, und das ist ein weiterer Faktor, der das Research beeinflusst. Privatkundenbroker (manchmal auch als Finanzberater bezeichnet), die mit Privatkunden zu tun haben, brauchen objektives Research und eine effektive Aktienauswahl. Die Brokerhäuser sollten einen Schritt zurücktreten und das gesamte Research so umbauen, dass es allen Beteiligten gerecht wird.

Das Research der Street braucht mehr Autonomie. Die Analysten sollten davor beschützt werden, dass Kunden von der Buyside – die Verkäufer, Trader, Banker und Manager des eigenen Hauses – massiven Druck auf sie ausüben. Sie sollten einen ähnlichen Status haben wie Rechnungsprüfer, Richter und Sportfunktionäre. Ihre Rolle als unparteiische Berater muss wiederhergestellt werden. Wir brauchen eingebaute Sicherungen, die unparteiische Meinungen ermöglichen und die Vergeltung wegen unpopulärer Meinungen verhindern. Momentan halten sich Analysten mit pessimistischen Meinungen zu sehr zurück, weil sie die Rache der am Research Beteiligten und der Unternehmensleitungen fürchten.

Analysten bringen der Firma Gebühren ein. Institutionen platzieren Trades und Orders bei einem bestimmten Brokerhaus als Gegenleistung für wertvolle Erkenntnisse oder Researchhilfe von Analysten. Research ist ein zusätzlicher nützlicher Dienst am Kunden, aber die Bezahlung, die die Buyside dem Brokerhaus für diesen Dienst leistet, geht nicht direkt an die Researchabteilung. Die Transaktionen gehen an die privaten und institutionellen Verkäufer. Die Einnahmen werden ihnen zugeschrieben. Der Researchtetat wird von der Verkaufsabteilung bestritten. Dann beugen sich die Researchleiter dem Verlangen der Verkaufsabteilung. Das sind bloß die Konflikte, die innerhalb der Firma des Analysten entstehen.

Analysten sind für Forderungen des institutionellen Vertriebs empfänglich, denn er liefert den größten Teil ihres Researchetats, und seine Motivation ist gewöhnlich die Erzeugung von sofortigen Trades. Die institutionellen und die privaten Kunden stellen zwei unterschiedliche Sorten Researchpublikum dar, die jeweils eigene Anforderungen stellen. Die institutionelle Verkaufsabteilung nimmt alljährlich eine Analystenbeurteilung vor, die über das Gehalt der Analysten entscheidet. Das ist ein Konflikt, denn die Analysten streben gute Beurteilungen in den Beliebtheitsumfragen an, indem sie kurzfristige, auf Trading ausgerichtete Ideen liefern anstatt durchdachtes, längerfristiges und anlageorientiertes Research zu liefern. Das Ergebnis wird so verbogen, dass es allen Researchnutzern gefallen soll, aber dadurch wird es für alle Teile des Publikums schlecht geeignet.

Außerhalb der Firma wollen institutionelle Kunden Branchen- und Unternehmensinformationen haben, Prognosen und Trendanalysen. Die hauseigenen Analysten von Buyside-Institutionen kosten die Broker-Analysten viele Stunden, weil sie von ihnen ein gründlicheres Verständnis der Unternehmen bekommen wollen. Diese Insider sind an unseren Aktienempfehlungen nur mäßig interessiert. Die Hedgefonds sind fast das Gegenteil und versuchen immer, die Meinung des Analysten auf ihre kurzfristigen oder langfristigen Positionen hinzubiegen. Und die Hedgefonds und die anderen institutionellen Großkunden sind für den Löwenanteil der Gebühreneinnahmen der Brokerhäuser verantwortlich. Da die Hedgefonds so lebhaft handeln, übt ihr heißes Geld auf Researchanalysten eine ungebührliche

Wirkung aus. Hedgies und Monster-Institutionen verlangen von Analysten eine Sonderbehandlung. Sie erwarten, dass sich Analysten wie Berater verhalten. Die restlichen Kunden und Anleger müssen mit einem gedruckten Bericht oder mit einem Kommentar in der Massen-Telefonkonferenz vorlieb nehmen.

Für die Zukunft wird ein neues Vergütungsmodell für Research gebraucht. Das Investmentbanking liefert keine finanzielle Unterstützung mehr. Die Gebühren gehen zurück und sind in den letzten Jahren in den Vereinigten Staaten um 18 Prozent pro Jahr gesunken; der Preis für einen institutionellen Trade beträgt jetzt nur noch ein oder zwei Cent pro Aktie. Fidelity verlangt minimale Gebühren für „nur Ausführung", damit es nicht für Research bezahlt, das es nicht haben will. Die Gebühren für den elektronischen Handel der Institutionen liegen unter einem Cent pro Aktie.

Die Gebührenzuteilungen für Research haben sich in den letzten sieben Jahren mehr als halbiert. Die Street kürzt die Researchetats, betreibt Outsourcing und reduziert das Researchpersonal. Das Research wird zu einem toten Arm. Prudential Financial hat seine Abteilung für Aktienresearch Mitte 2007 vollständig geschlossen und etwa 420 Menschen entlassen. Die institutionellen Anleger sind verwöhnt, weil sie sämtliche Brokerdienstleistungen einschließlich Research bisher im Paket bekommen. Sie werden für diese Dienste nicht extra bezahlen. Deshalb sind die Brokerhäuser zu bescheiden bezahlten Junior-Analysten übergegangen, quasi Körpermasse, die enorme Mengen von Aktien betreut. Das Research ist eine Meile breit und einen Zoll tief geworden. Ziel scheint es zu sein, eine große Zahl von Unternehmen mit weniger erfahrenen Analysten abzudecken, nur für den Fall, dass einem ein Investmentbankinggeschäft über den Weg läuft. Offenbar ist eine Firma trotz der Säuberungen nach der Blasenzeit in den 1990er-Jahren nicht im Rennen für Investmentbanking-Deals, wenn sie keine eigene Researchberichterstattung hat. Unabhängig von den Versuchen,

267

Banking und Research voneinander abzukoppeln, werden die Interessenkonflikte erhalten bleiben.

Das Research sollte zur separaten, unerreichbaren Einheit werden, so wie es die Brokerhäuser mit ihren Abteilungen für Anlageverwaltung und Investmentfonds gemacht haben. Analysten brauchen mehr Abstand von Verkäufern und Händlern sowie von den Managern der Unternehmen, über die sie berichten. Das von Elliot Spitzer geforderte unabhängige Research, das mehrere Firmen der Street liefern, war nicht die Lösung. Viele dieser Unternehmen lieferten die gleichen drei oder vier Seiten Zahlen zu einer Aktie, schrieben ihre eigene Meinung auf das Titelblatt, hängten ihre Schlussfolgerung dran und verkauften das als Research. Im Grunde waren das nur Phrasen.

Die Researchabteilungen sollten genauso harte Dollars verlangen wie jeder andere Berater oder sonstige professionelle Dienstleister. Das würde die Objektivität fördern und die Qualität verbessern. Nur das beste Research würde zahlende Kunden anziehen. Das Ergebnis wäre ein reiner Wettbewerb. Analysten würden dann nicht nach Popularität und Intensität der Kommunikation beurteilt werden. Die institutionellen Verkaufsabteilungen und die Privatbroker der Mutterfirma müssten für dieses Research Geld verlangen. Viele Brokerhäuser würden dann vielleicht sogar ihre Researchabteilungen auflösen und die Researchabteilungen anderer Häuser nutzen, was für mehr Unabhängigkeit sorgen würde.

Das Research sollte besser aufgeteilt, maßgeschneidert und weniger teuer sein

Die Wall Street ist schon immer absurd überbezahlt. Ihre Bewohner verdienen ein Mehrfaches dessen, was Ihresgleichen in anderen Branchen bekommen würde. Das schließt Ärzte, Anwälte und gehobene Manager wie zum Beispiel Finanzvorstände ein. Ihr Gehalt ist nur mit dem von Sportstars, Entertainern

268

und manchen Vorstandsvorsitzenden vergleichbar. Im Vergleich zu diesen anderen Berufen sind Ausbildung und berufliche Qualifikation eines Analysten minimal. Junior-Analysten verdienen 150.000 bis 500.000 Dollar. Senior-Analysten, die an die zehn Jahre im Geschäft sind und von *Institutional Investor* bewertet werden, bekommen immer noch eine Million im Jahr, auch wenn das weniger ist als die zwei bis sechs Millionen, die sie während der Blasenzeit der 1990er-Jahre bekamen.

Das Research muss weniger kosten. In der Vergangenheit wollten sich die meisten Wall-Street-Firmen eine Riege von Allstars halten, die Stimmen in den Umfragen von *Institutional Investor* sammelten. Deshalb war es jahrelang üblich, für übertriebene Preise Analystenteams zu engagieren, die in der Erhebung vorkamen, und sie sich mit einem zwei- bis dreijährigen Garantievertrag zu sichern, der keine entsprechenden Leistungsanforderungen stellte. Der Analyst ist nicht gehalten, Meilensteine zu erfüllen. Sonderzahlungen beruhen nicht auf vorher festgelegten Zielen. Der Analyst braucht nichts weiter zu tun als angestellt zu bleiben. Damit läuft das Unternehmen Gefahr, dass der Söldner von Bord springt, wenn der Vertrag abgelaufen ist. Extrem hohe Gehälter locken prominente Analysten an Bord. Aber dadurch entstehen Gehaltsdiskrepanzen zu Analysten, die schon seit Jahren in dem Unternehmen sind. Das Gehalt von Analysten, die ein oder zwei Jahrzehnte im gleichen Unternehmen bleiben, ist häufig nicht mit dem eines angesagten Analysten vergleichbar, der von einer anderen Firma abgeworben wurde. Die Langlebigkeit und Loyalität von Analysten muss besser belohnt werden.

Die alte Methode, sich ein paar Stars zu halten, flaut ab und das Research löst sich auf. Wenn ein etablierter Analyst geht, fällt es einer Firma schwer, sich einen vergleichbaren Ersatz zu leisten. Sie will nach wie vor einen vorderen Platz in der Umfrage von I.I. belegen, indem sie führende Analysten einstellt, aber die Mittel, solche Schwergewichte zu bezahlen, sind nicht mehr vorhanden. Das hat zur Folge, dass immer mehr Wert darauf gelegt wird, intern neue Talente heranzuziehen. Zwar setzen ein paar Firmen wie zum Beispiel Goldman Sachs diese Formel wirksam um, aber die meisten Broker gehören zur alten Schule und finden es frustrierend, Junior-Analysten aufzubauen. Das Researchmanagement steht unter dem Druck, ihre Fortschritte anzuerkennen, und sie mit entsprechenden Anreizen zu belohnen. Die Förderung der unteren Liga im eigenen Haus, sodass sie später in der Oberliga spielen kann, ist zwar wirtschaftlich attraktiv, aber dafür braucht man eine langfristig orientierte Sichtweise, die den meisten Researchdirektoren fremd ist.

Die Entlohnung von Analysten richtet sich nicht nach der Richtigkeit ihrer Anlageempfehlungen, nach der Genauigkeit ihrer Gewinnschätzungen oder nach anderen berechenbaren Maßen. Im Gegensatz zu der Vertriebsmannschaft eines Brokerhauses, die anhand der Gebühren beurteilt werden kann, die sie beschafft, wird die Leistung eines Analysten eher qualitativ beurteilt. Das ist fast ein Beliebtheitswettbewerb. Eine präzisere, außenstehende quantitative Beurteilung von Analysten ist der Greenwich Survey, aber da er eher unauffällig ist, hat er nur geringen Einfluss auf die Firmen. Ein entscheidendes Element der Vergütung von Analysten ist ihre Effektivität im Hinblick auf institutionelle Großkunden. Sie äußert sich in Geschäften, die Gebühren liefern. Die Institution verpflichtet sich zum Beispiel, einem Brokerhaus Gebühren von 10.000 Dollar im Quartal zu bescheren – als Bezahlung für die Hilfe von einem bestimmten Analysten. Außerdem gibt es Erhebungen unter Verkäufern und institutionellen Anlegern sowie ähnlich fehlerbehaftete Peer-Group-Vergleiche. Aber die Bezahlung von Analysten ist größtenteils immer noch mehr oder weniger Schicksal. Die Neuordnung der Bezahlung und ihre direkte Verknüpfung mit der Korrektheit der Ratschläge des Analysten wäre ein gewaltiger Sprung nach vorn in Richtung Objektivität. Die Analysten würden ihre eigenen Ansichten nicht mehr von anderen Einflüssen färben lassen, wenn ihr Gehalt von der Richtigkeit der abgegebenen Empfehlungen abhängen würde.

Investmentresearch wird betrieben, um festzustellen, welche Aktien sich langfristig überdurchschnittlich und welche sich unterdurchschnittlich entwickeln, wobei „langfristig" mindestens ein bis zwei Jahre bedeutet. Wenn der Auftrag „Investment"-Research heißt, muss sich das Research auf ein oder zwei Jahre einstellen. Wenn dies das Ziel ist, sollte sich die Entlohnung des Analysten größtenteils nach der Genauigkeit solcher Voraussagen richten. Zutreffende Verkaufsempfehlungen sollten genauso bewertet werden wie zutreffende Kaufempfehlungen. Firmen, die das Research für kurzfristige Trading-Ideen nutzen, beurteilen die Empfehlungen der Analysten vielleicht pro Quartal, was eine ganz andere Art der Wertpapieranalyse ist. Und sogar die Bezahlung von Investmentfonds-Managern ist fehlgeleitet, weil sie zu sehr auf dem verwalteten Vermögen beruht. Es war eine Überraschung, als der neue Chief Investment Officer von Janus vor ein paar Jahren die Gehaltsstruktur überholte und sie „vor allem anderen nach der wettbewerbsfähigen Performance" ausrichtete.

Das Research muss auf eine bestimmte Zielgruppe zugeschnitten sein. Analysten können nicht zwei Herren dienen. Das Wertpapier-Research sollte ähnlich organisiert sein wie der Warenhandel – Großhandel für Institutionen und Einzelhandel für Privatpersonen. Das könnte separate Researchabteilungen und verschiedene Analysten notwendig machen. Natürlich herrschte bisher der Druck, das Researchprodukt für alle Kundenkreise zu vereinheitlichen, damit Privatanleger und institutionelle Anleger Zugang zum gleichen Produkt haben. Aber die Bedürfnisse sind enorm verschieden. Das Research für Privatanleger sollte themenorientiert sein, langfristige Anlageziele verfolgen, ganz klar das Risiko angeben und immer davon ausgehen, dass der Nutzer ein unbedarfter, uninformierter Verbraucher ist. Dieses Publikum sollte nicht mit Kurszielen in die Irre geführt werden.

271

Auffällige, fett gedruckte Warnungen ähnlich denen auf Zigarettenschachteln sollten die Kleinanleger überdeutlich auf die Fehlbarkeit und Veränderlichkeit von Researchempfehlungen hinweisen.

Weniger Ablenkungen und mehr Zeit für Research

Als ich zum erfahrenen Analysten geworden war, war es wahrscheinlich für die meisten Analysten typisch, dass ich nur etwa 20 Prozent meiner Zeit tatsächlich mit Research verbracht habe. Die Zeitschrift *Institutional Investor* hat vor ein paar Jahren einen Artikel mit dem Titel „Die Geheimnisse der Superstars" veröffentlicht. Darin wurden die Arbeitsprioritäten von Analysten aufgezählt, und die Kommunikation mit den Kunden rangierte viel höher als das Research. Diese Priorität deutet auf das verkehrte Übergewicht des Marketing gegenüber der Researchanalyse hin. Und es gab noch weitere deplatzierte Hauptbeschäftigungen: seinen guten Ruf bei den Unternehmen bewahren, mit den Anforderungen des Investmentbanking jonglieren, allgemeine Berichterstattung bieten, mit Junior-Analysten arbeiten. Dass man Zeit für Research findet, kam an letzter Stelle!

Die Erhebung zum All-America Research Team im Oktober 2008 enthüllte, dass institutionelle Investoren von Analysten Fähigkeiten wie Ansprechbarkeit, Zugang zu Unternehmensleitungen und Dienstleistungen erwarteten – mechanische, administrative und kommunikative Fähigkeiten. Researchbezogene Aktivitäten wie schriftliche Berichte, die Entwicklung von Ideen, Finanzmodellen und Gewinnschätzungen rangierten in der unteren Hälfte der zwölf wichtigsten Attribute. Kein Wunder, dass konkretes Reseach eine so geringe Priorität hat.

Institutionen stellen ständig Ansprüche an Analysten; sie verlangen, dass sie Unternehmensmanager zu Begegnungen in ihre Stadt bringen, bei Konferenzen verlangen sie exklusive Vorstandsgespräche unter vier Augen und sie drängen die Analysten, sie als Erste anzurufen, wenn sie aufschlussreiche Informationsschnipsel und Feinheiten haben. Die Analysten werden in diesen Strudel hineingezogen. Jede Laune einer Institution wird zur Priorität gemacht. Man bezeichnet uns als Wertpapieranalysten, aber ein passenderer Name wäre Research-Kommunikatoren. Analysten verbringen doppelt oder dreimal so viel Zeit mit Anleger- und Kundenkontakten wie mit Researchanalyse.

Analysten verbringen den größten Teil ihres Arbeitstages mit Gesprächen mit wichtigen Kunden und der Verkaufsabteilung sowie mit anderen Marketing-Aktivitäten. Man reist unaufhörlich. Als ich an der Westküste arbeitete, stellte ich meinen persönlichen Rekord von 18 Flügen im Jahr an die Ostküste auf. Analysten gehen oft sonntags aus dem Haus und kommen nicht vor Freitagabend zurück. Die Wochenenden werden oft von Geschäftsreisen unterbrochen. Im Büro strampeln wir uns den ganzen Tag ab, reagieren auf Kursänderungen, Gerüchte, Pressemitteilungen, Anschuldigungen und Nachrichten. Wir bekommen ständig Anfragen von institutionellen Analysten und Portfoliomanagern, vom institutionellen und privaten Vertrieb, von den Tradern, von der Presse und von anderen. Wir verbringen Zeit mit Diskussionen mit anderen Analysten und Mitarbeitern unseres Teams. Unsere tragbaren emailfähigen Blackberrys, unsere Handys und Notebooks begleiten uns überall. Ich schaltete meine elektronischen Geräte nicht wie verlangt bei Flügen aus, denn manchmal hatte ich auch in 10.000 Metern Höhe Empfang.

Irgendwann hat die Wall Street angefangen, allen anderen davonzupreschen. Die institutionellen Anleger fingen an, in fast allen Situationen einen sofortigen Kommentar zu verlangen. Nicht zu reagieren oder verspätet zu reagieren kommt nicht in Frage. Researchanalysten sind an der Wall Street einem ständigen Sperrfeuer ausgesetzt, sie müssen immer reagieren, sich abstrampeln und unterwegs sein. Das Reisen, die 24-Stunden-

Bereitschaft, die sofortigen Analysen, die Schnelligkeit – und die Trading-Mentalität ihrer großen Auftraggeber – lassen herzlich wenig Zeit für hochwertiges, durchdachtes Research.

Ehemalige Analysten sind als Researchmanager schlecht geeignet

Ein großes Problem des Researchs besteht darin, dass es gewöhnlich von ehemaligen Analysten überwacht wird. Die Abteilungsleiter sind fast immer Analysten und haben kaum gelernt, wie man effektiv eine Abteilung leitet. Oft geht ihnen die Fähigkeit ab, zu ermuntern, zu befähigen, zu unterstützen, anzuleiten, als Mentor zu fungieren oder andere Profis zu inspirieren, weil sie in ihrer Laufbahn noch nie eine Organisation gemanagt haben. Die Anstalt wird von ehemaligen Insassen geleitet. Und versuchen Sie einmal, eine Horde arroganter, hoch bezahlter Rockstars zu organisieren. Analysten sind wie Berater oder professionelle Golfspieler; im Grunde sind sie Einzelkämpfer, die keine Erfahrung als Mannschaftsspieler oder Leiter einer Organisation haben. Es werden mehr professionelle Führungsqualitäten und weitsichtige Visionen gebraucht. Mächtige, etablierte, kompetente Analysten kann man nicht managen. Sie brauchen Befugnisse. Aber stattdessen werden sie heutzutage durch schwer lastende Aufsicht eingeschränkt. Das ist ein weiterer Grund, weshalb ich und unzählige andere Senior-Analysten aus diesem Geschäft ausgestiegen sind.

Bevor die Blase der 1990er-Jahre platzte, war die Managementstruktur weniger belastend. Etablierte Analysten hatten freiere Hand. Als der Markt abtauchte und rechtliche Fragen in den Vordergrund traten, ließ das massive Management die Muskeln spielen – wie unter Anabolika –, obwohl Analysten entlassen wurden. Noch vor zehn Jahren bestanden die einzigen internen Berichtspflichten des Analysten in einer jährlichen Mitarbeiterbeurteilung und gegenseitigen Kollegenbewertungen. Dazu

274

kommt jetzt noch eine ganze Reihe von Anforderungen, zum Beispiel jährliche Geschäftspläne, halbjährliche Plankontrollen, halbjährliche Mitarbeiterbeurteilungen, zweimal im Jahr eine Beurteilung des Investment-Ausschusses, Sitzungen des Empfehlungsänderungs-Ausschusses, Sitzungen der Aufsichtsgruppe über die Empfehlungsliste, verpflichtende Informationssitzungen zur rechtlichen Compliance, organisierte Schulungen, Abteilungssitzungen, monatliche Sitzungen der Gruppenleiter – Sie können sich das ungefähr vorstellen. Ich schätze, dass die ganzen internen Anforderungen heute mindestens 10 bis 15 Prozent der Zeit eines Analysten in Anspruch nehmen. In der weniger bürokratischen Zeit war es weniger als ein Prozent.

Die Researchleitung ist von Natur aus vorsichtig und heutzutage wird sie noch von Regulierungen und gesetzlichen Richtlinien gehemmt. Es gibt ein Labyrinth von Ausschüssen und Genehmigungsverfahren, wenn Analysten vorhaben, die Einstufung eines Investments zu ändern oder die Berichterstattung über ein Unternehmen aufzunehmen. Es gibt Mengen von Sitzungen und Anweisungen. Die Führungskräfte sichern sich dagegen ab, dass sie in noch mehr Prozesse hineingezogen werden. All das überschattet die eigentliche Aufgabe des Analysten, hochwertiges, ehrliches, nützliches und rechtzeitiges Research zu produzieren.

Vor dem Rausch der 1990er-Jahre hatten die meisten Firmen einen Researchdirektor. Es gab einen einzigen Entscheidungsträger und es war klar, wer für das gesamte Research zuständig war. Gleichzeitig war der Führungsstil locker. Es konnte nicht passieren, dass eine Person Dutzende von Analysten zu straff managte. Und das funktionierte gut, bis im Zuge der überschäumenden Hausse der 1990er-Jahre eine Horde unqualifizierter, unkontrollierter und auf das Investmentbanking fixierter Analysten in das Research strömte. Jetzt ist es üblich, dass es in einer Firma mehrere Researchmanager gibt. Das Vorhandensein mehrerer Manager bedeutet, dass niemand eine Entscheidung trifft.

275

Die Analysten wissen oft nicht, an wen sie sich in einer bestimmten Sache wenden sollen. Die meisten Manager vermeiden es, definitive Entscheidungen zu treffen. Oft weiß die Rechte nicht, was die Linke tut. Die Anweisungen der Brokerhäuser ändern sich ständig, mehr oder weniger willkürlich und inkonsequent. Die Reifen, durch die die Analysten springen müssen, ziehen Zeit vom Research ab. Es sollte klarer abgegrenzte Befugnisse geben.

Die Managerfluktuation senkt die Produktivität der Analysten zusätzlich. Das neue Management erinnert sich nicht an das, was im Jahr davor im Hinblick auf Gehälter, Personal, Konferenzen und sonstige Pläne versprochen oder beschlossen wurde. Analysten müssen häufig ganz von vorn anfangen, die neuen Chefs mühevoll über alles informieren und sich an kleinliche neue Vorgehensweisen gewöhnen.

Die Investmentausschüsse sind eine weitere Funktionsstörung des Wall-Street-Researchs. Diese Managementgruppen von Brokerhäusern gehen mit Analysten Empfehlungen und mögliche Änderungen durch; sie sitzen vor Aktiencharts und haben nur ein bruchstückhaftes Verständnis und entsprechende Informationen über ein bestimmtes Unternehmen. Diese Ausschüsse lassen sich von den Kursbewegungen der letzten Zeit beeinflussen und haben kaum eine langfristige Vision. Eine solche träge Gruppenaufsicht behindert frische Entscheidungen und stetige, konsequente Anlageempfehlungen.

Verantwortlicheres Research

An Analysten sollten professionelle Anforderungen gestellt werden. Für alle anderen Berufe braucht man verpflichtende Qualifikationen: Buchhalter machen den CPA, Anwälte das Staatsexamen, Ärzte ihre Approbation – Architekten, Ingenieure und alle anderen müssen Prüfungen absolvieren und strenge Anforderungen erfüllen. Wenn man Wertpapieranalyst an der Wall Street werden will, wird so etwas nicht verlangt. Es ist zwar unglaublich, aber die CFA-Prüfung ist freiwillig. Sogar der MBA ist freigestellt. Damals im Jahre 1971 brauchte ich noch einen MBA, damit ich an der Street ein Vorstellungsgespräch bekam. Solche Standards sollten heute immer noch die Norm sein. Alle neuen Analysten sollten die erste Stufe der CFA-Prüfung absolvieren oder vielleicht die Abschlussurkunde erwerben, bevor sie Aktienbeurteilungen und Empfehlungen aussprechen dürfen. Ich finde, die erste Stufe („Level 1") sollte von allen Analysten innerhalb der ersten drei Berufsjahre verpflichtend erreicht werden. Und der volle CFA-Titel mit bestandenem Level 3 sollte für alle Senior-Analysten obligatorisch sein.

Bei den Wertpapieranalysten sollte es ähnlich sein wie bei Neurochirurgen oder Herzspezialisten – Experten auf diesen Feldern sind nicht allgemein bekannt. Hohe Fernsehpräsenz, zu viel Presse, Zitate und allgemeine Medienpräsenz verdrängen häufig die durchdachten, hinter den Kulissen gemachten Research-Hausaufgaben. Es macht mehr Spaß, berühmt zu sein und mit Reportern und Interviewern zu plaudern, als im Büro oder vor Ort zu schuften. Und das ist ein Egotrip. Die Brokerhäuser sollten den Kontakt der Analysten mit den Medien extrem einschränken. Analysten müssen sich professioneller verhalten, eher wie Steuerberater denn wie Filmstars.

Researchanalysten sollten treuhänderische Verantwortung für die Objektivität und Gründlichkeit ihres Researchs übernehmen. Da Analysten maßgebliche Ratschläge erteilen, die bedeutende finanzielle Konsequenzen haben, sollte ähnlich wie bei Anlageverwaltern ein formelleres, gesetzlich abgesichertes Vertrauen zwischen ihnen und den Anlegern aufgebaut werden. Ich bin der Meinung, dass es möglich sein sollte, Analysten im Falle von Fehltritten wegen Vernachlässigung der beruflichen Sorgfalt zu verklagen. Ich schlage vor, dass sie nur für die berufliche Sorgfalt rechtlich haftbar sein sollten, und nicht für die Richtigkeit der Ergebnisse. Das französische Unternehmen Moët Hennessy Louis Vuitton hat Morgan Stanley wegen Researchfehlern verklagt, die das Unternehmen ungerechtfertigt schlecht machten. Analysten sollten sich an beruflichen Standards messen lassen.

Der erste winzige Schritt in Richtung mehr Verantwortlichkeit war die Auflage, dass Researchberichte einen Satz enthalten, der versichert, dass die schriftlich geäußerte Meinung des Analysten wirklich seine persönliche Ansicht ist. Aber das reicht nicht. Wie Ärzte, Anwälte und Steuerberater müssen Analysten die treuhänderische Verpflichtung haben, ihren Beruf auf professionelle Weise auszuüben. Warum werden Anlageverwalter für ihr Verhalten zur Rechenschaft gezogen, aber Wertpapieranalysten nicht, wo sie doch häufig breiteren Einfluss auf Unternehmen, Anleger und Aktien haben? Eine präziser definierte Professionalität würde dem Verhalten der Street mehr Ernsthaftigkeit verleihen, und das ist aufgrund der Nachwehen der Absurditäten in der Zeit der Blase in den 1990er-Jahren sowie nach der Vielzahl falscher oder schlechter Anlageempfehlungen während der Baisse 2008 bis 2009 auch bitter nötig.

Auch die höheren Managementebenen sollten zur Rechenschaft gezogen werden. In den meisten Brokerhäusern gibt es schreiende Interessenkonflikte. Es gibt zahlreiche Fälle, in denen der Vorstandsvorsitzende oder andere Spitzenmanager einer Firma bis auf die Ebene des Analysten hinunter Einfluss auf die behandelten Unternehmen, auf Anlageeinstufungen und auf den Ton des Kommentarss nehmen. Der bekannteste Fall war vermutlich, dass Sandy Weill von Citigroup Jack Grubman bei der hundertprozentigen Citi-Tochter Salomon Smith Barney bat, einen „neuen Blick" auf AT&T zu werfen – kurz bevor sich dieses Unternehmen für ein lukratives Emissionsgeschäft diese Bank aussuchte. Jegliche Kommunikation zwischen dem Management des Brokerhauses und den Analysten sollte genauso behandelt werden wie der Kontakt mit dem Investmentbanking – das heißt, sie sollte in Gegenwart der rechtlichen Compliance stattfinden. Das würde den Druck mindern, sich an fragwürdigen Deals und einseitigem Research zu beteiligen.

278

Den Spitzenmanagern von Brokerhäusern sollte es untersagt sein, dem Board of Directors anderer Unternehmen anzugehören. Das stellt nämlich einen massiven Interessenkonflikt dar, der Probleme mit Insiderinformationen mit sich bringen kann. Goldman Sachs erlaubt seinen Managern nicht mehr, im Board anderer Unternehmen zu sitzen. Zumindest sollte Research über Unternehmen verboten sein, in deren Board ein Manager der Brokerfirma sitzt.

Das Research sollte auch von der Wahl einer Investmentbank durch behandelte Unternehmen getrennt sein. Jeder Emissionsprospekt sollte einen Abschnitt enthalten, in dem versichert wird, dass der Vorstand die Investmentbank-Firma aus Gründen gewählt hat, die absolut nichts mit Researchfaktoren zu tun haben. In diesem Abschnitt sollte auf die Berichte und Empfehlungen des Analysten in der Zeit hingewiesen werden, in der das Unternehmen Investmentbanken ausgesucht hat. Dank einer solchen Offenlegung wären etwaige schmeichelhafte Beziehungen zwischen dem Analysten und der Unternehmensleitung für die Anleger offensichtlich. Diese Klausel müsste außerdem die Kommunikation des Analysten mit den Managern des Unternehmens und seine Beteiligung im Hinblick auf die Investmentbanking-Beziehung sowie alle unmittelbaren Kontakte im Zusammenhang mit dem Deal enthalten. Die Analysten sind von den Unternehmenskunden der Investmentbanken, für die sie arbeiten, häufig nicht ausreichend isoliert. Wenn sie ein Unternehmen behandeln, mit dem die Bank eine Aktienemission, eine Fusion oder eine Übernahme vornimmt, wird das Research nur vorübergehend eingestellt. Das Verbot endet 40 Tage nach einer Emission. Die Manager des Unternehmens erwarten, dass der Analyst die Berichterstattung nach dieser begrenzten Zeit mit einer positiven Empfehlung wieder aufnimmt. Die Sperrung sollte sechs Monate oder sogar ein Jahr lang gelten. Dann würde die Unternehmensleitung die enthusiastische Unterstützung des Analysten nicht mehr als festen Bestandteil der Investmentbanking-Beziehung betrachten.

Institutionelle Anleger sollten
nach den gleichen Regeln spielen

Reformen sind nicht nur im Research der Sellside-Brokerhäuser notwendig, sondern auch in den Institutionen der Buyside. Gewisse Praktiken von Investmentfonds, Anlageverwaltern, Versicherungsgesellschaften, Banken, Pensionsfonds und Hedgefonds sind für den Privatanleger nachteilig. Anordnungen gegenüber der institutionellen Buyside sind für ein ausgewogenes System notwendig. Die von Spitzer angeregten Änderungen der Verfahrensweisen von Brokerfirmen und Investmentfonds haben sich nicht auf die unregulierten Wildwestpraktiken der Hedgefonds ausgewirkt. Und das Geld stammt ja nicht nur von wohlhabenden Personen, die spekulativ investieren. Staatliche Pensionsfonds, College-Stiftungen und Rentenfonds von Unternehmen investieren gewaltige Summen in diese unbeschränkten Investmentpools, die das Spiel nicht nach den Regeln spielen, die für den Rest des Marktes aufgestellt wurden.

Sie wären erstaunt über den Vorteil, den institutionelle Mega-Aktionäre hinsichtlich des Zugangs zu Unternehmensleitungen haben, wenn sie auf einer Position von mehreren Millionen Aktien sitzen. Die Treffen der Buyside mit Vorständen in der Unternehmenszentrale sollten auch anderen Teilnehmern von der Buyside und von der Sellside offen stehen – zumindest als Webcast. Die Tür zu persönlichen Plaudereien mit Managern bei Analystenkonferenzen sollte ebenfalls offen stehen. Den Investoren sollte es mindestens 48 Stunden nach einer Sitzung oder nach einer ausgewachsenen Telefonkonferenz mit den Vorständen eines Unternehmens untersagt sein, Transaktionen mit den Aktien des betreffenden Unternehmens durchzuführen. Der unverhältnismäßige Einfluss, den große Aktionäre auf die Manager haben, muss eingeschränkt werden. Der Zugang der Buyside zu exklusiven Informationen muss beschnitten werden.

Weitere geschmacklose Taktiken müssen von der SEC verboten werden: Es sollte Institutionen untersagt sein, eine Aktie anzupreisen, die sie gerade verkaufen, oder Kommentare abzugeben, die einen Aktienkurs drücken, damit sie sie dann günstiger kaufen können. Da Sellside-Analysten keine Meinungen äußern dürfen, die ihren öffentlichen Empfehlungen widersprechen, muss auch die Buyside auf entsprechende Regeln verpflichtet werden. Hedgefonds sollte es verboten sein, Unternehmen schlecht zu machen, an denen sie Shortpositionen halten. Eigennützige Kommentare, die den Preis einer bestehenden Position heben sollen, sollten untersagt sein.

Von allen großen Aktionären sollte eine breitere Offenlegung verlangt werden. Momentan müssen nur Aktionäre, die mehr als fünf Prozent der Aktien eines Unternehmens besitzen, ihre Position in einer Meldung an die SEC bekannt geben. Die Unternehmen legen ihre größten Aktionäre in ihren jährlichen Stimmrechtsvollmachten offen. Typischerweise gibt es nur einen oder zwei Inhaber von großen Positionen, wenn überhaupt, und deshalb kann man über Aktionäre mit einer Beteiligung von ein bis fünf Prozent, die durchaus ungebührlichen Einfluss auf die Unternehmensleitung haben könnten, auf keine Weise etwas erfahren. Jeder, der mehr als ein oder vielleicht zwei Prozent der Aktien besitzt, sollte von dem Unternehmen und von dem Aktionär gemeldet werden, und zwar in jedem Quartal. Die genauere Angabe der Großaktionäre eines Unternehmens würde die Tendenz der Vorstände verringern, sich bei ausgewählten Buyside-Institutionen einzuschmeicheln.

Institutionelle Positionen und deren Veränderungen sollten häufiger gemeldet werden. Derzeit enthüllen Investmentfonds ihr Aktiensortiment jedes Quartal. Von Hedgefonds wird nie verlangt, dass sie ihre Positionen veröffentlichen. Im Interesse der Transparenz sollten institutionelle Anleger verpflichtet sein, ihre Trades innerhalb von Tagen nach jeder Transaktion zu melden. Mehr Aufdeckung würde sie von vielen Heimlichkeiten abhalten.

Man sollte nicht zulassen, dass institutionelle Portfoliomanager privat Aktien besitzen, die in den von ihnen gemanagten

Fonds enthalten sind. Ebenso sollte es den Buyside-Analysten verboten sein, Aktien zu besitzen, über die sie berichten. Sie müssten sich an die gleichen Standards halten wie Sellside-Analysten.

Die Entlohnung von Portfoliomanagern und Senior-Analysten sollte offengelegt werden. Die Vergütung der Spitzenmanager von Unternehmen wird jedes Jahr in der Stimmrechtsvollmacht veröffentlicht. Sie wird von den Aktionären kontrolliert. Das Gleiche sollte für alle institutionellen Portfoliomanager und Senior-Analysten in Brokerhäusern und Institutionen gelten. Das würde zu größerer Zurückhaltung anregen. Beteiligte Parteien wie die Anteilsinhaber von Investmentfonds und die Nutzer von Sellside-Research hätten mehr Einfluss, wenn mehr Überwachung herrschen würde. Absurde Gehälter würden Skepsis hervorrufen und eine Rechtfertigung verlangen. Und ein bisschen mehr Tageslicht könnte Mäßigung oder gar Vernunft in das Geschäft bringen.

Die Unternehmensmanager sind Teil des Problems

Die Reform des Investmentresearchs muss sich auch auf Aktiengesellschaften und ihre Leitung erstrecken. In den Aktiengesellschaften hat ein Übergang von dem traditionellen Besitzerkapitalismus zum Manager-Kapitalismus stattgefunden. Die Vorstände benehmen sich heute so, als würde ihnen das Unternehmen gehören, und nicht wie Angestellte, was ja ihre eigentliche Position ist. Überzogene Gehälter, Aktienbezugsrechte, überzogene Vergünstigungen und absurde Bemühungen zur Steigerung der kurzfristigen Profitabilität – das geht alles auf Kosten der Interessen langfristig orientierter Aktionäre. Unternehmensgründern, die immer noch beträchtliche Aktienbeteiligungen an ihrer Aktiengesellschaft besitzen, sollte zwar ein gewisser Spielraum eingeräumt werden, aber zu viele Vorstandsvorsitzende benehmen sich, als hätten sie das Unternehmen gegründet.

Für Wertpapieranalysten und Investoren entsteht dadurch das Problem, dass die Manager von ihnen erwarten, dass sie ihren eigenen finanziellen Interessen dienen. Vorstände versuchen, die Aktienkurse durch einseitige Ausschmückung positiver Nachrichten und günstiger Faktoren sowie durch Nichtoffenlegung oder Abschwächung von trüben Aspekten zu manipulieren. Die Unternehmensleitungen müssen an eigennützigen Praktiken gehindert werden, mit denen sie Analysten und Anleger von den günstigen Aussichten der Aktie überzeugen.

Auf Privatanleger wirken sich die Unzulänglichkeiten der Wall Street stärker aus als auf die professionellen Insider-Institutionen. Das Researchmanagement der Brokerfirmen braucht neue Ansätze. Die Buyside-Institutionen (wie Investmentfonds und Hedgefonds) und die Aktiengesellschaften müssen ihr Verhalten ebenfalls ändern. Alle diese Parteien verhalten sich dem Privatanleger gegenüber phlegmatisch. Reformen wie die Trennung des Researchs und Analystengehälter, die sich nach der Richtigkeit der Empfehlungen richten, würden den derzeit diskreditierten Status des Researchs massiv verbessern. Doch für eine solche Neuordnung dürfte ein vollkommen neues Researchmodell notwendig sein. Die Street muss kreativer und professioneller an das Research herangehen. Bis das passiert, müssen sich Privatanleger einfach um die Street herumarbeiten, ihre Methoden kennen lernen, sie ausnutzen und letztlich selbst die Verantwortung für ihre Anlageentscheidungen übernehmen.

Nachwort

Überprüfen Sie Ihren Investmentansatz gründlich. Investieren Sie auf die richtige Art. Renovieren Sie Ihre Methoden. Richten Sie Ihre Anlagestrategien neu aus. Lernen Sie, Geschwätz von Substanz zu unterscheiden, egal ob die Quelle des Gewäschs die Wall Street, die Medien oder Unternehmen sind. Verlassen Sie sich nicht auf die Street. Wie Warren Buffett sagt: „Frag nie den Frisör, ob du einen Haarschnitt brauchst." Wenn man als gewissenhafter Anleger die Bemerkungen und Ermahnungen in diesem Buch verarbeitet hat, sollte man jetzt verstehen, wie die Wall Street wirklich arbeitet, in der Lage sein, die Fallen der Street zu umgehen und die Investmentperformance zu steigern.

Nutzen Sie Informationen von der Street genauso wie Sie das *Wall Street Journal* oder den Anlageratschlag eines Freundes benutzen würden. Was bedeutet die Brokerempfehlung „Neutral" oder „Halten"? Diese Begriffe sind bedeutungsleer. Aber das ist die Sprache, die von der Wall Street kommt. Betrachten Sie die Wall Street als eine von vielen Quellen für Informationen in Bezug auf potenzielle Investmentstrategien und Investmentchancen. Die Information, die sie liefert, ist nur ein Ausgangspunkt – keine endgültige Schlussfolgerung.

Nehmen Sie die Wall Street nicht wörtlich. Setzen Sie sie in die richtige Perspektive. Verwenden Sie ihre Informationen und den Inhalt ihres Researchs, aber nicht ihre Schlussfolgerungen und Empfehlungen. Der Performance-Erfolg der meisten Portfoliomanager von Investmentfonds ist nur mittelmäßig.

Die Empfehlungen der Analysten sind noch schlechter; Analysten können keine Aktien auswählen. Gerald Loeb sagt über Wertpapieranalysten: „Während einer Hausse braucht man sie nicht. Während einer Baisse will man sie nicht." Researchberichte sind nie vollständig, ehrlich, ausgewogen oder objektiv. Sie sind als Hintergrundinformation geeignet, aber nicht als Handlungsgrundlage. Unternehmensleitungen sollte man auf die gleiche Art benutzen wie Street-Analysten – um Erkenntnisse über ein Unternehmen und über Branchentrends zu gewinnen, aber nicht um Investmentratschläge zu bekommen.

Ich werde oft nach meinem täglichen Investmentprogramm gefragt. Da ich nicht mehr von sechs bis fünf im Büro arbeiten muss, schalte ich jeden Morgen zu meiner ersten Tasse Kaffee CNBC und Bloomberg Television ein. Nach einem Blick in den Sportteil lese ich den Wirtschaftsteil der *New York Times* und das *Wall Street Journal*. Dann setze ich mich an den Computer und gehe meine Positionen sowie etwaige relevante Unternehmens- oder Branchenmeldungen durch. Am Wochenende kann ich ohne *Barron's* nicht leben. Alle zwei Wochen kommt Forbes, und relevante Artikel in anderen Börsen- und Wirtschaftsmagazinen lese ich online. Wenn ich mindestens 45 Minuten am Stück Auto fahren muss, höre ich in Aufzeichnungen von Telefonkonferenzen hinein. Und ich habe eine Excel-Tabelle, in der ich über die wichtigsten Zahlen zu meinen Aktien Buch führe: Kaufdatum, Kaufpreis, geschätzte Dividende, Rendite, Gewinne und Verluste. Ich habe Online-Brokerage-Konten und deshalb kann ich sie problemlos überwachen. Ich versuche, Tag für Tag und Woche für Woche über die Märkte auf dem Laufenden zu bleiben, aber am besten denken kann ich zurückgezogen in einem Flugzeug oder im Urlaub – da kann ich grübeln und Strategien planen. Dabei komme ich von der Beobachtung der täglichen Dünung weg und betrachte die langfristigen Gezeiten des Marktes.

Betreiben Sie Langstreckenanlage; seien Sie geduldig und realistisch

Seit ich mich aus dem Kessel der Wall Street zurückgezogen habe, bin ich Privatanleger – frei von den Zwängen, denen die meisten Insider unterliegen, und von den Einflüssen, die die Street verzerren. Ich lese die Finanzpresse, beurteile den Markt und meine Aktien online, unterhalte mich mit befreundeten Anlegern und überprüfe in regelmäßigen Abständen meine Anlagestrategie und mein Portfolio. Ich versuche, immer offen für Verschiebungen meiner Anlagepositionen zu sein, achte aber darauf, dass ich dem Drang widerstehe, einen bestimmten Trade wegen eines kurzfristigen Katalysators durchzuführen. Der Rat des Vanguard-Gründers John Bogle lautet: „Lernen Sie, den größten Teil des täglichen Rauschens zu ignorieren." Nichts zu tun ist als langfristige Methode ausnahmslos besser als an seinen Positionen viel zu verändern. Widerstehen Sie der Versuchung, zu reagieren; drücken Sie nicht jedesmal den Abzug, wenn Sie etwas Neues erfahren. Anders gesagt: *Seien Sie standhaft, tun Sie nicht einfach irgendwas.* Sie haben als Privatanleger die Freiheit, das Richtige zu tun. Aber diese Freiheit versetzt Sie auch in die Lage, dumme einfache Fehler zu begehen, die Profis eher vermeiden. Der Marktbeobachter Ray DeVoe behauptet: „Gutes Urteilsvermögen beruht auf Erfahrung und Erfahrung beruht auf schlechtem Urteilsvermögen. Aber schlechtes Urteilsvermögen ist ein freundlicher Ausdruck für Dummheit." Ich hoffe, dieses Buch hilft Ihnen, Letzteres zu vermeiden.

Ich bin jetzt seit fünf Jahren aus der Wall Street draußen. Dank dieser Distanz kann ich das Wissen eines Insiders mit der Perspektive eines Außenstehenden verbinden. Wenn Sie das vorliegende Buch gelesen haben, besitzen Sie den gleichen Vorteil – nicht nur ein Bewusstsein für die merkwürdigen Praktiken der Street, sondern auch die Fähigkeit, gelassen Ihre eigenen Investment-Entscheidungen zu treffen. Meine Anlage hat sich verbessert, seit ich die Street verlassen habe. Ich kann meinem

Portfolio mehr Zeit widmen. In meiner Zeit als Wertpapieranalyst investierte ich fast ausschließlich in die Aktien der Computerdienstleister, die ich behandelte. Meine Position verbot es mir, aktiv zu kaufen und zu verkaufen, und ich musste die Aktien viele Jahre lang halten. Glücklicherweise war die Computerdienstleisterbranche außerordentlich stabil und beständig, und sie expandierte in einem gesunden Tempo. Diese Branche war damals der ideale Growth-Sektor. Der langfristige Charakter meiner Positionen verlangte mir für die Privatanlage viel Geduld ab. Und jetzt, wo ich dem Lärmen und den Ablenkungen der Wall Street nicht mehr ausgesetzt bin, ist diese Einstellung noch ausgeprägter.

Diese Ausdauer muss mit realistischen Performance-Zielen einhergehen. Peilen Sie einen jährlichen Gesamtertrag von fünf bis zehn Prozent einschließlich Dividenden an, 15 Prozent wären schon spektakulär. Seien Sie geduldig, langfristig orientiert und haben Sie vernünftige Erwartungen. Die ernüchternde Lehre aus dem Zugunglück der Baisse 2008 bis 2009 besteht darin, dass das oberste Anlageziel eher die Bewahrung des Kapitals als die Maximierung der Kapitalerträge sein sollte. Anleger, die zu sehr auf Wachstum und Kapitalerträge aus sind, setzen sich zu großen Risiken aus. Seien Sie weniger gierig und senken Sie das Risiko. In manchen Jahren, wie zum Beispiel im Jahr 2008, ist ein Ertrag von null oder sogar ein Verlust von zehn bis 15 Prozent ein ruhmreicher Sieg. Beherzigen Sie den Schaden der jüngsten Baisse und schrauben Sie Ihr Investmentziel zurück, um das Risiko zu begrenzen.

EDS, eine Aktie, die ich intensiv beobachtete, fusionierte Mitte der 1980er-Jahre mit General Motors. Ein Mitglied der Führungsmannschaft, ein Texaner, der einer der ersten Mitarbeiter von EDS gewesen war und der vor Ort eine wesentliche Rolle bei der quälenden Befreiung der Geiseln aus dem Iran gespielt hatte, beschloss auszusteigen und seine eigene Erdöl-Fördergesellschaft zu gründen. Er hängte seinen Anzug an den Nagel und

288

trug in seinem bescheidenen Büro Blue Jeans. Als ich ihn nach seinem neuen Projekt fragte, war ich überrascht, dass er nur das begrenzte Ziel eines Jahresertrags von 10 bis 15 Prozent anstrebte. Ich kam von der Wall Street und war daher an Kurswachstumsziele von 20 bis 30 Prozent gewöhnt. Sein Geschäftsplan bestand darin, kleine entlegene Ölquellen aufzukaufen, die laufenden Kosten niedrig zu halten und auch dann noch profitabel zu arbeiten, wenn der Ölpreis nur fünf bis zehn Dollar pro Barrel betrug. Der Ölpreis stieg aus dem Zehner-Bereich auf 20 Dollar und nach ein paar Jahren machten er und seine Handvoll Privatinvestoren solide Gewinne. Aber das laufende Ziel blieb bei zehn bis 15 Prozent. In den 1990er-Jahren bewegte sich der Ölpreis lange unter 20 Dollar, aber dank der niedrigen Kostenstruktur war das für das neue Unternehmen kein Problem. Und jetzt, über 20 Jahre später, da der Ölpreis auf ein Vielfaches des ursprünglichen Niveaus gestiegen ist, stellen Sie sich einmal die Gewinne vor!

Als ich nicht mehr an der Wall Street arbeitete, verlagerte sich der Schwerpunkt meiner Anlagen auf beständige, verlässliche Wertpapiere, die regelmäßige Einnahmen bringen. Meine Priorität waren die Bewahrung des Kapitals und die Erzeugung von Einnahmen, nicht Kapitalerträge. Die erste größere Position in meinem Portfolio war ein Royalty Trust auf Erdölpipelines und Erdöllagerung, der an der NYSE notierte und eine Dividendenrendite von rund sieben Prozent hatte. Dieses Geschäft war beständig und berechenbar. Das Öl fließt unabhängig von den Schwankungen des Ölpreises durch die Pipelines und wird in Tanks gelagert – und bringt regelmäßige Einkünfte. Ich wollte nur die sieben Prozent Dividende mitnehmen und das Risiko möglichst klein halten. Eine bescheidene Einstellung ist für Investoren genauso wichtig wie für Manager. Und voilà, während der nächsten vier Jahre sah ich erfreut zu, wie die Dividende um fast 50 Prozent erhöht wurde und sich der Aktienkurs verdoppelte.

Wenn Sie einmal mein Lebensalter erreicht haben und vor allem von einem festen Einkommen leben, stehen Sie vor der Investmentfrage Growth oder Wachstum? Der Löwenanteil des Aktienportfolios eines älteren Menschen sollte aus Value-Investments mit hoher Rendite bestehen; höchstens 20 Prozent oder gar nur zehn Prozent eines solchen Portfolios sollten aus Growth-Aktien bestehen. Growth-Aktien sind riskant und volatil. Wenn Sie etwas Aufregendes wollen, bieten sie Ihnen einen Nervenkitzel, aber wenn sie in einer Baisse dezimiert werden, vergeht dieser Rausch schnell wieder. Growth-Aktien wie Intel, Cisco, Google und Goldman Sachs wurden im Laufe des Jahres 2008 auf die Hälfte zusammengestutzt. So etwas wirkt sich auf ein Anlageportfolio katastrophal aus und es kann Jahre dauern, bis man das wettgemacht hat. Ich stimme der These nicht zu, dass man Growth-Aktien braucht, um mit dem Gesamtmarkt und der Konjunktur Schritt zu halten. Rendite-Aktien mit niedrigem KGV bringen in steigenden Marktlagen auch eine gute Performance.

Dividenden und Zinsen sollten sowohl von Anleihen als auch von Aktien stammen, wobei mindestens die Hälfte von Ersteren kommen sollte. Ich bin sehr für den Schutz des Kapitals, erst recht an diesem Punkt in meinem Leben. Höhere Renditen bekommen Sie mit Income-Aktien, Royalty Trusts, mit an der NYSE gelisteten Limited Partnerships (LPs), Limited Liability Companies (MLPs) oder gar mit Vorzugsaktien. Income-Aktien können Renditen von mehr als fünf Prozent, manchmal fast zehn Prozent bringen. Aber seien Sie vorsichtig. Renditen um die zehn Prozent bringen ein größeres Risiko mit sich. Nichts ist umsonst. Vor einigen Jahren hielt ich es mit Anleihen von Calpine (einem kalifornischen Stromversorger), die mehr als zehn Prozent Zinsen brachten. Ich ging davon aus, dass Stromversorger nie Bankrott machen. Welche Überraschung, als dieser das doch tat! Meine Verluste überstiegen bei Weitem die Zinsen, die ich in den Jahren davor kassiert hatte. Der konservative Weg zu maximalem

Einkommen sind Qualitätsaktien, die rund fünf Prozent abwerfen und bei denen gute Aussichten auf künftige Dividendenerhöhungen bestehen. Auf diese Art kann man später auf den ursprünglichen Kaufpreis gerechnet möglicherweise zehn Prozent Rendite bekommen.

Nutzen Sie Ihren Status als Privatanleger aus

Betreiben Sie Ihr eigenes Research. Beobachten Sie. Lesen Sie. Hören Sie zu. Hören Sie mit. Überlegen Sie. Sehen Sie voraus. Sagen Sie voraus. Analysieren Sie. Stellen Sie in Frage. Urteilen Sie. Seien Sie skeptisch. Vermeiden Sie zu große Zuversicht. Seien Sie anders und gehen Sie furchtlos Ihren eigenen Weg. Halten Sie sich von dem Herdentrieb und von dem Nachahmungsverhalten des Marktes fern. Wenn Sie Unternehmen beurteilen, die als Anlage in Frage kommen, suchen Sie spezialisierte Firmen – sie laufen besser als Generalisten. Das Geschäft sollte relativ leicht verständlich sein. Finanzkraft ist oberstes Gebot. Schätzen Sie den Wert der Vermögenswerte eines Unternehmens ab. Wichtig ist die Gewinnentwicklung der letzten fünf bis zehn Jahre. Aber nichts ist vollkommen. Eine leicht veränderliche Gewinnentwicklung ist ganz natürlich und unvermeidlich. Um das Management eines Unternehmen zu beurteilen, überprüfen Sie seine Qualität, seinen Charakter, seine Werte und seine Einstellung. Ein wichtiger Charakterzug von Managern ist Bescheidenheit. Halten Sie sich von arroganten Managern fern. Hüten Sie sich vor Einseitigkeiten und Eigenwerbung.

Investieren Sie langfristig; traden Sie nicht. Achten Sie auf den Wert/Value. Achten Sie auf Dividenden. Verzetteln Sie sich nicht; begrenzen Sie die Anzahl Ihrer Aktien, damit Sie jeder Aktie die richtige Aufmerksamkeit widmen können. Halten Sie es einfach; nichts zu Exotisches. Bewahren Sie Ihr Kapital. Wenn Sie es schaffen, erhebliche Schrumpfungen Ihres Gesamtportfolios zu vermeiden, kommt die Performance von ganz allein und Sie bekommen hervorragende langfristige Ergebnisse. Es geht nicht um das, was Sie verdienen, sondern um das, was Sie behalten. Das Anlagerisiko (die Möglichkeit eines dauerhaften Kapitalverlustes) und die Preisbewertung sind kritische Faktoren bei der Aktiensuche, aber bei dem Streben nach großen Gewinnen mit Investment-Ideen der „neuen Zeit" werden sie gewöhnlich übersehen. Beständigkeit ist wichtiger als absolute Wertsteigerung. Lassen Sie sich von der Street nicht zum Narren halten. Sie sind jetzt kein Amateur mehr, der gegen Profis spielt. Investieren Sie intelligent, ziehen Sie Vorteile aus der Street und überlisten Sie die Experten, damit Sie an der Börse Geld verdienen.

Unter www.stephentmcclellan.com finden Sie meinen Blog, die aktuellen Artikel, Auftritte, Interviews und meine derzeitigen Investment-Ansichten.

Glossar

10-K Report. Eine jährliche Pflichtmitteilung von börsennotierten Unternehmen an die Börsenaufsicht SEC, die ausführliche Finanzinformationen und Anmerkungen zu dem Unternehmen enthält. Öffentlich zugänglich.

10-Q Report. Eine quartalsmäßige Pflichtmitteilung von börsennotierten Unternehmen an die Börsenaufsicht SEC. Sie enthält weniger detaillierte Finanzinformationen und Anmerkungen zu dem Unternehmen als der 10-K. Öffentlich zugänglich.

Abschluss. Die Gewinn-und-Verlustrechnung eines Unternehmens, die Bilanz, die Kapitalflussrechnung und andere Aufstellungen.

Abschreibung 1. Die Abschreibung materieller Vermögenswerte („Depreciation") bedeutet, dass die Kosten für Immobilien, Anlagen und Maschinen über mehrere Jahre abgeschrieben werden, während der Vermögenswert gleichzeitig Einnahmen erzeugt. Das Gleiche gilt für die Abschreibung immaterieller Vermögenswerte („Amortization"), allerdings bezieht sie sich auf Dinge wie Goodwill, Urheberrechte, Patente und Warenzeichen.

Abschreibung 2. Ein buchhalterischer Vorgang, bei dem der Wert eines Vermögenswertes oder eines Anlagewertes in der Bilanz eines Unternehmens vermindert wird (Verlust gebucht wird), weil der erwartete Ertrag geringer ausfällt oder ganz ausfällt.

ADR (American Depositary Receipt). Ein Inhaberzertifikat über den Besitz einer nicht-US-amerikanischen Aktie; die eigentlichen Aktien befinden sich im Besitz der Auslandsvertretung einer US-Bank.

Aktienempfehlung. Siehe „Anlageempfehlung/Einstufung".

Aktienrückkauf. Das bedeutet, dass ein Unternehmen seine eigenen Aktien zurückkauft, normalerweise am freien Markt. Die Aktien werden üblicherweise aus dem Verkehr gezogen oder bis zur Neuausgabe verwahrt. Diese Praxis hat in den letzten Jahren dramatisch zugenommen. Das ist eine vorübergehende finanzielle Taktik zur Steigerung des Gewinns pro Aktie und zur Stützung des Aktienkurses.

Aktiensplit. Ein Unternehmen erhöht zur Steigerung der Liquidität die Anzahl der umlaufenden Aktien und senkt gleichzeitig entsprechend den Preis. Ein 2:1-Split verdoppelt die Anzahl der Aktien und halbiert den Kurs. Der Inhaber hat davon keinen unmittelbaren Nutzen, aber gewöhnlich reagieren die Aktien auf die Ankündigung eines Splits positiv, denn das unterstreicht die solide Performance des Unternehmens und ist häufig mit einer Erhöhung der Dividende verbunden.

Aktionär. Der Besitzer von Unternehmensaktien. Die Aktien sind entweder bei einer Brokerfirma registriert oder befinden sich als konkrete Urkunden im Besitz des Inhabers.

Anlageempfehlung/Einstufung. Die Empfehlung eines Wertpapieranalysten hinsichtlich einer Aktie, zum Beispiel „Kaufen", „Halten" oder „Verkaufen".

Anlagerisiko. Die Gefahr des dauerhaften Kapitalverlustes. Die Aussicht, mit einer Investition Geld zu verlieren.

Anleihen. Ein Schuldpapier, das normalerweise von einem Unternehmen oder einem Staat (meist langfristig) ausgegeben wird und die Rückzahlung des Kapitals am Ende der Laufzeit sowie die angegebenen regelmäßigen Zinszahlungen verspricht.

Außerbilanzielle Finanzierung. Verschuldung oder Vermögensfinanzierung, die nicht in der Bilanz angegeben wird. Dabei handelt es sich häufig um Mieten, Darlehensverbindlichkeiten, Derivate, Akkreditive und manchmal um Verbindlichkeiten von Tochterunternehmen.

Auswahlkomitee. Das Gremium eines Brokerhauses, das entscheidet, welche Aktien auf die Empfehlungsliste der besten Anlageideeen kommen. Besteht normalerweise aus dem Researchdirektor, dem Marktstrategen, dem technischen Analysten und weiteren Angehörigen der Researchabteilung.

Axe [Axt]. Ein Wall-Street-Analyst, der in dem Ruf steht, das beste Research zu einer Aktie anzubieten, weil er sich damit am besten auskennt.

Baisse. Ein längerer erheblicher Rückgang der Aktienkurse, mindestens 20 Prozent über mehr als ein Jahr. Verbreiteter Anlegerpessimismus und negative Stimmung. Laut S & P hat es seit 1946 zehn Baissen gegeben, wobei im Durchschnitt die Aktien in 16 Monaten um mehr als 30 Prozent gefallen sind. Es hat im Schnitt 22 Monate gedauert, bis sich die Kurse wieder auf den alten Stand erholt hatten. Die bemerkenswertesten Baissen gab es in den 1930er-Jahren, 1967, 1982 und 2008 bis 2009.

Beteiligungsverkauf. Verkauf eines Geschäftsbereichs oder einer Abteilung durch ein Unternehmen.

Betriebsgewinnspanne. Ein Maß für die Profitabilität der betrieblichen Aktivitäten eines Unternehmens: Operativer Gewinn durch Umsatz – also der Betriebsgewinn als Prozentsatz des Umsatzes ausgedrückt.

Bilanz. Eine Finanzaufstellung, die auf der einen Seite das Vermögen (zum Beispiel Bargeld und Forderungen) und auf der anderen Seite die Verbindlichkeiten (zum Beispiel Schulden) und das Aktionärskapital darstellt.

BIP (Bruttoinlandsprodukt). Ein Maß für die Größe der Volkswirtschaft eines Landes; der Marktwert der Waren und Dienstleistungen, die von einem Land in einem bestimmten Zeitraum (normalerweise ein Jahr) produziert werden.

Blackberry. Ein tragbares Gerät (PDA) für Email, Telefon und Internet, das von Analysten wie mir und sonstigen Wall-Street-Profis benutzt wird.

Blasenära der 1990er-Jahre. Die Zeit Ende der 1990er-Jahre, die mit dem Niedergang der Börse im März 2000 endete, als insbesondere in den Sektoren Hightech, Internet, Telekom und ein paar anderen Euphorie herrschte. Die Investmentbanken und Brokerhäuser brachten fieberhaft Unternehmen an die Börse. Die Analysten verloren jeglichen Sinn für Objektivität und warben für spekulative, exzessiv bewertete Aktien.

Bloomberg Television. Ein Kabelkanal, der den ganzen Tag Börsen- und Investmentsendungen bringt.

Börsengang/Erstemission/IPO („Initial Public Offering"). Der erste Verkauf von Aktien eines Unternehmens über den Aktienmarkt an außenstehende Investoren. Beschafft normalerweise Kapital für die Verwendung im Unternehmen (primär), kann aber auch ein Insiderverkauf (sekundär) sein. Versorgt die bisherigen Inhaber mit Liquidität; die Aktien können am freien Markt gekauft und verkauft werden.

Brokerfirma. Eine Investmentbanking-Firma, die mit Aktien, Anleihen und anderen Finanzinstrumenten handelt, sowohl auf eigene Rechnung als auch als Vermittler. Sie bedient normalerweise Institutionen und Einzelpersonen; sie bietet Investmentbanking-Dienste, Wertpapierhandel und Wertpapiertransaktionen an.

Buyside. Institutionen wie Investmentfonds, Hedgefonds, Pensionsfonds, Stiftungsfonds, Banken, Versicherungen und andere große Organisationen, die in großem Maßstab investieren. Sie „kaufen" [„buy"] den Brokerfirmen der Wall Street Aktien ab und nehmen ihre Dienste in Anspruch.

296

Buyside-Analyst. Ein Wertpapieranalyst, der im Auftrag von institutionellen Investoren intern Aktien behandelt, die die Firma besitzt oder möglicherweise kauft. Die Leser und Nutzer solchen Researchs sind die Portfoliomanager des Hauses.

Call-Option/Call. Ein Anlageinstrument. Ein Kontrakt, der dem Besitzer das Recht gibt, normalerweise 100 Stücke der entsprechenden Aktie bis zu einem festgelegten Zeitpunkt (Ausübungsdatum) zu einem festgelegten Preis (Ausübungspreis oder Strike) zu kaufen. Eine Spekulation darauf, dass der entsprechende Aktienkurs steigt. Damit kann man zu geringen Kosten die Kursbewegungen einer großen Anzahl Aktien ausnutzen. Kann sehr volatil sein.

Cashflow/Kapitalfluss. Der Nachsteuergewinn eines Unternehmens zuzüglich sonstiger unbarer Aufwendungen wie zum Beispiel der Abschreibung materieller und immaterieller Vermögenswerte. Der Mittelzufluss eines Unternehmens abzüglich tatsächlicher unmittelbarer Kosten. Das Geld, das ein Unternehmen innerhalb eines bestimmten Zeitraums einnimmt und ausgibt. Ein sehr gutes Maß für die Leistung eines Unternehmens.

CEO. „Chief Executive Officer." Entspricht ungefähr dem deutschen Vorstandsvorsitzenden.

CFO. „Chief Financial Officer." Der Finanzdirektor oder Finanzvorstand eines Unternehmens.

Chart. Siehe Kurschart.

Chartered Financial Analyst (CFA). Bezeichnung für Analysten, die bei dem CFA Institute eine Abschlussprüfung abgelegt haben. Dafür braucht man vier Jahre Berufserfahrung im Anlagegeschäft und muss über mehrere Jahre hinweg drei umfangreiche Vorprüfungen ablegen. Hohe berufliche Qualifikation.

CNBC. Ein Kabelprogramm des Fernsehsenders NBC, der ganztägig fast ausschließlich über die Börse und sonstige Investments berichtet.

Credit Default Swap (CDS). Ein versicherungsähnlicher Kontrakt, den ein Anleiheninhaber kauft, um sich für den Fall vor Verlusten zu schützen, dass ein Anleihenemittent zahlungsunfähig wird. CDS sind zu bedeutenden Spekulationsinstrumenten geworden; damit kann man als Anleger auf künftige Änderungen der Bonität einer bestimmten Körperschaft setzen. Finanzfirmen haben solche Papiere in großen Mengen verkauft und sind jetzt mit möglicherweise enormen Auszahlungsforderungen konfrontiert.

Compliance. Anwälte und sonstige juristische Mitarbeiter eines Brokerhauses, die dafür sorgen, dass sich die Firma an die Wertpapiergesetze und sonstigen Vorschriften hält. Sie überwacht auch das Research der Wertpapieranalysten.

Computerdienstleister. Der Branchensektor, für den ich als Analyst zuständig war. Er besteht aus Unternehmen, die Datenverarbeitung für Unternehmenskunden anbieten, zum Beispiel Lohnbuchhaltung, Datacenter-Outsourcing, Kreditkartenabwicklung und Beratung.

COO. „Chief Operating Officer." Der leitende Geschäftsführer eines Unternehmens. Er steht im Rang gewöhnlich unter dem CEO, aber über dem CFO.

Dead Cat Bounce. Wenn sie tief und schnell genug fällt, springt sogar eine tote Katze noch einmal in die Höhe, wenn sie auf dem Boden aufkommt. Das bezieht sich auf eine Aktie, deren Kurs steil abstürzt und dann leicht zurückfedert. Halten Sie dieses Rückfedern nicht für den Beginn einer längeren Erholung.

Dividende. Eine Zahlung in Form von Geld oder Aktien an die Aktionäre eines Unternehmens; normalerweise wird in jedem Quartal ein fester Betrag ausgeschüttet. Etwaige Änderungen werden gewöhnlich pro Jahr vorgenommen.

298

Dividendenausschüttungs-Verhältnis. Der Anteil an dem Nettoüberschuss eines Unternehmens, den es in Form von Dividenden an die Aktionäre auszahlt.

Dividendenrendite. Die jährliche Dividende pro Aktie ausgedrückt als Prozentsatz des aktuellen Aktienkurses.

Dow Jones Industrial Average (DJIA). Der gebräuchlichste US-amerikanische Aktienindex, bestehend aus 30 hoch kapitalisierten Unternehmen. Er ist preisgewichtet und die Komponenten werden gelegentlich gegen andere ausgetauscht, damit der Index repräsentativ bleibt. Derzeit enthält er unter anderem 3M, American Express, ExxonMobil, Intel, Merck, Procter & Gamble, McDonald's und Wal-Mart.

eBusiness. Internet-Unternehmen, manchmal auch als eCommerce bezeichnet. Ein griffiger Begriff, der in der Blasenzeit der 1990er-Jahre als Reklame für Aktien benutzt wurde.

Eigenkapitalrendite (ROE = „Return On Equity"). Der jährliche Nettogewinn eines Unternehmens ausgedrückt als Prozentsatz des Aktienkapitals. Ein wichtiges Maß für die Rendite der Aktionärsbeteiligungen – also der Fähigkeit eines Unternehmens, aus dem Nettovermögen Gewinn zu schöpfen. In den meisten Researchberichten angegeben.

Einnahmen produzierende Anlage. Eine Anlage, die dem Inhaber eine regelmäßige Geldzahlung bietet, zum Beispiel eine Dividenden tragende Aktie oder eine zinstragende Anleihe.

Emerging Markets. Damit sind die Aktienmärkte von Schwellenländern gemeint, also von Ländern, die sich sehr schnell entwickeln oder die gerade industrialisiert werden, zum Beispiel China, Indien, Brasilien und Südostasien.

Empfehlungsliste. Eine Liste, auf der eine Brokerfirma ihre besten Aktienideen und ihre stärksten Kaufempfehlungen angibt.

Ergebnisbericht/Geschäftsbericht. Darin geben börsennotierte Unternehmen in jedem Quartal ihre Finanzergebnisse für den Berichtszeitraum bekannt. Normalerweise kommen dazu noch Kommentare, Reklame und viele Begründungen.

Ergebnismodell. Eine ausführliche, mit dem Computer erstellte Gewinn- und-Verlustrechnung anhand der Erwartungen eines Wertpapieranalysten, üblicherweise für alle Quartale des laufenden und des nächsten Jahres. Darin stehen in den einzelnen Zeilen Annahmen (für Umsatz, Aufwendungen, Steuern, Anzahl der Aktien), aus denen sich der geschätzte Gewinn pro Aktie errechnet.

Ergebnisse laut GAAP (Generally Accepted Accounting Principles, allgemein anerkannte Bilanzierungsregeln). Das sind Ergebnisse, die nach den von der FASB aufgestellten Rechnungslegungsprinzipien gemeldet werden. Diese Regeln sind streng und konservativ. Es ist üblich, dass Unternehmen zusätzlich noch Ergebnisse veröffentlichen, die besser aussehen, weil gewisse Aufwendungen weggelassen werden. Diese Ergebnisse, die nicht den Regeln der FASB entsprechen, werden als „normalisierte" oder „Proforma"-Ergebnisse bezeichnet.

Erlös. Das Geld, das ein Unternehmen durch den Verkauf von Produkten/ Dienstleistungen in einem bestimmten Zeitraum einnimmt, wird pro Quartal und pro Jahr in der Erfolgsrechnung angegeben. Manchmal als „Topline" (wegen der Gewinn-und-Verlustrechnung) bezeichnet und häufig nach Regionen, Produkten oder Betriebsgruppen aufgeschlüsselt.

ETF („Exchange Traded Fund" = börsennotierter Fonds). Offener Investmentfonds, der an Handelstagen wie eine Aktie ständig gehandelt wird. ETFs bilden verschiedene Aktienindizes, Sektoren, Aktiengruppen oder Rohstoffe nach. Geringe Kosten, liquider Handel.

300

ex Dividende. Auf dieser Basis – also mit Dividendenabschlag – wird eine Aktie vier Tage vor dem Datum gehandelt, an dem sich entscheidet, welche Inhaber der Aktie Anspruch auf die Dividende haben. Der Eröffnungskurs ist an diesem Tag um den Dividendenbetrag vermindert. Berücksichtigen Sie dieses Datum, wenn Sie eine Aktie verkaufen wollen.

FASB (Financial Accounting Standards Board). Eine Non-Profit-Organisation, die aus dem Verband der anerkannten Rechnungsprüfer hervorgegangen ist und die vor allem für die Aufstellung der „allgemein akzeptierten Rechnungslegungsprinzipien" (GAAP = Generally Accepted Accounting Principles) zuständig ist. Die SEC hat das FASB mit der Festlegung von Bilanzierungsregeln für börsennotierte US-Unternehmen beauftragt.

Financial Analyst Journal. Diese vom CFA Institute herausgegebene Zeitschrift veröffentlicht ausführliche wissenschaftliche Untersuchungen und Analysen von Investmentthemen.

Finanzielle Restrukturierung/Reengineering. Ausgiebiges Aufpolieren der Bilanz; finanzieller Umbau. Das umfasst zum Beispiel die Begleichung von Schulden, Beteiligungsverkäufe, Aktienrückkäufe und außerbilanzielle Finanzierungen, die häufig den Gewinn erhöhen.

Forderungsumschlag. Die durchschnittliche Zeit, während der die Kunden dem Unternehmen Mittel für Verkaufstransaktionen schulden. Die Gewährung von Kredit verlängert die Zahlungsfrist. 90 Tage sind Standard. Man berechnet diese Zeit, indem man den annualisierten Umsatz durch die Forderungen und das Ergebnis durch 365 Tage teilt.

Fortune 100. Die nach Bruttoumsatz 100 größten US-Unternehmen, die jedes Jahr in der bekannten Fortune-500-Liste veröffentlicht werden.

Gesamtverschuldungsgrad. Die langfristige Verschuldung eines Unternehmens im Verhältnis zu der Summe aus langfristiger Verschuldung und Aktienkapital. Er gibt den Schuldenanteil an der Bilanz an – weniger als 20 Prozent sind mäßig und mehr als 50 Prozent können zu viel sein.

Geschäftsbank. Banken, über die Unternehmen ihre Bankgeschäfte abwickeln (zum Beispiel Kreditlinien und kurzfristige Kredite).

Gewinn pro Aktie (EPS = „Earnings Per Share"). Der Nettoüberschuss eines Unternehmens geteilt durch die Anzahl der umlaufenden Aktien, entweder nach Berichtszahlen oder nach Prognosen für Jahre beziehungsweise Quartale.

Gewinnprognose. Prognose oder grobe Angabe der erwarteten Ergebnisse im laufenden und manchmal auch im nächsten Jahr durch das Unternehmen. Wird häufig in Telefonkonferenzen oder Pressemitteilungen veröffentlicht.

Gewinnrealisierung. Die Methode der Erfassung von Erträgen. Die wichtigste Methode ist die Realisierung nach Fertigstellung: Die Einnahme wird gebucht, wenn die Dienstleistung ausgeführt oder das Produkt verkauft wird, auch wenn die Zahlung erst später erfolgt. Bei langfristigen Verträgen (Gewinnrealisierung nach Fertigstellungsgrad), aufgeschobenen Einnahmen und Ratenkäufen wird das unklarer.

Gewinnschätzungen. Wertpapieranalysten prognostizieren den Gewinn pro Aktie (EPS, „Earnings Per Share") gewöhnlich für das laufende Jahr, das nächste Jahr und für alle Quartale des laufenden Jahres. Diese Schätzungen werden in fast allen Researchberichten veröffentlicht und sind im Internet verfügbar.

Gewinn-und-Verlustrechnung/Erfolgsrechnung. Die pro Quartal veröffentlichte Aufstellung von Erlös (Umsatz), diversen Aufwendungen, Steuern, Nettoüberschuss (Gewinn), Anzahl der umlaufenden Aktien und Gewinn pro Aktie. Sie zeigt die betriebliche Entwicklung eines Unternehmens. Das ist der wichtigste Teil des Abschlusses, der sich auf den Aktienkurs auswirkt.

Growth-Aktie. Die Aktie eines schnell expandierenden Unternehmens, deren Kurs eigentlich zusammen mit der Entwicklung des Unternehmens steigen müsste. Das erwirtschaftete Kapital wird in die weitere Entwicklung des Unternehmens reinvestiert. Es wird nur eine geringe oder gar keine Dividende ausgeschüttet.

Hard Dollar Fees. Die Bezahlung bestimmter Leistungen einer Brokerfirma in konkreten Dollarbeträgen und nicht in Form eines Gebührenanteils (Soft Dollars) an Aktiengeschäften.

Hausse. Ein Zeitraum, in dem die Aktienkurse während mindestens eines Jahres um mehr als 20 Prozent steigen. Verbreiteter Anlegeroptimismus. Die 1990er-Jahre waren eine der bemerkenswertesten Haussen der Geschichte.

Hedgefonds. Ein privater Anlagefonds wie zum Beispiel DE Shaw, Bridgewater Associates oder Farallon Capital, der ausgewählten Privatanlegern mit hohem Einkommen und Institutionen vorbehalten ist. Hedgefonds verlangen normalerweise eine Gebühr von ein bis zwei Prozent und behalten 20 Prozent des Jahresertrags ein. Sind Verluste entstanden, beginnt die Entnahme der 20 Prozent erst wieder, wenn die Verluste ausgeglichen wurden. Hedgefonds sind von Regulierungen der SEC und anderer Behörden weitgehend ausgenommen. Höchst flexible Anlagestrategien: Leerverkäufe, Futures, Swaps, Derivate, eigentlich fast alle Investmentaktivitäten.

I.I. All-America Team Rankings. Die jährlich von der Zeitschrift Institutional Investor herausgegebene und nach Branchensektoren aufgeteilte Rangfolge der führenden Wertpapieranalysten von Brokerfirmen der Wall Street. Sie basiert auf der Befragung von institutionellen Investoren.

Indexfonds. Investmentfonds, der einen bestimmten Aktienmarkt oder einen sonstigen Finanzmarktindex wie den S & P 500, den Dow Jones Industrial Average oder den Wilshire 5000 nachbildet. Geringe Gebühren.

Institution. Siehe unter „Institutioneller Investor".

Institutioneller Investor. Eine Organisation, zum Beispiel eine Bank, ein Investmentfonds, ein Hedgefonds, ein Pensionsfonds, eine Versicherungsgesellschaft, eine Stiftung oder eine Vermögensverwaltung, die beträchtliche Investment-Transaktionen am Aktienmarkt durchführt.

Institutional Investor. Eine anspruchsvolle, teure, monatliche Zeitschrift für institutionelle Investoren von der Wall Street. Sie wird von vielen Wall-Street-Profis gelesen und behandelt Investment-Themen wie Research, Vermögensmanagement, Investmentfonds, Brokerfirmen, Investmentbanking und führende Persönlichkeiten.

Institutioneller Vertrieb. Die Verkaufsmitarbeiter einer Brokerfirma, die für große institutionelle Kunden zuständig sind; sie übermitteln Researchinformationen, nehmen Kauf- und Verkaufsorders für Aktien an, helfen bei größeren Trades, beim Verkauf von Emissionen und bei Investmentbanking-Geschäften. Das Büro, in dem die Verkäufer versammelt sind, wird häufig als „Sales Desk" bezeichnet.

Investmentbank. Eine Brokerfirma, die Unternehmen und Regierungen hilft, Wertpapiere zur Kapitalbeschaffung auszugeben und zu verkaufen. Sie bietet Beratung bei Fusionen und Übernahmen, fungiert als Market Maker und handelt mit Aktien, Anleihen, Rohstoffen und anderen Instrumenten. Im Jahr 1999 wurden die Bundesgesetze so geändert, dass solche Firmen auch viele Bankdienstleistungen für Geschäftskunden anbieten dürfen.

Investmentbanker. Jemand, der in der Investmentbanking-Abteilung einer Brokerfirma an der Wall Street arbeitet. Kennt sich normalerweise mit Unternehmensfinanzen oder öffentlichen Agenturen aus. Er unterstützt Organisationen bei der Beschaffung von Kapital, bei der Emission von Wertpapieren und bei Fusionen und Übernahmen.

Investmentbanking. Die Dienstleistungen einer Abteilung von Wall-Street-Brokerfirmen im Zusammenhang mit Kapitalbeschaffung, strategischer Beratung bei Fusionen und Übernahmen und Unternehmensfinanzierung. Siehe „Investmentbank" und „Investmentbanker".

Investmentfonds. Ein Anlagefonds mit bestimmten Standards, Zielen und Strategien, der der Anlegeröffentlichkeit offen steht; Anlageentscheidungen werden von einem Portfoliomanager getroffen; am Ende jedes Tages wird der Wert berechnet (Nettoinventarwert oder Net Asset Value/NAV pro Anteil). Zu den verschiedenen Typen gehören unter anderem Growth, Dividendenrendite, Large Cap, Small Cap oder bestimmte Branchensektoren. Sie werden von Unternehmen wie Fidelity, Vanguard und American Funds angeboten.

Investmentresearch-Ausschuss. Dazu gehören verschiedene Angehörige des Researchmanagements, häufig der Marktstratege, der Charttechniker, ein Vertreter der Rechtsabteilung und der Researchdirektor. Er prüft und sanktioniert Empfehlungsänderungen.

Investor Relations (IR). Die Abteilung eines Unternehmens, die für den Kontakt mit institutionellen Anlegern, Broker-Analysten und Privatanlegern zuständig ist. Sie liefert Informationen über das Unternehmen, die für Investoren von Interesse sind, zum Beispiel über den momentanen Gang der Geschäfte, über Auftragseingänge, Profitabilität, Wachstum und finanzielle Trends.

Jahresbericht. Eine Publikation von börsennotierten Unternehmen, die den Jahresabschluss und ausführliche Finanzinformationen (manchmal den 10-K Report) enthält, und in der häufig die Geschäfte und Aussichten des Unternehmens dargestellt werden.

Januareffekt. Ein Börsenindikator; die Entwicklungsrichtung des Aktienmarktes im Januar deutet gewöhnlich zuverlässig auf den Trend für das ganze Jahr voraus.

Kapitalausgaben. Die Aufwendungen eines Unternehmens für Grundstücke und Gebäude, Anlagen und Maschinen. Sie werden nicht sofort als einmalige Ausgaben gebucht, sondern meist über einen Zeitraum von fünf bis 20 Jahren abgeschrieben – sodass laufende Abschreibungskosten entstehen.

Kapitalertrag. Der Ertrag, der aus der Steigerung des Wertes eines Kapitalvermögenswertes über den Kaufpreis hinaus resultiert.

Kapitalertragsteuer. In den Vereinigten Staaten fallen 15 Prozent Steuern an, wenn man eine Aktie oder ein anderes Investment nach einer Haltedauer von mindestens einem Jahr verkauft, und der (höhere) Einkommensteuersatz, wenn man sie vor Ablauf eines Jahres verkauft.

Kapitalflussrechnung. Einer der drei Teile des Jahresabschlusses, den jedes börsennotierte Unternehmen veröffentlichen muss. Enthält die Zahlen zum Kapitalfluss.

Kapitalisierte Software. Softwareprogramme eines Unternehmens, die zwar gekauft wurden, die aber nicht als einmaliger Posten gebucht werden, sondern über mehrere Jahre abgeschrieben werden, was die laufende Profitabilität erhöht.

KGV. Kurs-/Gewinn-Verhältnis. Der Preis einer Aktie geteilt durch den geschätzten Gewinn des laufenden oder des nächsten Jahres. Damit lassen sich die Bewertungen von Aktien auf einer ähnlichen Grundlage miteinander vergleichen. Je höher das KGV, umso teurer ist die Aktie. Steht in fast jedem Researchbericht.

Kommission/Provision. Die Gebühr, die eine Brokerfirma für den Kauf und Verkauf von Wertpapieren im Kundenauftrag verlangt. Die Transaktionskosten für umfangreiche Aktienblöcke, die von Institutionen gehandelt werden, belaufen sich nur auf wenige Cent pro Aktie.

Korrektur. Ein euphemistischer, irreführender Ausdruck, mit dem üblicherweise ein Niedergang des Aktienmarktes um weniger als zehn Prozent bezeichnet wird. Die Wall Street verabscheut negative Hinweise und bevorzugt Ausdrücke, die trüben Aspekten des Investment einen positiven Anstrich geben.

Kurschart. Ein Diagramm, das die Preisentwicklung von Unternehmen oder Märkten in einem bestimmten Zeitraum und das Handelsvolumen darstellt.

Kurzfristig. An der Wall Street allgemein eine Haltezeit von weniger als einem Jahr. Der Bund erhebt auf Kapitalerträge aus Wertpapieren, die kürzer als ein Jahr gehalten wurden, den normalen individuellen Einkommensteuersatz.

Langfristig. An der Wall Street gilt im Allgemeinen eine Haltezeit von mehr als einem Jahr als langfristig. Meiner Ansicht nach sollten es aber mindestens zwei oder drei Jahre sein. Ab einer Haltedauer von einem Jahr gilt der langfristige Kapitalertragsteuersatz von 15 Prozent.

Large-Cap-Aktie. Ein Unternehmen, dessen umlaufende Aktien einen Marktwert von mindestens fünf bis zehn Milliarden Dollar haben.

Leerverkauf/Shortposition. Mit dieser Handelstaktik setzt man darauf, dass der Kurs einer Aktie fällt. Dabei leiht man sich von einem Brokerhaus Aktien und verkauft sie mit der Verpflichtung, sie zu einem späteren Zeitpunkt zu kaufen und zurückzugeben – hoffentlich zu einem geringeren Preis und somit mit Gewinn. Der Leerverkäufer muss dem Brokerhaus die Dividende bezahlen, damit es sie an den Besitzer weitergeben kann, von dem die Aktien geliehen wurden.

Limit-Order. Eine Order, eine Aktie zu einem bestimmten Preis zu kaufen oder zu verkaufen (im Unterschied zu einer Order zum derzeitigen „Markt"-Preis); sie gilt entweder für den entsprechenden Tag oder bis auf Widerruf.

Margindepot/Depot mit Einschusskredit. Ein Brokerkonto, das dem Klienten erlaubt, einen Kredit in Höhe von 50 Prozent des Wertes der darin enthaltenen Wertpapiere aufzunehmen. Er kann für den Kauf von zusätzlichen Aktien oder für persönliche Zwecke eingesetzt werden.

Marketing. Die Aufgabe eines Wertpapieranalysten, Research per Telefon und in persönlichen Besprechungen mitzuteilen. Die Reisen in verschiedene Städte, um sich mit institutionellen Kunden zu treffen, werden als „Marketing" bezeichnet.

Marktstratege. Ein Experte, der normalerweise als Mitarbeiter eines Brokerhauses Research und Kommentare zu allgemeinen Börsentendenzen liefert, sachkundige Investmentbeobachtungen und allgemeine Orientierung.

Mitarbeiteroptionen/Bezugsrechte. Eine weithin gebräuchliche Methode der anreizgesteuerten Vergütung. Der Inhaber von Aktienbezugsrechten hat das Recht, eine bestimmte Anzahl von Aktien des Unternehmens zu einem festgelegten Ausübungspreis (normalerweise zum Marktpreis am Tag der Ausgabe) zu kaufen. Gewöhnlich darf der Mitarbeiter die Option frühestens nach einer Frist von einem oder zwei Jahren ausüben. In letzter Zeit gab es Skandale, weil Unternehmensleitungen illegalerweise das Ausstellungsdatum auf einen Zeitpunkt rückdatiert haben, zu dem der Aktienkurs niedriger stand – was sofortigen Gewinn bedeutete.

Modell. Siehe „Ergebnismodell".

Morning Call. Die morgendliche Telefonkonferenz einer Brokerfirma über eine interne Wechselsprechanlage, gewöhnlich um sieben oder acht Uhr New Yorker Zeit. Wertpapieranalysten und andere Researchfachleute stellen dabei dem Vertrieb, den Tradern und den Privatbrokern ihre Meinungen, Beobachtungen und Ergebnisse vor.

NASD. Die National Association of Securities Dealers (Verband der Wertpapierhändler) ist für die Selbstregulierung des Handels mit Aktien, Unternehmensanleihen, Futures und Optionen sowie für die Aktivitäten von mehr als 5.000 Brokerfirmen zuständig.

NASDAQ. Diese Abkürzung steht für „National Association of Securities Dealers Automated Quotation (System)", das automatisierte Handelssystem der NASD. Sie ist der größte elektronische Aktienmarkt und umfasst rund 3.200 Aktien, die früher OTC-Aktien hießen (OTC = „Over The Counter" = Freiverkehr) und die weder an der NYSE noch an der American Exchange notieren.

Nettoüberschuss. Der Gewinn eines Unternehmens nach Abzug aller Kosten und Aufwendungen (einschließlich Steuern) vom Erlös. Das, was „unterm Strich" bleibt – denn er steht in der untersten Zeile oder einer der untersten Zeilen der Gewinn-und-Verlustrechnung. Der Gewinn pro Aktie ist der Nettoüberschuss geteilt durch die Anzahl der umlaufenden Aktien.

New York Stock Exchange (NYSE). Die größte amtliche Börse der Welt, mit mehr als 2.700 aktiv gehandelten Wertpapieren. Im Allgemeinen sind diese Unternehmen höher kapitalisiert und etablierter als die Unternehmen, die an der NASDAQ gehandelt werden. NYSE-Aktien sind aufgrund der hohen Anforderungen für die Börsennotierung im Allgemeinen konservativere Investments als NASDAQ-Papiere.

Nikkei Index. Der Nikkei 225 ist der wichtigste Aktienindex Japans an der Tokioter Börse; er ist kursgewichtet und mit dem Dow Jones Industrial Average oder dem S & P 500 in den Vereinigten Staaten vergleichbar.

Operativer Cashflow. Das Geld, das die betrieblichen Aktivitäten eines Unternehmens einbringen, vor Abschreibungen materieller und immaterieller Vermögenswerte, ohne Finanzaufwendungen wie Zinsen und Steuern.

Operativer Gewinn. Der Gewinn eines Unternehmens vor Abschreibungen, Zinsen und Steuern.

Organisches Wachstum. Der von einem Unternehmen intern erzeugte Umsatzzuwachs durch den Verkauf von Waren und Dienstleistungen – im Gegensatz zu Wachstum durch Übernahmen.

Outsourcing. Ein Bereich der Computerdienstleistungsbranche, den ich als Analyst an der Wall Street betreut habe. Der Betrieb des Rechenzentrums/Datacenters, der Backoffice-Aufgaben und anderer Datenverarbeitungsaufgaben durch einen externen Dienstleister.

Passive Rechnungsabgrenzung. Bei dieser Buchhaltungspraxis werden Erlöse gebucht, die dem Kunden laut Vertrag noch nicht in Rechnung gestellt werden dürfen. Eine eher lockere Methode, die in der Bilanz separat aufgeführt wird.

Pensionsfonds. Fonds für die Altersversorgung, zum Beispiel für Angestellte im öffentlichen Dienst der Bundesstaaten und der Kommunen. Ein großer institutioneller Investor mit beträchtlichen Aktienpositionen.

Portfoliomanager. Der Mitarbeiter eines Investmentfonds, Hedgefonds, Pensionsfonds und so weiter, der für die Verwaltung eines institutionellen Investmentportfolios oder eines sonstigen umfangreichen Anlagevermögens zuständig ist. Zu seinen Aufgaben gehören die Auswahl von Aktien, die Strukturierung des Portfolios nach Vermögenswerten („Asset Allocation"), Finanzanalyse, Überwachung der Investments und sonstige Verwaltungsaufgaben.

Primäre Emission. Die Emission von Aktien durch ein Unternehmen zur Kapitalbeschaffung, im Gegensatz zu einer sekundären Emission. Das kann ein Börsengang oder eine Kapitalerhöhung sein.

310

Privatanleger. Eine Person, die selbst Geldanlage betreibt, die ihr eigenes Portfolio verwaltet und nicht im Auftrag einer Investment-Institution handelt.

Privatbroker. Er ist manchmal auch Finanzberater. Ein Verkaufsmitarbeiter einer Brokerfirma, der sich vor allem mit Privatanlegern befasst. Für Privatanleger der wichtigste Zugang zu dem Aktienresearch der Firma.

Private Equity. Ein Anlagefonds, der nur ausgesuchten Personen mit hohem Einkommen und institutionellen Anlegern offen steht; hohe Mindestanlagesumme, normalerweise über 100.000 Dollar; Partner-Beteiligungen; investiert in Privatunternehmen, kauft häufig auch börsennotierte Unternehmen – und privatisiert sie. Erzielt Gewinn, indem er Privatgesellschaften an die Börse bringt oder an andere Unternehmen verkauft. Zu den führenden Unternehmen gehören Blackstone, KKR und Texas Pacific Group.

Privatkunde. Siehe „Privatanleger".

Profit. Siehe Nettoüberschuss.

Proforma-Ergebnis. Das GAAP-Ergebnis eines Unternehmens, korrigiert durch den Ausschluss von einmaligen und außerordentlichen Aufwendungen. Manche Unternehmen nutzen diese Praxis übermäßig aus, um den berichteten Gewinn zu schönen.

Put-Option/Put. Ein Anlageinstrument; ein Kontrakt, der dem Besitzer das Recht gibt, gewöhnlich 100 Aktien des betreffenden Unternehmen bis zu einem bestimmten Ausübungsdatum zu einem festgelegten Ausübungspreis (Strike) zu verkaufen. Eine Spekulation darauf, dass der Kurs der Aktie fallen wird. Damit kann man zu geringen Kosten die Kursbewegungen einer großen Anzahl Aktien ausnutzen. Kann sehr volatil sein.

Reg FD (Regulation Fair Disclosure). Eine Vorschrift der SEC, dass börsennotierte Gesellschaften wesentliche Informationen, die sich auf die Aktie auswirken können, allen Investoren gleichzeitig offenbaren müssen. Sie beseitigt die früher teils selektive Offenbarung an privilegierte institutionelle Investoren und Wertpapieranalysten, beeinträchtigt aber auch die Kommunikation des Managements mit den Investoren.

Regelmäßige Einnahmen. Der kontinuierliche, vorhersehbare Umsatz, den ein Unternehmen mit laufenden Kunden Quartal für Quartal und Jahr für Jahr aus wiederholten Geschäften oder aus langfristigen Verträgen erzielt. Ein höchst berechenbarer Einnahmenstrom.

REIT (Real Estate Investment Trust). Ein Unternehmen, das in Immobilien investiert; es muss mindestens 90 Prozent des Nettogewinns an die Anteilsinhaber ausschütten und bezahlt dafür keine Körperschaftssteuer. Die Anteilseigner bezahlen auf die Dividende normale Einkommensteuer. Die Investmentstruktur ist ähnlich wie bei Investmentfonds.

Risikoübernahme. Bezieht sich auf das Risiko, das ein Investmentbank-/Brokerhaus eingeht, wenn es im Auftrag eines Unternehmens oder einer Regierung Aktien oder Anleihen emittiert (verkauft). Von dem Zeitpunkt, zu dem der Emissionspreis festgelegt ist, bis zu dem Zeitpunkt der Emission bürgt das Konsortium aus Investmentbanken dem Emittenten für den Erlös.

Royalty Trust. Ähnlich wie ein REIT, aber gewöhnlich in den Bereichen Erdöl, Erdgas oder Bergbau. Bezahlt keine Körperschaftssteuer, muss dafür aber mindestens 90 Prozent des Gewinns als Dividende ausschütten. Die Anleger bezahlen auf die Dividende Einkommensteuer. Hohe Dividendenrenditen.

S & P 500. Der weithin bekannte breite Aktienindex von Standard & Poor's, der 500 hoch kapitalisierte Aktien enthält. Es gibt mehere Indexfonds und ETFs, die diesen Index nachbilden und mit denen sich Investoren am breiten Markt beteiligen können.

Sales Desk. Siehe „Institutioneller Vertrieb"

Schatzpapiere/Treasuries. Das sind staatliche Schuldpapiere, mit denen die Vereinigten Staaten Defizite finanzieren: Schatzwechsel („T-Bills") haben eine Laufzeit von weniger als einem Jahr, Schatzanweisungen („T-Notes") haben Laufzeiten von einem bis zehn Jahre und Schatzanleihen im engeren Sinne („T-Bonds") Laufzeiten von über zehn Jahren. Der Zinssatz ist garantiert und das ist die am wenigsten riskante Geldanlage. Der Zinssatz auf die höchst liquide gehandelten 10-jährigen Schatzanweisungen ist der gängigste Indikator für die allgemeinwirtschaftliche Zinsentwicklung.

Schulden. Kurz- oder langfristige Kredite eines Unternehmens von einer Bank oder in Form von Anleihen. Kurzfristige Schulden müssen spätestens innerhalb eines Jahres zurückgezahlt werden, langfristige Schulden laufen länger.

„Schwarzer Schwan". Ein sehr unwahrscheinliches Ereignis, das extreme Auswirkungen hat und das im Nachhinein zwar leicht erklärbar ist, aber immer überraschend kommt; erklärt in dem Buch „Der Schwarze Schwan" von Nassim Taleb.

SEC („Securities and Exchange Commission" = Börsenaufsicht). Eine Bundesbehörde, die für die Umsetzung der US-Wertpapiergesetze sowie für die Regulierung der Wertpapierbranche und der Aktienmärkte zuständig ist. Sie achtet auf die Einhaltung der Offenlegungsvorschriften – dass die Unternehmen in jedem Quartal 10-Q- und in jedem Jahr 10-K-Berichte einreichen.

Sekundäre Emission. Der von dem Unternehmen unterstützte öffentliche Verkauf von Manager- und Insideraktien, manchmal im Rahmen eines IPO, meist aber erst danach.

Sellside („Verkäuferseite"). Investmentbanken und Brokerfirmen, die Wertpapiere an Institutionen und Privatpersonen „verkaufen". Sie treten als Vermittler für Wertpapiergeschäfte auf und handeln manchmal auch auf eigene Rechnung.

Small-Cap-Aktie/Nebenwert. Ein Unternehmen, dessen umlaufende Aktien insgesamt einen Marktwert oder eine Marktkapitalisierung von weniger als fünf Milliarden Dollar haben. Manchmal wird „Small Cap" auch als der Bereich zwischen einem Wert von 250 Millionen Dollar und einer Milliarde Dollar definiert. „Micro Cap" liegt unter 250 Millionen Dollar und Mid Cap reicht von einer Millarde bis zehn Milliarden Dollar.

Sperrfrist. Ein Zeitraum nach dem Börsengang, in dem es der Unternehmensleitung, Mitarbeitern und Insidern untersagt ist, ihre Aktien am freien Markt zu verkaufen. Ihre Dauer steht im Verkaufsprospekt und beträgt gewöhnlich sechs Monate.

Squawk Box. Die Wechselsprechanlage eines Brokerhauses, die Mitarbeiter, Abteilungen und Büros der ganzen Organisation miteinander verbindet. Darüber werden Mitarbeiter im Laufe des Tages über geschäftliche Angelegenheiten informiert.

Steuersatz. Die von einem Unternehmen bezahlte Einkommensteuer, die in der Gewinn-und-Verlustrechnung angegeben wird. Sie kann bis zu 39 Prozent betragen. Sie wird zur Ermittlung des Gewinns als Aufwendung von dem Erlös abgezogen. Errechnet sich, indem man die Steueraufwendungen durch den Vorsteuergewinn teilt.

Stillhalteperiode. Die von der SEC verlangte 40-tägige Stillhalteperiode nach einem IPO, während deren das Emissionshaus und die Insider keine Informationen über das Unternehmen weitergeben dürfen, die nicht im Prospekt stehen. Die Wertpapieranalysten des Emissionshauses können in dieser Zeit kein Research über die Aktie anstellen.

Stimmrechtsvollmacht. Die alljährliche Offenlegung für die Aktionäre anlässlich der Wahl des Board of Directors. Sie enthält Hintergrundinformationen über die Boardmitglieder und die Unternehmensleitung, über die Gehälter des Topmanagements und des Boards und es führt die Aktionäre auf, die mehr als fünf Prozent der Aktien besitzen.

314

Stock-Appreciation Rights (SAR). Eine selten eingesetzte anreizgesteuerte Vergütung von Managern und Mitarbeitern; dabei werden die Kursgewinne einer bestimmten Anzahl von Aktien innerhalb eines bestimmten Zeitraums (gewöhnlich ein Jahr) als Bonuszahlung ausgeschüttet.

Stop-Loss-Order. Eine Kauf- oder Verkaufsorder eines Investors an eine Brokerfirma, die erst ausgeführt wird, wenn der darin angegebene Preis erreicht wird. Wird häufig dafür eingesetzt, bereits erzielte Kursgewinne durch Begrenzung nach unten zu schützen. In diesem Fall wird bei Erreichung des Preislimits eine Markt-Verkaufsorder ausgeführt.

Street. Siehe „Wall Street".

Techniker/Charttechniker. Ein Wall-Street-Profi, der technische Analysen durchführt und daraus Schlüsse über künftige Preisbewegungen zieht.

Technische Analyse. Die Untersuchung von Preistendenzen in Charts für die Voraussage der künftigen Preisentwicklung. Sie geht davon aus, dass die Märkte effizient sind und dass alle bekannten Faktoren in den Kurs einer Aktie oder eines Marktes eingehen. Fundamentale und geschäftliche Gegebenheiten werden dabei nicht berücksichtigt. Ihr Wert ist umstritten.

Telefonkonferenz. Damit ist normalerweise die Fragestunde eines Unternehmens für Analysten und institutionelle Investoren gemeint, die man sich am Telefon oder per Webcast anhören kann. Darin werden in jedem Quartal oder in anderen Zeitabständen die Geschäftszahlen oder andere wichtige Neuigkeiten besprochen. Die allgemeine Öffentlichkeit kann daran nur als Zuhörer teilnehmen.

Trader/Händler. Mitarbeiter einer Brokerfirma an der Wall Street oder eines institutionellen Investors, der umfangreiche Aktientransaktionen durchführt und der Wertpapiere extrem kurzfristig (manchmal innerhalb von Sekunden oder Minuten) kauft und verkauft, um kleine Preisänderungen auszunutzen und auf Rechnung des Hauses Gewinn zu erzielen.

Trading Desk/Handelsabteilung. Der Raum, in dem die Trader einer Brokerfirma oder eines institutionellen Investors arbeiten. Ein lauter, chaotischer, hektischer Ort, an dem unter Hochdruck Geschäfte gemacht werden.

Turnaround. Die Anstrengungen eines Unternehmens, nach Rückschlägen und enttäuschenden Leistungen das Ruder herumzureißen und das Unternehmen so umzugestalten, dass es wieder positive Gewine erwirtschaftet. Dazu gehören üblicherweise ein neues Management, Entlassungen, der Verkauf von Beteiligungen, finanzielle Restrukturierung und PR-Rummel.

Value-Aktie. Eine Aktie, die im Verhältnis zu anderen Aktien offenbar mit Abschlag gehandelt wird – die also gemäß einer fundamentalen Analyse unterbewertet oder preisgünstig erscheint. Solche Aktien haben häufig ein niedriges KGV oder Kurs-Buchwert-Verhältnis und/oder eine hohe Dividendenrendite. Manchmal spricht man davon, dass eine Aktie unter ihrem inneren Wert oder unterhalb einer „vernünftigen" Bewertung gehandelt wird.

Volatilität. Häufig eine trügerische Bezeichnung dafür, dass der Aktienmarkt fällt. Wird in steigenden Marktlagen seltener verwendet.

Volkswirt. Ein Experte, der für eine Brokerfirma oder eine Bank arbeitet und künftige Wirtschaftstrends voraussagt, die sich auf den Aktienmarkt auswirken können (zum Beispiel Arbeitsmarkt, BIP-Wachstum, Zinsen und Verbraucherpreisindex, also Inflation). Ihr Einfluss an der Wall Street wird stetig kleiner.

Vorsitzender/Board-Vorsitzender. Der Vorsitzende des Board of Directors [das Board of Directors vereint die Funktionen von Vorstand und Aufsichtsrat], höher gestellt als CEO und Präsident.

Vorsteuermarge. Der Vorsteuergewinn eines Unternehmens als prozentualer Anteil am Umsatz – also Vorsteuergewinn durch Umsatz. Ein übliches Maß für den Vergleich der Profitabilität von Unternehmen.

Vorzugsaktie. Eine Klasse von Aktien, die über den Stammaktien steht und bei der Liquidierung im Zuge einer Insolvenz bevorzugt behandelt wird. Die Dividende ist für die Dauer ihrer Existenz festgelegt; hat anleihenähnliche Eigenschaften.

Wagniskapital/Venturekapital/Venture Capital (VC). Eine Gesellschaft mit beschränkter Haftung, die in hoch riskante Unternehmensgründungen investiert. Das Startup-Unternehmen kann aufgrund seines spekulativen Charakters weder größere Summen von einer Bank aufnehmen noch sich durch einen Börsengang öffentliches Kapital zur Finanzierung beschaffen. Ein VC-Fonds erwirbt einen beträchtlichen Kapitalanteil in der Hoffnung, damit eine hohe Rendite zu erzielen.

Wall Street/Die Street. Damit ist entweder die Wertpapierbranche im Allgemeinen gemeint, oder im engeren Sinne die in New York ansässigen Investmentbanking- und Brokerhäuser.

Webcast. Die Übermittlung der Quartalsergebnisse eines Unternehmens durch die Unternehmensleitung via Internet; Bemerkungen der Unternehmensleitung sowie Fragen und Antworten von institutionellen Investoren, Wertpapieranalysten und der Öffentlichkeit.

Werbeveranstaltung. Begegnungen mit potenziellen institutionellen Investoren bei einer Tour durch mehrere Städte, organisiert von einem Emissionshaus, damit die Manager des Unternehmens ihre Story anpreisen und die Investoren zu einer Beteiligung an der Emission bewegen können. Manchmal finden solche Veranstaltungen auch ohne neues Aktienangebot statt und sollen den Aktienkurs steigern.

Wertpapieranalyse. Research über Unternehmen und Branchen, mit dem festgestellt werden soll, was die besten, geeignetsten Aktieninvestitionen sind. Die Bewertung und Beurteilung von Aktien zur Bildung von Anlageempfehlungen wie „Kaufen", „Halten" und „Verkaufen".

Wertpapieranalyst (Investmentanalyst). Der Mitarbeiter einer Investmentbank/einer Brokerfirma oder einer institutionellen Investmentfirma, der Research über Unternehmen und Branchen betreibt, um die besten, geeignetsten Aktieninvestments zu bestimmen.

Wertpapiere. Dieser Begriff bezieht sich ganz allgemein auf Anlageinstrumente, zum Beispiel Aktien, Optionen, Investmentfonds und Anleihen.

Wire House. Ein Brokerhaus, das überwiegend Privatanleger bedient, keine großen institutionellen Anleger, und das keine Investmentbanking-Dienste leistet.

Zinsertrag. Eine feste, garantierte Gebühr, die der Inhaber einer Anleihe oder eines anderen festverzinslichen Wertpapiers bekommt; die Entschädigung für einen Kreditgeber, die in regelmäßigen Zeitabständen ausbezahlt wird, normalerweise alle sechs Monate. Der Anteil am Nennwert, den diese Gebühr darstellt, ist der Zinssatz.

Zurückgestellter Erlös. Umsatzeinnahmen eines Unternehmens, die zu Buchhaltungszwecken erst zu einem späteren Zeitpunkt abgerechnet werden, was den momentanen Umsatz mindert, aber den künftigen Erlös steigert.